Kohlhammer

Der Autor

Prof. em. Dr. Ulrich Heimlich war Universitätsprofessor für Sonderpädagogik mit dem Schwerpunkt Lernbehindertenpädagogik und hat sich 40 Jahre lang sowohl in der pädagogischen Praxis als auch in Forschung und Lehre mit dem Thema Inklusion beschäftigt.

Ulrich Heimlich

Inklusion leben!

Auf dem Weg zur inklusiven Gesellschaft

Verlag W. Kohlhammer

Dieses Werk einschließlich aller seiner Teile ist urheberrechtlich geschützt. Jede Verwendung außerhalb der engen Grenzen des Urheberrechts ist ohne Zustimmung des Verlags unzulässig und strafbar. Das gilt insbesondere für Vervielfältigungen, Übersetzungen, Mikroverfilmungen und für die Einspeicherung und Verarbeitung in elektronischen Systemen.

Die Wiedergabe von Warenbezeichnungen, Handelsnamen und sonstigen Kennzeichen in diesem Buch berechtigt nicht zu der Annahme, dass diese von jedermann frei benutzt werden dürfen. Vielmehr kann es sich auch dann um eingetragene Warenzeichen oder sonstige geschützte Kennzeichen handeln, wenn sie nicht eigens als solche gekennzeichnet sind.

Es konnten nicht alle Rechtsinhaber von Abbildungen ermittelt werden. Sollte dem Verlag gegenüber der Nachweis der Rechtsinhaberschaft geführt werden, wird das branchenübliche Honorar nachträglich gezahlt.

Dieses Werk enthält Hinweise/Links zu externen Websites Dritter, auf deren Inhalt der Verlag keinen Einfluss hat und die der Haftung der jeweiligen Seitenanbieter oder -betreiber unterliegen. Zum Zeitpunkt der Verlinkung wurden die externen Websites auf mögliche Rechtsverstöße überprüft und dabei keine Rechtsverletzung festgestellt. Ohne konkrete Hinweise auf eine solche Rechtsverletzung ist eine permanente inhaltliche Kontrolle der verlinkten Seiten nicht zumutbar. Sollten jedoch Rechtsverletzungen bekannt werden, werden die betroffenen externen Links soweit möglich unverzüglich entfernt.

Umschlagsabbildung: SiberianArt/iStockphoto

1. Auflage 2025

Alle Rechte vorbehalten
© W. Kohlhammer GmbH, Stuttgart
Gesamtherstellung: W. Kohlhammer GmbH, Heßbrühlstr. 69, 70565 Stuttgart
produktsicherheit@kohlhammer.de

Print:
ISBN 978-3-17-045061-5

E-Book-Formate:
pdf: ISBN 978-3-17-045062-2
epub: ISBN 978-3-17-045063-9

Für Mino,
dem ich eine inklusivere Gesellschaft wünsche

Inhalt

Prolog		9
1	Teilhabe, Teilgabe, Teilsein *Inklusive Momente*	15
2	Be-hindern ver-hindern *Inklusive Situationen I*	29
3	Geschlecht selbst bestimmen? *Inklusive Situationen II*	44
4	Unterschiede feiern! *Inklusive Situationen III*	62
5	Willkommenskulturen schaffen! *Inklusive Institutionen*	77
6	Kleine Netze knüpfen! *Inklusive Regionen*	101
7	Kreative Gesellschaft mitgestalten! *Inklusive Kulturen*	115
8	Vielfalt leben! *Inklusive Haltungen*	129
9	Denkverbote auflösen! *Inklusive Gesellschaft*	150
Epilog		171

Inhalt

Danksagung 174

Anmerkungen 176

Personenregister 193

Literaturverzeichnis 197

Prolog

In der zweiten Dekade nach Inkrafttreten der UN-Behindertenrechtskonvention (UN-BRK) und über 40 Jahre nach dem Beginn der Bemühungen um Inklusion befinden sich Menschen mit Behinderung in Deutschland immer noch zum überwiegenden Teil in Sondereinrichtungen (z.B. Förderschulen, Wohnheimen, Werkstätten). Im Staatenbericht der UN zur Umsetzung der UN-BRK von 2023 wird darauf verwiesen, dass unser Land viel zu wenig in Sachen Inklusion insbesondere im Bildungsbereich unternimmt. Von rechtsradikaler Seite ist sogar das gesamte Projekt Inklusion infrage gestellt worden, zum Glück von breiten Protesten der Zivilgesellschaft beantwortet und kritisiert. Nach vielen Jahren der eigenen beruflichen Tätigkeit als Lehrkraft für Sonderpädagogik an unterschiedlichen Schulformen und als Wissenschaftler in der sonderpädagogischen Lehrkräftebildung an verschiedenen Universitäten stellt sich mir die Frage, warum in unserem Land nicht das gelingt, was in allen europäischen Nachbarstaaten und insbesondere in den skandinavischen Ländern längst Alltag ist: die umfassende und selbstbestimmte Teilhabe von Menschen mit Behinderung an Bildung und Gesellschaft im Sinne von Inklusion.

Möglicherweise liegt es daran, dass es in unserem konservativen Land einen grundlegenden Widerstand gegen jegliche Formen von Veränderungen gibt, sei es im Bildungsbereich oder im gesellschaftlichen Raum. Die Beharrungskräfte sind immer wieder so stark, dass es am einfachsten zu sein scheint, alles beim Alten zu lassen. Veränderungen schaffen Unsicherheit, Zwang zur Veränderung führt gar zu Widerstand. Ich habe in den letzten Jahren insbesondere im Bildungsbereich Menschen kennengelernt, die ihre gesamte Lebensenergie aufwenden, damit die Zustände so bleiben, wie sie sind, auch wenn sie noch so unzulänglich sind. Deshalb ist das Eintreten für

Veränderungen nicht nur im Bildungsbereich so ein zähes und mühsames, manchmal sogar zermürbendes Geschäft.

Vielleicht kommt die Aufrechterhaltung von Sondereinrichtungen für Menschen mit Behinderung weit weg von der Gesellschaft, nicht selten auf der »grünen Wiese« ohne Kontakt zum sozialen Umfeld, aber auch einem gesellschaftlichen Verdrängungsmechanismus entgegen. Es mag sein, dass viele Menschen nicht mit ihrer eigenen Verletzbarkeit und Angewiesenheit auf die Hilfe anderer konfrontiert werden wollen. Es wird lieber weggeschaut. So kann die eigene Hilfsbedürftigkeit, die wir als Kinder erlebt haben, und die zunehmende Zerbrechlichkeit als alter Mensch dem Vergessen anheimgegeben werden. Viele Menschen erleben es als Beschädigung ihrer eigenen Identität, wenn sie ihre Selbstbestimmungsfähigkeit aufgeben müssen und auf Hilfe angewiesen sind, und brechen deshalb in Tränen aus. Hier kann man z. B. von Menschen mit Behinderung lernen, mit Hilfe souverän umzugehen. Darin haben sie eine Stärke entwickelt.

Ein Hauptgrund für das Stocken der Inklusionsentwicklung liegt jedoch meiner Meinung nach in den erstaunlichen Beharrungskräften des Bildungssystems. Der deutsche Sonderweg des Aufbaus von eigenständigen Sonderschulen z. B. für alle Behinderungsarten hat zu einem differenzierten Sonderschulsystem geführt. Ganz knapp ist der Versuch aufgegeben worden, noch eigene Sonderschulen für Kinder mit Autismus-Spektrum-Störungen zu schaffen. Ist eine solches Sonderschulsystem erst einmal geschaffen, dann finden sich auch die Schüler:innen. Das haben alle Schulgründungen in diesem Zusammenhang gezeigt. Das wird ebenso an den höchst unterschiedlichen Zahlen von Schüler:innen mit sonderpädagogischem Unterstützungsbedarf in den einzelnen Bundesländern deutlich, die schon einmal zwischen 4 % und 14 % schwanken können. Ich komme zu der Einsicht, dass wir es in den letzten Jahrzehnten nicht geschafft haben, das System der Sonderbeschulung und das mehrgliedrige Bildungssystem als Ganzes infrage zu stellen. Inklusion ist gewissermaßen ein zusätzlicher Zweig im Bildungssystem geworden, für den ebenfalls neue Schüler:innengruppen erschlossen werden. Die Zahl der Schüler:innen mit sonderpädagogischem Unterstützungsbedarf steigt im Zeitalter der Inklusion kontinuierlich an, zum Erstaunen vieler Verantwortlicher auf der bildungspolitischen Ebene sowie in der Wissenschaft und Forschung. Wir haben das System der separierenden Beschulung im Grunde noch nicht angetastet.

So verwundert es nicht, dass Inklusion immer noch nicht in der Mitte der Gesellschaft angekommen ist, sondern eher im Bereich wissenschaftlicher Diskurse bleibt. Wenn Inklusion ähnlich wie in den skandinavischen Ländern oder in den USA gesellschaftlicher und bildungspolitischer Alltag sein soll, so ist dazu nicht weniger als ein demokratischer Umbau des Bildungssystems und eine gesamtgesellschaftliche Reform vonnöten. Dazu sollten zunächst einmal liebgewordene Denkverbote aufgegeben werden – nach dem Muster »Geht nicht, weil ...« oder »Das haben wir ja noch nie so gemacht!«. Menschen mit Behinderung werden nach wie vor bei der Wahrnehmung ihrer Rechte so viele Steine in den Weg gelegt, dass sie nicht selten entnervt aufgeben und auf Leistungen, die ihnen gesetzlich zustehen, lieber verzichten. Deshalb ist es so wichtig, dass Menschen mit Behinderung endlich vermehrt in der Öffentlichkeit sichtbar sind und ihre Belange selbst in die Hand nehmen. Sie lassen nicht mehr andere für sich sprechen, sondern sprechen selbst in eigener Sache. Auch Künstler:innen mit Behinderung wie Schauspieler:innen, Maler:innen, Musiker:innen oder Kabarettist:innen wollen öffentlich wahrgenommen und mit ihren spezifischen Fähigkeiten ernst genommen werden. Das gilt ebenfalls für andere marginalisierte Gruppen, die aufgrund ihres Geschlechtes, ihrer sexuellen Orientierung oder ihrer kulturellen Herkunft an den Rand gedrängt werden.

Inklusion berührt letztlich die Grundlagen unseres demokratischen Gemeinwesens. Demokratie bedeutet nicht, alle paar Jahre ein Kreuz auf einem Wahlzettel zu machen. Demokratie soll eine Lebensform sein. In demokratischen Gesellschaften soll idealerweise eine soziale Erfahrung möglich werden, an der alle teilhaben und zu der alle etwas beitragen können. Insofern sollten in einer demokratischen Gesellschaft wie der unseren andere Formen des Umgangs miteinander gelebt werden. Wir müssen lernen, aufmerksamer miteinander umzugehen. Dann könnten viele inklusive Momente der Begegnung und des Voneinander-Lernens entstehen. Wenn man sich diesen Anspruch an eine wirklich demokratische Gemeinschaft bewusst macht, wird rasch deutlich, wie weit wir davon noch entfernt sind.

Mit diesem Buch möchte ich gern das Thema Inklusion mitten in die Gesellschaft holen. Inklusion sollte alltägliche Erfahrung sein, beim Einkaufen, im Restaurant, bei der Arbeit und selbstverständlich ebenso in Kindertageseinrichtungen und Schulen. Anfangen müsste diese Reform im Bildungssystem. Wir sollen lernen, Demokratie auch im Bildungssystem als Lebensform zu praktizieren, um damit Inklusion möglich zu machen.

Dabei ist zunächst zu klären, wie inklusive Momente überhaupt zustande kommen (▶ Kap. 1). Es geht nicht nur um Teilhabe, sondern ebenfalls um Teilgabe und letztlich um Teil-Sein. Menschen, die behindert werden, wollen z. b. nicht nur großzügigerweise alle Rechte wahrnehmen können, die alle anderen Menschen wie selbstverständlich wahrnehmen. Sie wollen ebenfalls etwas einbringen, etwas geben. Diese Erfahrung wäre also noch zu machen, wirklich etwas voneinander zu lernen, damit alle teilsein können. Dies würde voraussetzen, dass wir das Verbindende zwischen Menschen suchen und nicht das Trennende, sondern gemeinsame Erfahrungen zulassen. Aus dem Voneinander-Lernen könnte so ein Miteinander und Füreinander entstehen.

Wollen wir solche inklusiven Situationen schaffen, so stehen wir vor der Aufgabe, auf die vielen unterschiedlichen Fähigkeiten und Bedürfnisse je nach Geschlecht, sozialem und kulturellem Hintergrund sowie nach individuellen Fähigkeiten offen einzugehen (▶ Kap. 2, 3 und 4). Auf diesem Wege können zukünftig Situationen entstehen, in denen alle willkommen sind und die Begegnung zwischen unterschiedlichen Kindern, Jugendlichen und Erwachsenen bewusst als Reichtum angesehen wird.

Dazu ist es erforderlich, dass wir die Ressourcen in uns und in unserem jeweiligen Umfeld aktivieren. Diese Ressourcen kommen nicht von allein, man kann nicht bloß auf sie warten. Man muss sie aktiv erschließen und Angebote für alle Sinne gestalten, damit Teilhabe gelingt (▶ Kap. 5). Damit sind jedoch keine Inseln gemeint, die isoliert von ihrer Umgebung ein ideales Umfeld schaffen. Vielmehr geht es darum, die sozialräumliche Einbettung von Bildungseinrichtungen bewusst zu entwickeln und vielfältige Kontakte zum Stadtteil und zur Gemeinde aufzubauen, so dass regionale Netzwerke geschaffen werden (▶ Kap. 6).

Auf diesem Weg könnte eine Gesellschaft entstehen, die im besten Sinne des Wortes »schöpferisch« wird und so in der Lage ist, die anstehenden Probleme in einer gemeinsamen Anstrengung kreativ zu lösen. Das zeigt sich gegenwärtig bereits in vielen kulturellen Projekten (▶ Kap. 7).

Bei all diesen Entwicklungen hat sich eine Ressource als vordringlich herausgestellt: die eigene Haltung der Beteiligten zum Umgang mit Unterschieden. Hier stehen wir alle vor der Aufgabe, unsere eigenen Grenzen zu entdecken, möglicherweise zu verschieben, in jedem Fall aber als Aufgabe zu begreifen. Grenzen beenden nicht das Handeln, sondern sie fordern es geradezu heraus (▶ Kap. 8). Letztlich geht es jedoch stets darum, in diesem Prozess neben den äußeren Barrieren die inneren, die Barrieren in den Köpfen und die eigenen Denkverbote zu überwinden. Inklusion wird unsere Sprache und damit unser Denken verändern.

Zum Abschluss möchte ich einen Ausblick in die Zukunft wagen und die konkrete Utopie einer inklusiven Gesellschaft entwerfen (▶ Kap. 9).

Jedes Kapitel wird mit einem Fallbeispiel begonnen, in dem die Lebenssituation eines Menschen und seine Form der Bewältigung kurz geschildert wird. Zum Schluss wird dieser Mensch jeweils selbst vorgestellt, wobei Überraschungen nicht ausgeschlossen sind. Jedes Kapitel endet mit einer Provokation im Sinne eines besonders herausfordernden Gedankens, der zum Weiterdenken und insbesondere zum Gespräch mit anderen anregen soll. Gerade weil Inklusion die Herausforderung einer Veränderung unseres Denkens bedeutet, habe ich die Form eines provokanten Essays gewählt.

Prolog

Mein persönlicher Zugang zum Thema »Inklusion« basiert im Rückblick auf einer 40-jährigen Reise durch eine immer inklusiver werdende Landschaft. Ich war zehn Jahre als Lehrkraft für Sonderpädagogik in mehreren Sonderschulen tätig. Danach bin ich in die Ausbildung von sonderpädagogischen Lehrkräften gegangen und war Lehrstuhlinhaber für Sonderpädagogik mit dem Schwerpunkt Lernbehindertenpädagogik. Ich habe 30 Jahre wissenschaftlich gearbeitet. Inklusion war dabei stets mein Focus in Forschung und Lehre. Ich schreibe dieses Buch aus diesen praktischen Erfahrungen in unterschiedlichen Schulen und Universitäten. Auch in der Forschung war mir stets wichtig, inklusive Kindertageseinrichtungen und inklusive Schulen in unterschiedlichen Bundesländern und europäischen Nachbarländern zu besuchen und mit den dort tätigen pädagogischen Fachkräften sowie mit Eltern, Kindern und Jugendlichen ins Gespräch zu kommen.

Das vorliegende Buch ist deshalb aus der sonderpädagogischen Perspektive entstanden. Ich verstehe unter Sonderpädagogik eine »Pädagogik für besondere Bedürfnisse«. Mein Schwerpunkt liegt dabei auf Menschen mit Behinderung. Ich entscheide mich damit dafür, die Person in den Vordergrund zu stellen und nicht die Behinderung (*person-first language*). Behinderung verstehe ich als Behindert-Werden und nicht als Behindert-Sein. Mir ist bewusst, dass Inklusion noch sehr viel mehr Unterschiede zwischen Menschen umfasst. Gleichwohl ist es mir ein Anliegen, dass wir bei der anstehenden gesellschaftlichen Inklusionsentwicklung Menschen mit Behinderung nicht vergessen, weil andere Unterschiede zwischen Menschen wie kulturelle und soziale Herkunft, Alter und Geschlecht in den Vordergrund rücken. Menschen mit Behinderung haben aber ebenfalls eine kulturelle und soziale Herkunft, ein Alter und ein Geschlecht. Und sie sind die gesellschaftliche Gruppe, die nach wie vor besonders von Ausgrenzung bedroht ist.

Eberbach, im Oktober 2024
Ulrich Heimlich

1 Teilhabe, Teilgabe, Teilsein
Inklusive Momente

I wie Initiative oder:

»Die Initiative zur Inklusion muss von den Beteiligten ausgehen!«

Die Ärzt:innen sagten Torstein Lerhol im Alter von acht Monaten voraus, dass er nicht älter werden würde als zwei Jahre und niemals laufen, sprechen, lesen, schreiben oder rechnen lernen könnte. Auch auf dem Bauernhof der Eltern in Vang (Norwegen) würde er nie helfen können. Doch die Eltern entscheiden sich, Torstein trotz alledem wie einen normalen Menschen zu behandeln. Sie lernen auf das zu schauen, was bei Torstein funktioniert. Und sie sorgen für Unterstützung im Alltag mit einer Haushaltshilfe, Physiotherapeut:innen und der Hilfe von Freund:innen. Im Alter von 32 Jahren hat Torstein Lerhol sein Lehramtsstudium mit einem Master in Geschichte abgeschlossen. Er arbeitet in der Gesundheitsfirma Aleris, die persönliche Assistenz anbietet, und leitet dort eine Abteilung mit 700 Angestellten. Er ist Mitglied im Gemeinderat von Vang und kandidiert im Jahre 2019 dort als Bürgermeister. Torstein Lerhol benötigt rund um die Uhr persönliche Assistent:innen, um all das zu bewältigen. Sie helfen ihm beim Essen, beim Schreiben auf dem Computer, bei Fahrten und bei Auslandsreisen. Er muss im Liegen transportiert werden. Seine Diagnose ist Spinale Muskelatrophie (MSA). Er bezeichnet sich selbst als »Steichholzausgabe des Glöckners von Notre Dame«. Und er fühlt sich gesund.[1]

Inklusion ist in aller Munde. Aber was ist damit eigentlich gemeint? Wie so oft ist die Häufigkeit des öffentlichen Gebrauchs von Begriffen nicht immer ein Zeichen dafür, dass hier eine eindeutige Klärung vorliegen würde. Möglicherweise liegt das daran, dass Inklusion immer noch mit zahlreichen Denkverboten belegt wird, wie sie in der Prognose von Ärzt:innen oder im Urteil anderen Expert:innen beispielsweise über Menschen mit Behinderung zum Ausdruck kommen. Viele Eltern von Kindern mit Behinderung haben das schon einmal gehört: »Sie müssen sich damit abfinden, dass ihr Kind niemals ...« Und dann folgt – laufen, sprechen, lesen, schreiben usf. Wie so häufig haben sich im Laufe der Entwicklung noch viele Überraschungen eingestellt. Es wird nach wie vor zu sehr auf das geschaut, was nicht möglich scheint, auf die Schwäche, das Defizit und das Leid.

Inklusion eröffnet stattdessen die Chance, auf Schatzsuche zu gehen und nach Ressourcen zu suchen, die in uns selbst liegen oder in unserem Umfeld oder auch in den Ressourcen, die wir einander sein könnten. Gerade die Unterschiedlichkeit zwischen Menschen könnte so zu einer Bereicherung werden. Zu oft wird im Anders-Sein noch eine Bedrohung und die Abweichung von der Norm gesehen. Aber manchmal gelingt es, beim Spielen im Kindergarten oder auf dem Spielplatz, bei Projekten in der Schule oder bei der Kooperation am Arbeitsplatz oder bei kulturellen Veranstaltungen ein Gefühl von Gemeinsamkeit zu erfahren. Dann erleben wir die anderen nicht als störend, sondern können im Gegenteil von all dem profitieren, was die anderen einbringen, spüren ein gegenseitiges Wohlwollen und fühlen uns einbezogen.

Inklusion als Völkerrecht

Für Menschen mit Behinderung hat sich in dieser Hinsicht im Jahre 2019 etwas Grundlegendes geändert. In diesem Jahr unterzeichnete Deutschland die Behindertenrechtskonvention der Vereinten Nationen (UN-BRK)[2] und hinterlegte die Ratifizierungsurkunde bei den Vereinten Nationen in New York. Seither ist die UN-BRK in der Bundesrepublik Deutschland verbindliches Völkerrecht. In der Konvention wird Menschen mit Behinderung ein grundlegendes Recht auf Teilhabe und Selbstbestimmung zugestanden. Inklusion bekommt in der Folge die Bedeutung eines Menschenrechts. Dieses Recht gilt lebenslaufbegleitend und in allen Lebensphasen. Im Bereich der Bildung wird ein inklusives Bildungssystem auf allen Ebenen gefordert (Art. 24). Die Umsetzung der UN-BRK wird laufend überprüft und in Staatenberichten – zuletzt 2023 – zusammengefasst. Im Parallelbericht zum letzten Staatenbericht Deutschlands aus dem Jahre 2023, herausgegeben vom Institut für Menschenrechte in Berlin, wird Deutschland in den Bemühungen um die praktische Umsetzung des Menschenrechtes Inklusion kein gutes Zeugnis ausgestellt.[3] Nach wie vor dominieren bei uns die Sondereinrichtungen wie Förderschulen, Werkstätten für behinderte Menschen und Wohnheime für Menschen mit Behinderungen. Die Maßnahmen zur Förderung der Inklusion lassen immer noch keine konsequente Umsetzung erkennen – und das mehr als zehn Jahre nach deren Inkrafttreten. Bei der Verabschiedung der UN-BRK im Deutschen Bundestag war die Mehrheit der Abgeordneten wohl der Meinung, dass in Deutschland schon viel für die Integration von Menschen mit Behinderung getan wird. Bei ersten internationalen Vergleichen dämmerte uns jedoch, dass mit dem neuen Leitbild der Inklusion mehr gemeint ist.

Von der Exklusion zur Inklusion

Aber was ist nun das Neue an der Inklusion? Das wird am ehesten verständlich, wenn wir z.B. einen kleinen Rückblick auf die Geschichte des Umgangs mit Behinderungen werfen. Im antiken Griechenland war es keineswegs gesichert, dass Kinder mit Behinderung die ersten Lebenstage überlebten. Selbst anerkannte Philosophen wie

1 Teilhabe, Teilgabe, Teilsein *Inklusive Momente*

PLATON (427/428 v.Chr.–348/347 v.Chr.) und ARISTOTELES (384–322 v.Chr.) waren nicht der Meinung, dass es eine moralische Pflicht gebe, Kinder mit Behinderung wie alle anderen Kinder zu versorgen und aufwachsen zu lassen.[4] Die Tötung von Kindern oder das Aussetzen von Kindern mit Behinderungen war damals keine Seltenheit. Bis hinein in das Mittelalter blieben Kinder mit Behinderung von der Gesellschaft und insbesondere von Bildungsangeboten ausgeschlossen. Sie wurden auf Jahrmärkten zur Schau gestellt und zum Betteln gezwungen.[5] Wir sprechen in diesem Fall von einer *Phase der Exklusion*.

Im Zeitalter der Aufklärung lassen sich erste Versuche verzeichnen, Kinder mit Behinderung an Bildungsprozessen zu beteiligen. In der Regel ging das mit öffentlichen Veranstaltungen einher, in denen die Bildungsfähigkeit von Kindern mit Behinderung unter Beweis gestellt werden musste. Der Schriftsteller T.C. BOYLE hat beispielsweise in seinem Roman »Das wilde Kind«[6] die Geschichte von Viktor, dem Wolfskind, erzählt. Im Jahre 1797 wurde im Süden Frankreichs ein völlig verwahrlostes Kind gefunden und in eine Pariser Taubstummenanstalt gebracht. Dort erhielt es eine intensive Förderung, um zu belegen, dass auch in diesem Fall Bildung möglich ist. Entscheidend ist in diesem Zusammenhang, dass von solchen öffentlich bekannt gewordenen Bildungsversuchen Impulse ausgingen, um für Kinder und Jugendliche mit Behinderung ebenfalls ein Bildungsangebot zu entwickeln. Es entstanden erste Methoden zur Förderung, wie die Blindenschrift und die Lautgebärdensysteme für Kinder mit Hörbeeinträchtigungen.[7] Allerdings war man seinerzeit noch der Auffassung, dass diese Förderung nur in eigenständigen Bildungseinrichtungen erfolgen könne. Deshalb nennen wir dies die *Phase der Separation*. In der Folge entstanden sowohl Heime für Kinder und Jugendliche mit Behinderung als auch eigenständige Schulen und Kindertageseinrichtungen. Auf diese Weise entwickelte sich ein eigenständiges System von Sondereinrichtungen. In Deutschland wurde dies noch nach 1945 zu einem differenzierten Sonderschulsystem weiterentwickelt, in dem es nahezu für jede Behinderungsart eine eigene Schule gab.

Von der Exklusion zur Inklusion

Erst um die Jahrhundertwende zum 20. Jahrhundert lassen sich erste Bemühungen feststellen, Kinder und Jugendliche mit und ohne Behinderung gemeinsam zu fördern und in einer gemeinsamen Bildungseinrichtung zusammenzuführen. Sie wurden in eigenständigen Klassen zusammengefasst, die aber allgemeinen Schulen mit Kindern ohne Behinderung angeschlossen waren. Teilweise erhielten sie gemeinsamen Unterricht. Aber diese Versuche blieben zunächst noch sehr vereinzelt. Erst im Zeitalter der Bildungsreform nach 1968 setzte eine Bewegung ein, die zunächst von engagierten Eltern und pädagogischen Fachkräften aus der Praxis getragen worden ist, Kinder und Jugendliche mit Behinderung wie alle anderen in allgemeine Kindertageseinrichtungen und Schulen aufzunehmen. Was zunächst getrennt worden ist, sollte also wieder zusammengeführt werden. Ab den 1970er Jahren mehrten sich die erfolgreichen Versuche der gemeinsamen Förderung. Es zeigte sich, dass weder Kinder und Jugendliche mit noch Kinder und Jugendliche ohne Behinderung dadurch Nachteile hatten. Im Gegenteil: Hinsichtlich der Schulleistungsentwicklung stellten sich sogar Vorteile heraus. Und in Bezug auf grundlegende soziale Kompetenzen sowie einen toleranten Umgang miteinander, lernten alle voneinander.[8]

Damit war die *Phase der Integration* eingeleitet. Von der Wortbedeutung her meint Integration die Wiederherstellung eines Ganzen, was vorher getrennt war. Im Bildungsbereich sollten beispielsweise Kinder und Jugendliche mit Behinderung, die vorher getrennt von anderen Kindern in Sondereinrichtungen untergebracht worden sind, nunmehr gemeinsam spielen und lernen. Integration setzt also die vorherige Separation voraus. Die Beharrungstendenzen der separierten Sondersysteme waren allerdings doch so hoch, dass diese Integrationsbemühungen nur für einen geringen Anteil von Kindern und Jugendlichen mit Behinderung zur Verfügung standen. Andere Länder ohne ein ausgebautes und differenziertes System von Sondereinrichtungen hatten hier von Beginn der Integrationsbewegung an Vorteile.[9]

Spätestens mit der Ratifizierung der UN-BRK durch die Bundesrepublik Deutschland im Jahre 2009 ergibt sich nun die Notwendigkeit einer Weiterentwicklung der integrativen Bemühungen. Es soll von vornherein auf jegliche Aussonderung verzichtet werden. Kinder und Jugendliche mit Behinderung sollen in allen Bildungseinrichtungen willkommen geheißen werden und mit ihren Freund:innen und Nachbarskindern in die Kindertageseinrichtungen und Schulen vor Ort gehen. Ziel ist es laut UN-BRK, dass das für die Mehrheit der Menschen mit Behinderungen möglich ist. Schnell wird bei dieser Entwicklung hin zur Inklusion im Lebenslauf deutlich, dass sich dafür viele Institutionen als System verändern müssen. Inklusion soll nunmehr zum Leitbild sowohl im Bildungsbereich als auch im gesellschaftlichen Zusammenleben werden.

Dazu ist es erforderlich, dass Inklusion in den Einrichtungskonzepten (z. B. in Kindertageseinrichtungen und Schulen) an zentraler Stelle verankert ist. Wir befinden uns deshalb nun in einer *Phase der Inklusion*. Inklusion bedeutet wörtlich Enthaltensein in etwas. Inklusion kann deshalb definiert werden als *selbstbestimmte und gleichberechtigte Teilhabe aller Menschen an der Gesellschaft*. Teilhabe ohne Selbstbestimmung gerät schnell zu einer Zwangsmaßnahme und einseitigen Anpassung an die Gesellschaft. Menschen mit Hörbeeinträchtigungen nehmen demgegenüber z. B. ihr Recht wahr, nicht teilzuhaben und in einer Gehörlosengemeinschaft mit einer eigenen Gebärdensprache zu leben. Was hier zunächst am Beispiel Behinderung und bezogen auf das Bildungssystem deutlich wird, erweitert sich mittlerweile auf weitere Bereiche. Inklusionsbemühungen sollten darüber hinaus Menschen mit Migrationshintergrund und sozialer Benachteiligung einbeziehen, die Ungleichbehandlung von Menschen mit unterschiedlichen Geschlechtern sowie alten Menschen aufgreifen. Inklusion ist letztlich eine gesellschaftliche Aufgabe. Wir stehen vor der Herausforderung, eine inklusive Gesellschaft zu entwickeln.

Teilhabe und Selbstbestimmung

Ich möchte nun vorschlagen, dass wir diese Mammutaufgabe eines gesellschaftlichen Reformprozesses bescheiden angehen und uns mit der *Gestaltung von inklusiven Momenten* beschäftigen. Das sind Momente, in denen wir uns begegnen, teilhaben und etwas beitragen können. Inklusion bedeutet eben nicht nur Teilhabe im Sinne von Dabeisein. Erst wenn wir uns mit unseren Fähigkeiten einbringen können, entsteht das Gefühl mittendrin zu sein.

Nach meiner Erfahrung haben inklusive Momente etwas Entlastendes. Vielfach wird mit Momenten eine kurze Zeitspanne verbunden, ein Augenblick. Historische Momente können jedoch ebenso größere Zeitspannen umfassen. So zeigt sich in dieser Bandbreite des Erlebens von Momenten zugleich unser subjektives Zeitempfinden. Nicht in der messbaren Zeit, die wir von der Uhr ablesen (*chronos*), erschöpft sich unsere Zeitvorstellung. Vielmehr gehört zu unserem Zeiterleben stets die persönlich empfundene Dauer (*kairos*).[10] Inklusive Momente sind »Sternstunden« eines gelingenden Zusammenlebens. Wir freuen uns, wenn sie gelingen. Aber sie sind keineswegs in jedem Moment unseres Lebens zu erreichen. Auch in Bildungseinrichtungen heißt Inklusion nicht, dass Kinder, Jugendliche oder Erwachsene ständig alles gemeinsam machen. Neben den gemeinsamen Erlebnissen kann es ebenso Phasen des Rückzugs oder der Zweisamkeit geben. Die jeweilige Spiel- und Lerngruppe muss nicht immer miteinander tätig sein. Der Ausschluss aus der Gemeinschaft im Sinne von Exklusion ist in unserer Gegenwart nach wie vor Realität, wie unschwer an den Armutszahlen oder an rassistischen und fremdenfeindlichen Tendenzen abzulesen ist. Gleichwohl streben wir inklusive Momente an. Insofern handelt es sich um eine Zielvorstellung, auf die wir hinarbeiten. Es kann durchaus viele inklusive Momente geben. Und man kann versuchen, diese auf Dauer zu stellen. Aber stets sind dabei die selbstbestimmten Entscheidungen des Einzelnen zu berücksichtigen.

1 Teilhabe, Teilgabe, Teilsein *Inklusive Momente*

Bei einem Schulbesuch mit mehreren Kolleg:innen in einer Grundschule habe ich vor einiger Zeit im Unterricht eine Situation erlebt, für die mir der Begriff »inklusive Momente« eingefallen ist. Alle Schüler:innen haben sich mit dem Unterrichtsthema beschäftigt, sie haben allein, zu zweit oder in Gruppen gearbeitet, sich gegenseitig geholfen, sich selbstständig im Klassenraum bewegt und sind von der Lehrkraft eher beobachtet und begleitet als unmittelbar angeleitet worden. Alle Lernmaterialien sind frei zugänglich gewesen. Es herrschte eine konzentrierte Aufmerksamkeit in der gesamten Klasse. Die Situation vermittelte eine Art Schwebezustand, in dem alle relevanten Aspekte im Gleichgewicht waren. Als ich spontan sagte: »Das ist ein inklusiver Moment!«, fand diese Bezeichnung sofort Zustimmung bei den anderen Besucher:innen im Klassenraum. Allerdings hätte niemand sagen können, was damit eigentlich genau gemeint ist. Ich hatte zunächst das Gefühl, dass ich hier einen Begriff geprägt habe, der sich selbst erklärt und unmittelbar verstanden werden kann. Auch die Lehrkräfte, die schließlich den Unterricht vorbereitet hatten und die Lernsituation über die Bereitstellung der Lernmaterialien und die Erarbeitung der Lernmethoden mit den Schüler:innen gestaltet hatten, konnten uns diese Frage nicht beantworten.

Offenbar beinhaltet der Begriff »inklusive Momente« ein Grundverständnis von Inklusion, das miteinander geteilt werden kann, ohne dass es gleich ausformuliert wird. Es hat einige Zeit gedauert, bis ich den Begriff »inklusive Momente« genauer beschreiben konnte.[11] Dazu habe ich mir Protokolle von Schulbesuchen und Besuchen in Kindertageseinrichtungen noch einmal angeschaut. Außerdem habe ich versucht, mir meine Erfahrungen aus der Beobachtung von inklusiven Prozessen in unterschiedlichen Settings sowie aus Gesprächen mit frühpädagogischen Fachkräften, Lehrkräften, Eltern sowie Kindern und Jugendlichen noch einmal in Erinnerung zu rufen. Der Begriff »inklusive Momente« ist also im Grunde aus der praktischen Erfahrung mit inklusiven Prozessen hervorgegangen.

Gleichwohl ist zu klären, was inklusive Momente im Einzelnen ausmachen und wann und wie sie zustande kommen. Gibt es vielleicht sogar eine Möglichkeit, inklusive Momente zu planen?[12] Ich möchte mit einem Beispiel für einen inklusiven Moment aus der inklusiven Schulpraxis beginnen, um zu beschreiben, was ich unter einem inklusiven Moment verstehe. Diese Szene habe ich in der inklusiven Grund- und Mittelschule in Huglfing (Bayern) bei einem Schulbesuch erlebt.

Frühstückseinkauf mit Sarah

Bald ist Pause in der 9a der Mittelschule. Sarah hat ihren Einkaufszettel schon einmal herausgeholt. Sie wartet bereits ungeduldig auf das Zeichen der Lehrkraft. Jetzt darf sie loslegen. Heute ist sie dran mit der Frühstückbestellung. Sie geht zu den Mitschüler:innen und fragt, was zum Frühstück gewünscht wird. »Für mich eine Butterbrezn!« »Ich hätte gern eine Käsestange!« »Mir reicht heute ein Apfel!« »Ich will auf jeden Fall einen Kakao!« Sarah kreuzt alles sorgfältig mit ihrem Folienstift an. Die Bilder des Frühstücksangebotes helfen ihr dabei. Aber dann wird es kompliziert. Sie muss auch das Geld einsammeln. Da heißt es höllisch aufpassen, damit hinterher das Wechselgeld stimmt. In der kleinen Pause um 9:00 Uhr kann Sarah dann losziehen zum Hausmeister, der schon in seinem Glaskasten in der Pausenhalle sitzt und auf seine Kunden wartet. Sarah tritt an die Theke und legt los. »Eine Butterbrezn, eine Käsestange, ein Apfel, ein Kakao ...« Und so geht es weiter, bis alle Wünsche erfüllt sind. Dann kommt das Bezahlen. Der Hausmeister weiß genau, dass Sarah das Geld selbst abzählen will. So wartet er geduldig und gibt ihr das Wechselgeld heraus. Sie will schon davon stürzen, da fragt der Hausmeister: »Hast Du denn das Wechselgeld nachgezählt?« »Ja, wird schon stimmen«, ruft sie ihm auf dem Weg zurück in die Klasse noch zu. Zum Frühstück kann Sarah nun ihre Einkäufe verteilen. Alle Mitschüler:innen, die bei ihr eine Bestellung aufgegeben haben, bedanken sich. Sarah steht die Freude über die Anerkennung ins Gesicht geschrieben. Sarah will immer dabei sein. Der Unterrichtsstoff in der 9. Klasse der Mittelschule fällt ihr ganz schön schwer. Sie hat das Down-Syndrom. In der Klasse ist sie sehr beliebt. Und den Frühstückseinkauf lässt sie sich ganz bestimmt nicht mehr nehmen.

Auch bei dieser Szene handelt es sich um einen inklusiven Moment. Aber was ist das Inklusive an diesem Moment? Die Antwort ergibt sich meiner Meinung nach aus der Qualität der Lernerfahrung von Sarah. Dazu ist es erforderlich, dass möglichst das gesamte Potenzial einer Lernsituation ausgeschöpft wird. Das gelingt nach meiner Erfahrung immer dann, wenn alle Schüler:innen an der Lernsituation teilhaben können und wenn alle etwas dazu beitragen können.

Sarah ist in das Geschehen in der Klasse einbezogen, indem sie eine Aufgabe im Rahmen der Klassendienste übernimmt (*Erfahrung des Teilhabens*). Zugleich kann sie mit ihren Fähigkeiten etwas in die Situation einbringen und den anderen Schüler:innen einen Dienst erweisen. Sie denkt mit, achtet auf die Organisation des Klassendienstes und gestaltet die Situation mit ihren sozialen Fähigkeiten auf eine ganz persönliche Art und Weise (*Erfahrung des Beitragens*). Teilhaben und Beitragen sind die beiden Seiten der Lernerfahrung, die in inklusiven Momenten möglich werden. Teilhaben und Beitragen sind deshalb Grunddimensionen von inklusiven Momenten.

Betrachten wir diesen inklusiven Moment aus der Perspektive von Sarah, so können wir feststellen, dass Sarah einerseits durchaus gefordert ist, ihre Fähigkeit zu sprechen und nachzudenken einzusetzen, wenn sie die Mitschüler:innen nach ihren Wünschen fragt, beim Hausmeister die Bestellung aufgibt oder das Wechselgeld berechnen soll (*kommunikative und kognitive Kompetenzen*). Andererseits bietet der Einkauf für Sarah aber ebenfalls viele handlungsorientierte Elemente und sinnlich-bewegungsorientierte Erfahrungsmöglichkeiten, wenn sie etwa den Einkauf in die Klasse transportiert, an die Mitschüler:innen verteilt und das Wechselgeld ausgibt (*sensomotorische und sozial-*

emotionale Kompetenzen). Inklusive Momente sollten sich stets auf die ganze *Person* beziehen. Das ist der *personale Aspekt von inklusiven Momenten.*

Nehmen wir hingegen die Perspektive der Mitschüler:innen ein, so wird Sarah einerseits als Person mit ihren Fähigkeiten wahrgenommen, auf die von der Klasse eingegangen wird und deren Fähigkeiten als Ausgangspunkt ihrer Lernerfahrungen akzeptiert werden (*Individualisierung*). So kann sie sich als Person aufgrund der Wertschätzung durch Mitschüler:innen weiterentwickeln. Über ihren Beitrag zur Vorbereitung des Frühstücks erfährt Sarah andererseits ebenfalls die Bedeutung von sozialen Beziehungen in der Schulklasse und fühlt sich hier mit einbezogen (*Gemeinsamkeit*). Ihr Mitschüler:innen bedanken sich für den Service und erkennen sie damit zugleich als Teil ihrer Gruppe an. Inklusive Momente entstehen aus der Begegnung von unterschiedlichen Menschen, die ihre jeweilige Einzigartigkeit in ein Miteinander einbringen und daraus etwas Gemeinsames hervorgehen lassen. Deshalb ist die Qualität der *Interaktion* aller Beteiligten in inklusiven Momenten von so großer Bedeutung. Das ist der *soziale Aspekt von inklusiven Momenten.*

Schauen wir auf die Gesamtsituation, in der dieser inklusive Moment stattfindet, so gestaltet Sarah einerseits den Frühstückseinkauf als Lernsituation weitgehend selbstständig. Sie bestimmt selbst den Zeitpunkt, wann sie mit den Vorbereitungen beginnt. Auch den Weg zum Hausmeister in der Pausenhalle bewältigt sie ohne Hilfe (*Offenheit*). Sie hat die Möglichkeit, diese Aufgabe auf ihre ganz eigene Art und Weise zu lösen. Wenn Sarah wiederum Lernhilfen wie die bebilderte und wiederbeschreibbare Bestellliste für den Frühstückseinkauf als Unterstützung erhält, erfährt sie dadurch eine Form von Unterstützung, die ihr Halt gibt, ohne sie zu bevormunden (*Struktur*). Sie ist zwar auf diese haltgebenden Strukturen angewiesen. Sie sind aber eher wie ein Geländer zu verstehen, an dem sie sich festhält, während das Laufen schon allein gelingt. Inklusive Momente entstehen in *Situationen*, in denen in einem vorgegebenen Rahmen die Möglichkeit zu eigenen Entscheidungen besteht. Das ist der *situationsbezogene Aspekt von inklusiven Momenten.*

Alle gleich, alle verschieden?

Letztlich kommt in inklusiven Momenten deshalb das zum Tragen, was wir uns von inklusiven Prozessen – an welchem Ort auch immer – wünschen: dass alle sich gleichberechtigt einbezogen fühlen (*Gleichheit*) und zugleich die Chance haben, eine unverwechselbare und einzigartige Person zu werden (*Freiheit*). Erst dann kann das Gefühl des Teil-Seins entstehen, indem wir mittendrin sind in einer Gemeinschaft und nicht nur bloß dabei sein dürfen. Damit ist die menschenrechtliche Grundlage der Inklusion angesprochen. Gleichheit und Freiheit sind grundgesetzlich verbriefte Rechte – und sie gelten für alle Menschen, auch für Menschen mit Behinderung, für sozial benachteiligte Menschen oder Menschen aus verschiedenen Kulturen und für die unterschiedlichen Geschlechter. In der Formel von der gleichen Freiheit bzw. »egalitärer Differenz«[13] kommt dieser demokratische Grundgedanke nochmals zusammenfassend zum Ausdruck: Alle Menschen sind vor dem Gesetz gleich und haben gleiche Rechte, und alle haben das Recht auf Selbstbestimmung, jeweils nur begrenzt durch die Rechte anderer Menschen.

> Inklusive Momente bilden deshalb den Kern inklusiver Prozesse. Sie entstehen immer dann, wenn das Spannungsverhältnis zwischen
>
> ... der Fähigkeit zu denken und zu sprechen auf der einen Seite und den Fähigkeiten zur sinnlichen Wahrnehmung, zu Gefühlen und zu sozialen Beziehungen auf der anderen Seite (personaler Aspekt),
> ... Individualisierung und Gemeinsamkeit (sozialer Aspekt) und
> ... Offenheit und Struktur (situationsbezogener Aspekt)
>
> in eine Balance gebracht werden kann.

Deshalb stelle ich mir inklusive Momente wie ein Mobile vor. Erst wenn wir es schaffen, die auf den ersten Blick widersprüchlichen Aspekte einer konkreten Situation in ein Gleichgewicht zu bringen, können inklusive Momente gelingen.

Teil-Sein

»Inklusive Momente« zeigen uns, dass wir niemanden nötigen müssen, ständig alles mit anderen zu machen. Wir sollten stets die Gelegenheit haben zu sagen, ob wir teilhaben und etwas beitragen wollen oder nicht. Teilhabe ohne Selbstbestimmung wird schnell blind für die Bedürfnisse des Einzelnen und gerät so nicht selten zu Zwang. Inklusion beinhaltet stets Teilhabe und Teilgabe. Erst wenn alle Beteiligten sich mit ihren Fähigkeiten, ihren Gaben und Talenten einbringen, ist die Erfahrung des Teil-Seins möglich. Und man muss immer wieder ergänzen: Das gilt für alle Menschen, auch für Menschen mit Behinderungen, sozial Benachteiligte, Menschen aus anderen Kulturen und Menschen mit unterschiedlichen Geschlechtsidentitäten. Erst wenn wir uns selbst in unserem jeweiligen So-Sein anerkannt fühlen und wir uns persönlich einbringen können, ist es uns möglich, uns im Modus des Seins zu fühlen, wie ERICH FROMM (1900–1980) das einmal ausgedrückt hat.[14]

Inklusion wird so zu einem Prozess, der nach vorn offen ist. Inklusive Momente eröffnen Möglichkeitsräume, die Entscheidungen jedes Einzelnen über den weiteren Weg erfordern. Wer inklusive Prozesse begleiten will, der sollte sich auf solche offenen Prozesse einlassen können und das als kreative Herausforderung betrachten. Dann kann sich das Überraschende an inklusiven Momenten erschließen, die häufig ganz alltäglich erscheinen, nichts Besonderes sein müssen und durchaus etwas Selbstverständliches haben dürfen.

Und manchmal sind es nur kleine Momente, in denen Inklusion gelingt. Wie nachhaltig solche kurzen oder längeren Augenblicke wirken, hängt von unserem ganz persönlichen Zeiterleben ab. Die Dauer von inklusiven Momenten lässt sich nicht mit der Uhr stoppen, die Dauer hängt eher von der persönlichen Bedeutung eines Momentes ab, die wir ihm zuschreiben. Zugleich sind inklusive Momente eine Übung in Bescheidenheit. Wenn es gelingt, die unterschiedlichen Spannungsverhältnisse eines inklusiven Momentes in die Balance zu bringen, so sind das besonders gelungene Augenblicke der Inklusion. Es ist jedoch keineswegs sicher, dass es uns gelingt, die inklusiven Momente zu verstetigen oder gar auf Dauer zu stellen. Inklusiven Momenten wohnt etwas Flüchtiges inne. Sie sind nur begrenzt planbar, können allenfalls vorbereitet werden und entstehen gleichsam spontan aufgrund der autonomen Entscheidungen aller Beteiligten. Insofern ist Inklusion Aufgabe von uns allen und ein Prozess. Und möglicherweise kommen wir dabei nie an einen idealen Endzustand an, sondern bleiben vielmehr immer auf dem Weg.

Provokation 1: Inklusive Momente sind längst in unserem gesellschaftlichen Alltag angekommen, sie sollten nur aufmerksam wahrgenommen werden!

2 Be-hindern ver-hindern
Inklusive Situationen I

N wie Normal oder:

»Es ist normal, verschieden zu sein.« (Richard von Weizsäcker)

»Wer bist du?« fragt der Fotograf Florian Jaenicke in seinem Buch über seinen Sohn Friedrich. Ein Jahr lang hat er in einer Kolumne im ZEIT-Magazin über das Leben mit Friedrich berichtet. Friedrich mag die Musik der Beatles, von Johnny Cash und Carla Bruni. Er isst gern Schweinsbraten und Eier. Im warmen Wasser fühlt er sich am wohlsten und wenn er den Fahrtwind im Gesicht spürt. Die Stimmen seiner Eltern zu hören, bedeutet Glück für ihn. Florian Jaenicke fotografiert Friedrich gern so, dass seine Behinderung nicht sichtbar wird, weil er sich dagegen wehrt, dass von Menschen mit Behinderung in der Öffentlichkeit immer nur der Unterschied und das Anders-Sein dargestellt werden. Friedrich kam zu früh auf die Welt und ist schwerbehindert. Das Wichtigste ist den Eltern, dass sie eine Beziehung zu Friedrich aufbauen, obwohl sie nicht wissen, ob er sie sehen kann, ob er sie hört, weil sie nicht mit ihm sprechen können, aber sie versuchen ihn zu verstehen.

Normal? Was ist schon normal? Und wer ist normal? Der nordamerikanische Psychiater ALLEN FRANCIS war lange Zeit Vorsitzender der Kommission, die mit dem *Diagnostic and Statistic Manual of Mental Disorders (DSM)* eine immer wieder aktualisierte Übersicht über mögliche Störungen des Seelenlebens erstellt hat. Er hat die Kommission schließlich aus Protest verlassen. Ihm war aufgefallen, dass die Zahl der Diagnosen, die als behandlungsbedürftig bezeichnet werden, immer weiter angestiegen ist. Während es 1980 noch als normal galt, wenn ein Mensch um einen verstorbenen Angehörigen ein Jahr trauerte, so waren es 1994 nur noch zwei Monate. Und im Jahre 2013 trat die Behandlungsbedürftigkeit im Trauerfall bereits nach wenigen Wochen ein. FRANCIS bezeichnet dies als Pathologisierung von völlig normalen Verhaltensweisen. Er setzt das in Verbindung mit einer zunehmenden Kommerzialisierung der psychiatrischen Diagnosen durch den Druck der Pharmaindustrie.[1] Offensichtlich ist Normalität also relativ und abhängig davon, wer die Macht hat, das zu definieren. Von daher ist Normalität offenbar veränderbar und kann demnach auch umdefiniert werden.

Wir beanspruchen im alltäglichen Leben, unsere Eigenheiten und persönlichen Vorlieben ausleben zu dürfen. Wir wollen Individualisten sein und uns von anderen Menschen unterscheiden. Alles andere wäre langweilig. Gleichzeitig fordern wir von unseren Mitmenschen, dass sie gewisse Grenzen der Normalität nicht überschreiten. Wer abweicht, riskiert von der Gemeinschaft ausgeschlossen zu werden. Zumindest wird man mit dem Etikett des Anders-Seins versehen und setzt so seine Zugehörigkeit aufs Spiel. Menschen mit Behinderung sind solchen Ausgrenzungsprozessen immer wieder in besonderer Weise ausgesetzt, bis in die Gegenwart hinein. Für sie gilt es im Alltag, ständig zahlreiche Barrieren zu überwinden. Die Nutzung von öffentlichen Verkehrsmitteln und Gebäuden wird nicht selten durch Treppenstufen verhindert, für die Architekt:innen offenbar nach wie vor besondere ästhetische Vorlieben haben. Sicher wäre es hilfreich, wenn alle Architekt:innen in ihrer Ausbildung einmal einen Tag im Rollstuhl oder mit Gehhilfen verbringen würden. Wenn Menschen mit Behinderung ihre verbrieften Rechte auf öffentliche Unterstützung z.B. bei der Eingliederungshilfe wahrnehmen wollen, müssen sie sich vielfach mit einer zermürbenden und demütigenden Behördenwillkür auseinandersetzen. Sie stellen sich nicht selten die Frage, ob verhindert werden soll, dass sie ihre Ansprüche geltend machen. Das Schlimmste ist allerdings, dass es nach wie vor viel zu wenig Begegnungsmöglichkeiten im öffentlichen Raum gibt. Viele Menschen haben keine Erfahrungen im Umgang mit Behinderung und sind deshalb stark verunsichert, wenn es doch zu einem Kontakt kommt. Diese Zurückhaltung im Umgang miteinander ist möglicherweise sogar bereits seit der Kindheit gelernt. So zeigt AMANDA LEDUC, eine amerikanische Schriftstellerin mit einer körperlichen Beeinträchtigung (Cerebralparese), welche Bedeutung Märchen dabei zukommt. In Figuren wie Rumpelstilzchen, der Meerjungfrau Arielle, der bösen Hexe, dem hässlichen Entlein und vielen anderen mehr wird Behinderung immer als das zu Überwindende dargestellt. Am besten ist es, wenn am Ende der Geschichte die Behinderung durch einen Zauber ganz verschwindet. Wir werden dadurch von klein auf in unserer Einstellung zu Behinderung geprägt.[2]

Teufelskreis Behinderung

Als ich aus der U-Bahnstation herauskomme, bemerke ich vor dem gegenüberliegenden Einkaufszentrum eine ältere Dame, die sich unsicher umschaut. An dem faltbaren, weißen Taststock erkenne ich, dass die Dame eine Sehbeeinträchtigung hat. Ich gehe auf sie zu und frage sie, ob ich ihr helfen könne. Sie bejaht das und sagt: »Ich suche das Einwohnermeldeamt.« Eine Zweigstelle davon befindet sich in einem hinteren Gebäude des vor uns liegenden Einkaufszentrums. Leider endet die taktile Bodenmarkierung des Blindensystems exakt dort, wo die Dame steht. Ich sage ihr, dass sie eine halbe Drehung machen müsse und dann einfach weiter geradeaus gehen könne. Sie bedankt sich und macht sich selbstständig auf den Weg. Dabei vermittelt sie mir das Gefühl, dass sie nun wieder allein zurechtkommt. Ich schaue ihr noch kurz nach und sehe, wie sie an ihrem Ziel ankommt.

2 Be-hindern ver-hindern *Inklusive Situationen I*

Viele Menschen scheuen sich, auf Menschen mit Behinderung zuzugehen, und wissen nicht, ob ihre Hilfe erwünscht ist. Sie haben Angst, dass ihre Hilfe abgelehnt wird. Andererseits ist die ältere Dame legendär, der über die Straße geholfen wird, obwohl sie die Straße gar nicht überqueren wollte. Im Zweifelsfall erscheint es vielen sicherer, den Kontakt ganz zu vermeiden. Das ist auch der Grund, warum es immer wieder zu *Etikettierungen* im gesellschaftlichen Zusammenleben kommt. Das Etikett »behindert« wird vergeben und der einzelnen Person zugeschrieben. Ihr Anders-Sein wird so festgeschrieben (*othering*). Behinderung wird nach wie vor in unserer Gesellschaft als persönliche Eigenschaft verstanden. »Jemand ist behindert«, und damit wird die Behinderung als persönliche Eigenschaft betrachtet. Aus der sozialpsychologischen Forschung wissen wir aber seit langem[3], dass es in der Folge zu einer *Stigmatisierung* kommt. Die Behinderung wird als negative Abweichung von der Norm betrachtet. Jemand ist in unerwünschter Weise anders. Nicht selten beruhen diese Zuschreibungen auf falschen oder unvollständigen Informationen und beinhalten eher Vorurteile. Aber nun setzt ein Prozess der *Ausgrenzung* ein. Die Gesellschaft grenzt sich von diesem unerwünschten Anders-Sein ab und weist diesen Anderen besondere Räume und Einrichtungen zu. Sie geht auf Distanz. Möglicherweise stehen dahinter kollektive *Verdrängungsmechanismen*. Wir möchten nur ungern mit Menschen konfrontiert werden, die im Rollstuhl sitzen, sich nicht selbstständig fortbewegen können, nicht allein essen oder zur Toilette gehen können, nicht ohne technische Hilfe atmen können oder entstellt sind. Zu sehr würden wir an die eigene Verletzlichkeit erinnert. Zu sehr würden wir darauf verwiesen, dass wir selbst als Kleinkinder auf Hilfe angewiesen waren und im späteren Alter wieder auf Hilfe angewiesen sein könnten. Der italienische Schriftsteller GUISEPPE PONTIGGIA hat dies eindrücklich dargestellt, indem er das Leben seines Sohnes mit Behinderung und das Leben seines alten Vaters in Beziehung zueinander setzt.[4]

Wenn sich Menschen eingestehen müssen, auf die Unterstützung anderer angewiesen zu sein, ist das nach wie vor für viele ein Zeichen der eigenen Schwäche und eine Infragestellung der eigenen Person.

Das Fatale an dem gesellschaftlichen Umgang mit dem Anders-Sein ist nun, dass Betroffene sich früher oder später die Urteile der Mitmenschen über ihr Anders-Sein selbst zu eigen machen und in ihr *Selbstbild* übernehmen. Wir sprechen hier von einer sich selbst erfüllenden Prophezeiung (*self-fulfilling prophecy*). In dem Musical »My Fair Lady« zeigt Professor Higgins, wie eine positive Erwartungshaltung dazu beiträgt, dass Eliza Doolittle in seinem Sprachunterricht erfolgreich ist[5]. Das Musical geht auf das Stück »Pygmalion« von GEORG BERNARD SHAW zurück. Dieses beruht wiederum auf einem Gedicht in den Metamorphosen des OVID, in dem Pygmalion sich wünscht, dass eine von ihm aus Elfenbein geschaffene weibliche Figur lebendig wird.[6] Allerdings funktionieren diese Prophezeiungen und Erwartungen auch in der negativen Richtung. Wenn wir von einem Menschen mit Behinderung von vorherein erwarten, dass er bestimmte Leistungen nicht erbringen kann, so wird dieser Mensch das mit hoher Wahrscheinlichkeit nicht versuchen. Insofern können wir hier von einem »*Teufelskreis Behinderung*« sprechen, der sich selbst verstärkt und die *Isolation* von Menschen mit Behinderung festschreibt. Letztlich führt das dazu, dass es zu wenig Begegnungen zwischen Menschen mit und ohne Behinderung gibt. So können die Vorurteile über die Behinderung weiter aufrechterhalten werden. Wir wissen einfach zu wenig voneinander.

Das Gegengift dazu liegt auf der Hand. Der Ausstieg aus diesem Teufelskreis ist nur möglich, wenn mehr Begegnungen zwischen unterschiedlichen Menschen geschaffen werden. Auch Vorurteile beruhen eindeutig auf sozialer Distanz. Je mehr Abstand zwischen Menschen besteht, umso üppiger können Vorurteile gedeihen – bis hin zu geliebten Vorurteilen, von denen man ungern lässt, weil man sich so sehr an sie gewöhnt hat. Tatsächlich wirksam bei der Überwindung von Vorurteilen sind allerdings nicht die sporadischen Kontakte bei einzelnen Ereignissen mit einer begrenzten Zeitdauer wie z.B. bei einem Sportfest, bei dem Kinder und Jugendliche mit und ohne Behinderung einmal im Jahr sich dem sportlichen Wettkampf stellen. Es geht vielmehr darum, dass wir intensive, dauerhafte und selbstgewählte Kontakte ermöglichen. In der Vorurteilsforschung wird das mit der sog. »*Kontakthypothese*« verbunden. Dabei hat sich gezeigt, dass Vorurteile gegenüber Menschen mit Behinderung abgebaut werden können, wenn die soziale Distanz überwunden wird.[7] Dieser Befund ist in zahlreichen Studien immer wieder bestätigt worden.[8]

Behindert-werden

Wir haben bereits gesehen, dass die Gesellschaft einen großen Anteil daran hat, wie Menschen mit Behinderung mit ihrer Situation umgehen. Behinderung ist eben nicht mit einer Krankheit gleichzusetzen und als individueller Defekt zu betrachten, wie es aus der Gegenüberstellung zwischen »gesunden« und »behinderten« Menschen im öffentlichen Sprachgebrauch häufig den Anschein hat. Menschen mit Behinderung können sich ausgesprochen gesund fühlen, auch wenn sie sich mit Beeinträchtigungen auseinandersetzen müssen. Diese Beeinträchtigungen gehören zu ihnen, aber sie sind mehr als diese Beeinträchtigungen. Sie sind in erster Linie Menschen, die gleichberechtigt an der Gesellschaft teilhaben wollen. Deshalb zeigt sich immer mehr, dass die Behinderung nicht als persönliche Eigenschaft gelten kann. Sie entsteht vielmehr aus einem sozialen Prozess. Wir sagen deshalb jetzt: »*Jemand wird behindert*« und betonen damit, dass die Behinderung das Ergebnis einer sozialen Aktivität ist. Sie entsteht aus der Beziehung zu anderen. Damit soll nicht die vorhandene Schädigung etwa bei eingeschränkter Seh- oder Hörfähigkeit oder bei Bewegungseinschränkungen geleugnet werden. Vielmehr wird damit zum Ausdruck gebracht, dass die Behinderung nicht nur ein Problem der Person ist, sondern ebenso ein Problem der Gesellschaft.

Dies ist das Verständnis, das die Bundesregierung dem letzten Teilhabebericht von 2021 zugrunde legt. Im Anschluss an die *International Classification of Functionality* (ICF) der Weltgesundheitsorganisation (WHO) und auf der Grundlage des Behinderungverständnisses der UN-BRK entstehen Behinderungen stets in Auseinandersetzung mit Umweltfaktoren. Das wirkt sich aus auf die Aktivität und Teilhabe einer Person. Im Jahre 2022 galt dies in Deutschland für 7,08 Millionen Menschen – mit einer steigenden Tendenz aufgrund von zunehmenden psychischen Beeinträchtigungen. Besonders betroffen ist die Altersgruppe ab 55 Jahren, die einem Anteil von mehr als zwei Drittel an der Gesamtzahl der Menschen mit Behinderung entspricht. Und es ist immer wieder daran zu erinnern: 90 % der Behinderungen entstehen durch Erkrankungen. Das bedeutet, dass wir alle potenziell gefährdet sind, behindert zu werden.[9]

Mit zunehmenden Teilhabeerfahrungen hat sich für Menschen mit Behinderung allerdings gezeigt, dass ihre Beeinträchtigungen nicht in jeder Situation ihres Alltagslebens für sie relevant sind. Mir ist das beim Besuch der Oper in Oslo nachdrücklich vor Augen geführt worden. Das hellweiß strahlende Gebäude ist einem Eisberg nachempfunden und ragt aus dem Hafen empor. Die äußere Gestaltung des Gebäudes ist so angelegt, dass ein Rollstuhlfahrer von der untersten Ebene bis auf das Dach fahren kann und auf keine Barrieren trifft. Die Osloer Bevölkerung hat das Gebäude inzwischen als öffentlichen Ort der Begegnung für sich vereinnahmt. Im Inneren des Gebäudes führen lang geschwungene Rampen zu den Sitzplätzen, so dass hier jeder ohne Hindernisse seinen Platz erreichen kann. In diesem Gebäude ist die Angewiesenheit auf einen Rollstuhl keine Behinderung und die Teilhabe aller selbstverständlich. Menschen mit Behinderung können das Gebäude ohne Hilfe benutzen.[10] Darum geht es. Gerade im öffentlichen Raum sind noch viele Barrieren abzubauen, obwohl die rechtlichen Grundlagen in Deutschland mit dem Behindertengleichstellungsgesetz (BGG)[11] dazu bereits seit 2016 vorliegen. Und das gilt ebenfalls für Menschen mit sensorischen Beeinträchtigungen wie Hör- und Sehproblemen, die auf visuelle und akustische Hilfen angewiesen sind, um sich selbstständig orientieren und fortbewegen zu können.

Wir sprechen deshalb von der Behinderung als einer *erschwerten Lebenssituation*. Damit wird zum Ausdruck gebracht, dass die Behinderung von der jeweiligen Situation abhängt. *Nicht die Menschen sind behindert, sondern die Situation ist behindernd.* Treffen Menschen mit Behinderung im Alltag auf wohlwollende Begegnungen und wird ihnen der Zugang nicht durch unüberwindliche Hürden verschlossen, dann kann es sein, dass die Beeinträchtigungen in welcher Hinsicht auch immer irrelevant werden. Die gute Nachricht ist demnach, dass wir als Gesellschaft in der Lage sind, *un-behinderte Situationen* zu schaffen. Wir stehen vor der Aufgabe, öffentliche Räume und Institutionen so zu gestalten, dass niemand ausgeschlossen wird. Ziel sollte es somit sein, dass alle Erschwernisse aus dem Weg geräumt werden, damit ein selbstständiges Leben ohne Hilfe möglich ist. Erst dann wäre die Wahrung ihres Grundrechtes auf Teilhabe und Selbstbestimmung im Sinne des Grundgesetzes gewährleistet. Und wir erfahren erneut, dass Menschenrechte ebenfalls häufig noch im Zustand einer konkreten Utopie verharren. Das gilt ebenfalls für den im Jahre 1994 neu gefassten Art. 3, Abs. (3) des Grundgesetzes (GG): »Niemand darf wegen seiner Behinderung benachteiligt werden.« Im »Allgemeinen Gleichbehandlungsgesetzt (AGG)« von 2016 ist dies im Einzelnen nochmals geregelt. Im Vordergund stehen besonders Benachteiligungen im Beruf aufgrund einer Behinderung, des Alters, der ethnischen Herkunft, des Geschlechts oder der sexuellen Orientierung.[12] Im Jahresbericht 2023 der »Unabhängigen Bundesbeauftragten für Antidiskriminierung«, FERDA ATAMAN, wird festgestellt, dass die Anfragen an die Antidiskriminierungsstelle bezogen auf Benachteiligungen wegen einer Behinderung oder chronischen Krankheit nach den rassistischen Diskriminierungen am zweithäufigsten sind. Der Bericht verzeichnet immerhin über 10.000 Anfragen an die Antidiskriminierungsstelle allein im Jahre 2023.[13]

Aus diesem Grund wird weiterhin Unterstützung für Menschen mit Behinderung bei der Problembewältigung erforderlich sein. Aber auch dabei entwickelt sich mit der Möglichkeit der *Assistenz* ein neues Muster des selbstbestimmten Umgangs mit Hilfen. Alles, was Menschen mit Behinderung selbstständig bewältigen können, wollen sie in Eigenregie umsetzen. Zugleich möchten sie den Moment, in dem Hilfestellung nötig ist, und die Art der Hilfe selbst festlegen. Insofern ist es nur konsequent, dass der Gesetzgeber mit dem *persönlichen Budget* eine solche Möglichkeit geschaffen hat.[14] Menschen mit Behinderung können hier als Arbeitgeber:innen auftreten und Assistent:innen beschäftigen, die ihnen im Alltag zur Seite stehen, wenn sie Unterstützung benötigen. Der Bedarf an Unterstützung wird sicher im Einzelfall variieren. Er kann sich sowohl auf den Wohnbereich als auch auf den Arbeitsbereich oder den öffentlichen Raum oder das Reisen beziehen. In jedem Fall gilt, dass Menschen mit Behinderung das Maß der Hilfe selbst festlegen können.

Bereits im Europäischen Jahr für Menschen mit Behinderung im Jahre 2003 ist unter dem Motto »*Nichts über uns ohne uns*« deutlich gemacht worden, dass Menschen mit Behinderung an Entscheidungsprozessen über ihr Leben beteiligt werden wollen und für sich selbst sprechen möchten.[15] Der Inklusionsaktivist RAÚL AGUAYO-KRAUTHAUSEN (2023)[16] hat dies in seinem Buch »Wer Inklusion will, findet einen Weg. Wer sie nicht will, findet Ausreden« eindrucksvoll dokumentiert. Selbst Absolvent eines inklusiven Bildungsgangs präsentiert er im Rahmen seines umfassenden Netzwerkes Menschen mit Behinderungen, die in die Öffentlichkeit treten und dabei alle Medien und ebenfalls Social-Media-Kanäle nutzen, um sich selbst und ihre Anliegen zu vertreten. Somit stehen sonderpädagogische und andere Fachkräfte vor der Aufgabe, Menschen mit Behinderung auf Augenhöhe zu begegnen, ihre Selbstbestimmungsrechte zu respektieren und gemeinsam nach inklusiven Wegen zu suchen. Die Behindertenbewegung wird getragen von dem Gedanken des *empowerment* im Sinne von Selbstermächtigung und selbstbestimmtem Leben. Die Stiftung »*Independent living*« sorgt in ihren Einrichtungen und Projekten z.B. dafür, dass Menschen mit Behinderung an allen Entscheidungen, die sie selbst betreffen, beteiligt sind.[17]

Behindern, Fördern, Unterstützen – ja, was denn nun?

Im schulischen Bereich wird seit Beginn der 1990er Jahre von Förderung gesprochen. Die Kultusministerkonferenz hat im Jahre 1994 eine Empfehlung zur sonderpädagogischen Förderung herausgegeben.[18] Im Anschluss an den angelsächsischen Sprachgebrauch, wo der Ausdruck *special educational needs* (wörtlich: spezielle Erziehungsbedürfnisse) dominiert, wird hier der Begriff *sonderpädagogischer Förderbedarf* bevorzugt. Damit soll zum Ausdruck gebracht werden, dass im Gegensatz zum Begriff Behinderung es in erster Linie darum geht herauszufinden, wie Kinder oder Jugendliche mit Lern- und Entwicklungsproblemen gefördert werden können – und nicht wie schwer sie behindert sind. Kritisiert wird an dem Begriff der Förderung, dass hier die Person, die gefördert werden soll, eher passiv bleibt. Dies widerspricht möglicherweise dem Recht auf ein selbstbestimmtes Leben. Die ursprüngliche Bedeutung des Wortes »Förderung« im Sinne von sich selbst fördern, ist heute weitgehend in Vergessenheit geraten.

2019 erneuert die Kultusministerkonferenz ihre Empfehlungen zur Sonderpädagogik und weitet die schulischen Hilfen für Kinder und Jugendliche mit Lern- und Entwicklungsproblemen auf alle von Formen von Unterstützung aus. Seither sprechen wir von *sonderpädagogischen Unterstützungsbedarf*, der nicht nur individuelle Förderangebote umfassen kann, sondern ebenso Therapie, Pflege, Assistenz, Diagnostik und Beratung.[19] Dabei wird vorausgesetzt, dass es Kinder und Jugendliche gibt, die einen Bedarf an Unterstützung bei der Bewältigung der Bildungsangebote haben. Sie können die Schwierigkeiten im Lernen und in der Entwicklung nicht selbstständig überwinden. Ohne diese Unterstützung wäre auf lange Sicht ihre Teilhabe an der Gesellschaft und ein selbstbestimmtes Leben gefährdet, wenn nicht gar unmöglich. Allerdings sind diese Unterstützungsleistungen im Unterricht und im Schulleben nicht mehr an eigenständige Förderschulen oder sonderpädagogische Förderzentren gebunden (▶ Kap. 5). Sie können in inklusiven Schulen in einer guten Qualität bereitgehalten werden.

Somit stellt sich immer häufiger die Frage, ob angesichts des teils diskriminierenden Charakters der Begriff Behinderung nicht vollkommen verzichtbar ist und stattdessen von einem Bedarf an Unterstützung gesprochen werden sollte. Hier gehen die Meinungen allerdings weit auseinander. Auf der einen Seite wird das Argument bekräftigt, dass unsere Sprache unser Denken beeinflusst und wir deshalb auf die Folgen von negativ besetzten Begriffen achten sollten.[20] Das erschreckendste Beispiel liefert dazu immer noch der Begriff »lebensunwertes Leben«, den die beiden Psychiater ALFRED HOCHE und KARL BINDING im Jahre 1920 geprägt haben. Der Begriff ist von den Nazis bereitwillig für ihr sog. »Euthanasie-Programm« (sog. »Aktion T4«) genutzt worden, in dem tausende Menschen mit Behinderung nach der Einordnung als »lebensunwert« in der Nazi-Zeit getötet worden sind. Begriffe können also tödliche Folgen haben.[21]

Andererseits stellt sich die Frage, ob die Änderung eines Begriffes tatsächlich in der Lage ist, etwas an der Lebenssituation von Menschen mit Behinderung zu ändern. Dazu ist offenbar mehr erforderlich als eine Änderung der Sprache. Es geht letztlich immer um die Gestaltung ihrer gesamten Lebenssituation. Auch viele Betroffene selbst und ihre Familien mögen nur ungern auf den Begriff verzichten, weil die Feststellung eines Grades der Schwerbehinderung nach wie vor die Grundlage für die Zuteilung von staatlichen Hilfen in Form finanzieller Mittel z. B. zur Therapie oder zur Eingliederung in die Gesellschaft bildet. Es tut sich also gegenwärtig noch häufig ein Dilemma auf. Wenn Menschen mit Behinderung Hilfe bekommen wollen, dann müssen sie bereit sein, das Etikett »Behinderung« zu verwenden, auch wenn sich damit letztlich die Gefahr von Ausgrenzung wieder erhöht. Es wäre dringend erforderlich, hier über alternative Formen der Hilfe nachzudenken, die ohne diese Etikettierung mit ihren negativen Folgen auskommt (▶ Kap. 6).

Kompetenzbrille

Jede Form von Hilfe und Unterstützung für Menschen mit Behinderung baut auf deren Fähigkeiten auf. Dahinter steht die Vorstellung, dass Menschen mit Behinderung all ihre Fähigkeiten in die Bewältigung ihrer erschwerten Lebenssituation einbringen sollen. Zu lange hat die Vorstellung dominiert, dass Menschen mit Behinderung ausschließlich in ihren Defiziten, in dem was sie nicht können, wahrgenommen werden. Die Medizin hat nicht unwesentlich dazu beigetragen. Offenbar haben wir im menschlichen Zusammenleben eine fatale Neigung dazu, bei unserem Gegenüber immer von den negativen Aspekten auszugehen. Es ist viel leichter zu kritisieren, als die positiven Aspekte eines Menschen zu betonen. Wie wenig wir das gewohnt sind, bemerken wir immer dann, wenn es gilt, mit Lob und Anerkennung umzugehen.

Jeder Mensch mit Behinderung hat Fähigkeiten – und wenn es die Fähigkeit zu atmen ist. Darauf gilt es aufzubauen und nicht ständig zu versuchen, das, was sie nicht können, aus der Welt zu schaffen. Wir müssen diese Defizitbrille absetzen und eine Kompetenzbrille aufsetzen. Im Umgang mit Behinderung sollte die *Kompetenzorientierung* gegenüber der Defizitorientierung den Vorzug erhalten (▶ Kap. 8). Wir sollten die Ressourcen in den Menschen zu erschließen versuchen. Genau darin liegt nämlich ihre Stärke, mit der sie ihre Hilfsbedürftigkeit zu bewältigen versuchen. Jegliche Förderung und Unterstützung – in welcher Form auch immer – beginnt bei diesen Fähigkeiten. Damit sollen nicht die Schwächen eines Menschen geleugnet werden. Die Diskriminierung beginnt dort, wo Menschen mit Behinderung auf ihre Schwächen reduziert werden. Wir sprechen in diesem Zusammenhang von *Ableismus*, abgeleitet vom angloamerikanische Begriff »*ability*« für Fähigkeiten. Es gilt, die Wahrnehmung von Behinderung und unseren Blick zu verändern. Die Behinderung ist im Auge der Betrachter:innen, so können wir festhalten.[22]

Positiv gewendet geht es darum, die Perspektive zu wechseln. Hilfreich wirkt dabei einmal wieder die Belletristik. So schildert

RAQUEL J. PALACIO in dem Jugendroman »Wunder«, der mit JULIA ROBERTS und OWEN WILSON verfilmt worden ist, das Leben von August, einem Jungen, dessen Gesicht mehrfach operiert werden musste.[23] Sowohl August als auch seine Schwester Via, Freund:innen und seine Eltern kommen zu Wort. So lernt man als Lesende Augusts Leben aus verschiedenen Perspektiven zu betrachten. In ihrem Roman »Brüderchen« geht CLARA DUPONT-MONOD einen ähnlichen Weg, indem sie die verschiedenen Reaktionen von Geschwistern auf die Geburt eines Bruders mit einer Behinderung erzählt.[24] Das reicht von völliger Hingabe bis zum Gefühl, sich als Geschwister zurückgesetzt zu fühlen.

Wir haben alle unsere Schwächen. Aber wenn wir ehrlich zu uns sind, dann lassen wir uns ungern auf unsere Schwächen reduzieren. Präsentieren wir uns im sozialen Zusammenhang, so bringen wir lieber unsere Stärken mit ein. Es gehört zu den subtilen Mechanismen der Diskriminierung von Menschen mit Behinderung, dass stets ihre Schwächen betont werden. Sie werden damit letztlich zu Menschen zweiter Klasse herabgewürdigt, ein Vorgang der Entmenschlichung, der mit allen Formen der Ausgrenzung und Unterdrückung einherzugehen scheint. Von Menschen mit Behinderung zu lernen, heißt deshalb, die eigenen Stärken bewusst wahrzunehmen. Die Kompetenzbrille richtet den Blick also durchaus auf uns selbst. So könnte im sozialen Umgang von Menschen mit unterschiedlichen Fähigkeiten ebenso ein veränderter Umgang mit uns selbst entstehen. Gerade unter dem Aspekt der Kompetenzorientierung bezogen auf Menschen mit Behinderung wird unmittelbar deutlich, dass noch viel zu ihrer Befähigung im Sinne eines würdevollen Lebens getan werden muss.

Erschwerte Lebenssituationen

Die Behinderung als soziale Folge einer Schädigung und Beeinträchtigung bietet stets das Bild einer erschwerten Lebenssituation. Schwierigkeiten können Menschen im Leben durchaus immer wieder sogar täglich haben. Schwierigkeiten entstehen an der Schwelle von vorhandenen Fähigkeiten und noch nicht erworbenen. Insofern besteht immer wieder im menschlichen Zusammenleben die Notwendigkeit, sich mit neuen Herausforderungen zu beschäftigen und sich möglicherweise auch neue Fähigkeiten anzueignen. In der Regel können diese Schwierigkeiten selbst und mit den eigenen persönlichen Ressourcen überwunden werden. Bei Menschen mit Behinderungen ist dies jedoch nicht immer der Fall. Sie benötigen Unterstützung bei der Überwindung von Problemen, in manchen Fällen sogar dauerhaft. Sie können zum Teil langfristig ihr Leben nicht ohne Hilfe bewältigen. Aber in der Regel variiert der Bedarf an Hilfe begleitend zum Lebenslauf. Als neugeborene Kinder waren wir alle auf die Hilfe unserer Eltern angewiesen. Als alte Menschen werden wir womöglich wieder auf die Hilfe anderer verstärkt angewiesen sein.

Deshalb taugt der Hilfebedarf nicht als Unterscheidung zwischen Menschen mit und ohne Behinderung. Im Gegenteil: Die Sorge um den anderen Menschen und eine grundlegende Hilfsbereitschaft zählen zu den wichtigsten Merkmalen menschlicher Gemeinschaften. Ohne diese Bereitschaft, sich um den anderen zu sorgen, könnte unsere Gesellschaft nicht funktionieren. Sorge für andere ist also nicht nur eine besonders positive Eigenschaft von einigen sehr sozial eingestellten Menschen, die zeitweise mit dem abwertenden Wort »Gutmenschen« bezeichnet worden sind. Vielmehr ist die *Sorge um den anderen* ein zentrales Merkmal unseres Mensch-Seins. Die amerikanische Philosophin und Mutter einer Tochter mit Behinderung EVA F. KITTAY spricht in diesem Fall sogar von einer gegenseitigen Abhängigkeit. Gerade weil wir Menschen verletzlich sind, sind wir gehalten, uns besonders aufmerksam einander zuzuwenden. Wir sind aufeinander angewiesen und miteinander verbunden, ob wir wollen oder nicht.[25]

> Inklusive Momente entstehen dann, wenn die Fähigkeiten aller Menschen als gleichwertig anerkannt werden und alle in die Lage versetzt werden, etwas zur Gesellschaft beizutragen.

Es wird immer wieder betont, dass der Entwicklungsstand einer Gesellschaft im Sinne von Humanität daran gemessen wird, wie sie mit ihren Mitgliedern umgeht, die auf Hilfe angewiesen sind. Behinderungen fordern uns als Gesellschaft heraus. Wir werden aufgefordert zu zeigen, wie wir mit Abweichungen von der Norm umgehen. Immer wieder wird dabei von einer Schwäche gesprochen, wenn Menschen auf Hilfe angewiesen sind. Sicher gibt jeder, der sich zugestehen muss, auf Hilfe anderer zurückgreifen zu müssen, ein Stück der eigenen Selbstbestimmung auf. Aber als schwach habe ich Menschen mit Behinderung nie erlebt. Eigentlich haben sie für mich immer eine große Stärke ausgestrahlt, wenn sie mit enormer eigener Energie ihre erschwerte Lebenssituation zu meistern versuchten. Und sie haben eine Lektion gelernt, die vielen von uns möglicherweise noch bevorsteht, nämlich die Hilfe anderer anzunehmen, ohne sich davon demütigen zu lassen, ohne das eigene Selbstbewusstsein dadurch aufs Spiel gesetzt zu sehen. Insofern gilt es zukünftig noch stärker als bisher, darauf zu schauen, was wir voneinander lernen können. Und erneut gilt: Erst in der Begegnung, im unmittelbaren Zusammenleben können wir diese gemeinsame Erfahrung machen, können wir einsehen, dass die Angewiesenheit auf Hilfe ebenfalls zum Mensch-Sein dazugehört.

Provokation 2: Behinderung ist Normalität, weil jeder Mensch in die Situation kommen kann, behindert zu werden und auf Hilfe angewiesen zu sein.

3   Geschlecht selbst bestimmen?
Inklusive Situationen II

K wie Kooperation oder:

**»Was wir in der Inklusion
allein nicht schaffen,
schaffen wir kooperativ im Team.«**

Amili Targownik bekommt eine Schwester. Leider darf sie nicht mit ins Krankenhaus, sondern muss in den Kindergarten. Sie fragt sich, welche Behinderung die kleine Schwester wohl haben wird. Als Annabel da ist, freut sich Amili, nun eine große Schwester sein zu dürfen. Auch ihren Freund:innen im Kindergarten berichtet sie an jedem Tag stolz, was Annabel wieder neues gelernt hat, bis ihre Freund:innen genervt sind, weil sie alles unzählige Male wiederholt. Amili darf Annabel die Flasche geben und beim Baden helfen. Als Annabel zu krabbeln anfängt und die Familie das mit einem schönen Essen feiert, kommt Amili ins Grübeln und fragt sich, warum sie selbst das nicht kann. Als Annabel schließlich anfängt zu laufen und sich immer selbstständiger bewegt, kann Amili ihre Wut nicht mehr zurückhalten. Sie ist fest davon ausgegangen, dass alle Kinder mit einer Behinderung auf die Welt kommen, mit 18 Jahren ihre Behinderung verlieren und Annabel den alten Rollstuhl von Amili übernehmen würde. Aus Enttäuschung darüber hört sie auf zu sprechen, anderthalb Jahre lang. Die Eltern versuchen mit Amili über ihre Beeinträchtigung zu sprechen. Sie hat eine Cerebalparese, die durch einen Sauerstoffmangel bei der Geburt hervorgerufen wurde. Sie wird immer auf den Rollstuhl angewiesen bleiben. Nach der 10. Klasse wechselt sie auf eine inklusive Schule in den USA und macht dort ihr Abitur. Als sie die Aufgabe bekommt, einen Monolog zu schreiben, erzählt sie einfach ihre eigene Geschichte über das Mädchen, das eineinhalb Jahre geschwiegen hat, und darüber, wie lange sie auf ihre »Lizenz zum Gehen« gehofft hat. Dann beginnt sie, ihre Lebensgeschichte aufzuschreiben. Inzwischen studiert sie Sozialwissenschaften an der Bar-Ilan-Universität in Tel Aviv.[1]

Kann es sein, dass wir in Sachen Gerechtigkeit zwischen den Geschlechtern immer noch nicht am Ziel sind? Im Jahre 1918 erhalten Frauen das Wahlrecht. Seit 1962 dürfen sie ein eigenes Konto ohne die Unterschrift ihres Mannes führen, seit 1969 sind sie voll geschäftsfähig. Und erst 1977 hat der Gesetzgeber endlich die Möglichkeit geschaffen, dass Frauen berufstätig sind, ohne dazu die Erlaubnis ihres Mannes einholen zu müssen. Das ist alles noch nicht so lange her!

Noch immer verdienen Frauen 18 % weniger als Männer.[2] In Führungspositionen kommen Frauen nur mit einem Anteil von weniger als 30 % an.[3] Ähnliches gilt für die Wissenschaft, wenn es um die Besetzung von Professuren geht. Öffentlich bekannt geworden ist vor wenigen Jahren die Geschichte der Ärztin, die nach dem Erhalt eines Rufes auf eine Professur für Gynäkologie vom Dekan der Fakultät aufgefordert worden ist, den Ruf abzulehnen, weil eine Frau diese Aufgabe nicht ausfüllen könne. Jährlich werden in Deutschland ca. 100 Frauen durch den Ehemann oder ehemaligen Partner ermordet (*Feminizid*), d. h. etwa an jedem dritten Tag eine Frau.[4] Jede dritte Frau ist einmal in ihrem Leben Gewalt oder sexualisierter Gewalt ausgesetzt.[5] Erst seit 1997 ist die Vergewaltigung in der Ehe strafbar. Und sollten Zweifel an diesen Zahlen bestehen, so sei ein Blick nach Avignon empfohlen, wo 2024 der Prozess gegen einen Mann stattfindet, der seine Ehefrau, GISÈLE PÉLICOT, jahrelang vergewaltigt und sogar anderen Männern angeboten hat. Mit ihrem Auftritt vor Gericht will sie Frauen aus der Tabuzone holen, die Opfer sexueller Gewalt geworden sind.[6]

3 Geschlecht selbst bestimmen? Inklusive Situationen II

Frauen mit Behinderung sind doppelt so häufig von Gewalt betroffen, ganz besonders häufig Frauen mit psychischen Beeinträchtigungen, die in Einrichtungen leben. Insofern sind Frauen mit Behinderung mit einer doppelten Diskriminierung konfrontiert.[7] »Geschlecht behindert, besonderes Merkmal Frau« – so lautet der Titel eines Buches von Frauen mit Behinderung, die sich selbst als »Krüppelfrauen« bezeichnen. Als Opfer von sexueller Gewalt haben sie es doppelt schwer, dass man ihnen eine Vergewaltigung glaubt, so wird hier berichtet.[8] Offenbar ist es noch einer weiter Weg bis zur Gleichstellung von Frau und Mann. Diese Gegenwartsdiagnose verwundert nun schon, weil spätestens mit der Französischen Revolution und dem Zeitalter der Aufklärung eine Bewegung zur Befreiung von Frauen eingesetzt hat. »Männer und Frauen sind gleichberechtigt. Der Staat fördert die tatsächliche Durchsetzung der Gleichberechtigung von Frauen und Männern und wirkt auf die Beseitigung bestehender Nachteile hin«, so heißt es im Grundgesetz (GG) in Art. 3, Abs. (2). Die vier stimmberechtigten Frauen des Parlamentarischen Rates, der das Grundgesetz in den Jahren 1948 bis 1949 formuliert hat (FRIEDERIKE NADIG, HELENE WESSEL, HELENE WEBER und ELISABETH SIEBERT), konnten die Aufnahme dieses Artikels gegen viele Widerstände durchsetzen.[9] Es sollte allerdings noch bis 1957 dauern, bis alle rechtlichen Konsequenzen daraus in das Bürgerlichen Gesetzbuch (BGB) Einlass gefunden hatten. Erst ab diesem Zeitpunkt stand eine Frau im Falle einer Scheidung nicht mehr mit komplett leeren Händen da.[10]

Ein Blick zurück

Gleichwohl scheint die Macht des Patriarchats weiterhin ungebrochen. In der Menschheitsgeschichte mussten Frauen stets um ihre Sichtbarkeit kämpfen. Ihre Leistungen auf dem Gebiet der Wissenschaft, der Kunst, Musik, Literatur und in der Politik wurden lange Zeit ignoriert, totgeschwiegen und verspottet. So zeigt INGEBORG

GLEICHAUF in ihrer »Geschichte der Philosophinnen« beispielsweise in 44 Porträts, dass bereits in der Antike Frauen an wissenschaftlichen Erkenntnisprozessen beteiligt gewesen sind, dies teilweise sogar schriftlich niedergelegt haben. Aber nicht selten sind ihre Werke nicht nur übersehen, sondern sogar ganz zerstört worden. Nur so ist es zu erklären, dass die Geschichte der Philosophie ausschließlich von Männern bevölkert wird.[11] ARISTOTELES, PLATON und PYTHAGORAS gehören nach wie vor zum Bildungskanon. Aber wer kennt heute überhaupt noch die Namen von THEANO VON KROTON, ASPASIA, DIOTIMA, PHINTYS, PERIKTIONE und HYPATIA, alles Frauen, die im antiken Griechenland und Rom mit Beiträgen zu öffentlichen Diskursen und philosophischen Abhandlungen bekannt geworden sind. Einmal abgesehen von so berühmten Namen wie HILDEGARD VON BINGEN (1098–1179), MARY WOLLSTONECRAFT (1759–1797), EDITH STEIN (1891–1942), HANNA ARENDT (1906–1975) und SIMONE DE BEAUVOIR (1908–1986) ist der Beitrag von Frauen zur europäischen Geistesgeschichte schlicht nicht präsent. In den Naturwissenschaften lassen sich ähnliche Beispiele anführen. Berühmt geworden ist MARIE SKŁODOWSKA-CURIE (1867–1934), die das Wort »radioaktiv« geprägt hat und der im Jahre 1903 der Nobelpreis für Physik zusammen mit ihrem Mann, PIERRE CURIE (1859–1906), verliehen wurde. Sie durfte den Nobelpreis aber nicht selbst entgegennehmen. Ihr Mann musste das stellvertretend für sie tun. Erst im Jahre 1911, als sie erneut den Nobelpreis erhielt, dieses Mal in Chemie, nahm sie den Preis persönlich entgegen, obwohl die Schwedische Akademie der Wissenschaften sie erneut von einem Besuch in Stockholm abbringen wollte. Sie ließ sich allerdings nun nicht mehr davon abhalten, die Nobelvorlesung selbst zu halten.[12]

Ein ähnliches Bild bietet die Malerei. In der Münchener Ausstellung »Ab nach München! Künstlerinnen um 1900« aus dem Jahre 2014 wird der Leiter der Akademie der bildenden Künste in München, FERDINAND VON MILLER DER JÜNGERE (1842–1929), im Jahre 1912 mit der Aussage zitiert, dass Frauen offenbar in der Malerei einen Ersatz für das Nähen und Stricken suchen, das inzwischen die Maschinen übernommen hätten. Im Grunde wollten sie aber mit ihrer Malerei nur die Zeit überbrücken, bis sie ein Mann heiratet. Angesichts der

3 Geschlecht selbst bestimmen? *Inklusive Situationen II*

ausgestellten Bilder kann dies aus heutiger Sicht nur als blanker Hohn erscheinen, da die Beiträge von Frauen zur Entwicklung der Malerei unbestreitbar mehr als bedeutend sind.[13] Das gilt z. B. für die bis vor kurzem völlig vergessen schwedische Malerin HILMA AF KLINT (1862–1944). Mit einem Œuvre von mehr als 1.000 Gemälden hat KLINT lange vor WASSILY KANDINSKY und PIET MONDRIAN den Schritt zur abstrakten Malerei getan. Erst seit einer Retrospektive im Guggenheim-Museum in New York im Jahre 2018 ist die Bedeutung ihrer Arbeiten wieder weltweit bekannt geworden.[14] Es ist faszinierend zu sehen, wie KLINT sich in ihrer Malerei Anfang des 20. Jahrhunderts mit den neuen Entdeckungen von Einsteins Relativitätstheorie und der Radioaktivität auseinandersetzt und das Unsichtbare dieser Erkenntnisse versucht sichtbar zu machen.[15] In der Ausstellung »Hilma af Klint und Wassiliy Kandinsky träumen von der Zukunft« in der Kunstsammlung Nordrhein-Westfalen im Jahre 2024 ist es erstmals möglich gewesen, diesen beiden Pionier:innen der abstrakten Malerei vergleichend zu betrachten.[16] PAULA MODERSOHN-BECKER (1876–1907) hat zeitlebens an ihren künstlerischen Fähigkeiten gezweifelt, obwohl sie längst ein eigenes Werk geschaffen hatte, das bis heute anerkannt ist und viele Entwicklungen in der modernen Malerei vorweggenommen hat.[17] Die Lebensgeschichte der französischen Bildhauerin CAMILLE CLAUDEL (1864–1943), die zeitlebens im Schatten ihres zeitweiligen Geliebten AUGUSTE RODIN stand, ist exemplarisch für das Schicksal von Frauen, die sich mit der bildenden Kunst beschäftigen. CLAUDEL wird 1913 von ihrem Bruder PAUL CLAUDEL in eine Anstalt eingewiesen und verstirbt dort 30 Jahre später.[18] Erst durch die Verfilmung ihres Lebens mit ISABELLE ADJANI unter dem Titel »Camille Claudel« im Jahre 1989 wird ihr Schicksal wieder in das Gedächtnis der Öffentlichkeit zurückgeholt.

Für Schriftsteller:innen gilt vergleichbares. VIRGINIA WOOLF (1882–1941) hat darauf hingewiesen, wie wichtig für sie als Schriftstellerin ein eigenes Zimmer und die finanzielle Unabhängigkeit durch eine Erbschaft war. Erst wenn der nötige Freiraum vorhanden ist, kann es zu schöpferischen Leistungen kommen.[19] Genau dieser Freiraum wurde Frauen in der Geschichte immer wieder verwehrt. Lange Zeit mussten heute allseits bekannte Schriftsteller:innen unter einem männlichen Pseudonym veröffentlichen. GEORGE ELIOT (richtiger Name: Mary Ann Evans) und GEORGE SAND (richtiger Name: Amantine Aurore Lucile Dupin de Francueil) wählten sogar ihre Namen so, dass niemand wissen sollte, ob sie Mann oder Frau sind. Erst Ende des 18. Jahrhunderts macht sich die Erkenntnis breit, dass mit Literatur Geld verdient werden kann. Zu dieser Zeit bekommen Frauen wie JANE AUSTEN oder CHARLOTTE BRONTË ebenfalls die Chance, Romane zu veröffentlichen, auch wenn die Honorare dafür lächerlich gering gewesen sind.[20]

Die Historikerin LEONIE SCHÖLER zeigt in ihrer Studie »Beklaute Frauen« anhand weiterer Beispiele seit dem Zeitalter der Aufklärung, wie dreist anerkannte Leistungen von Frauen in Wissenschaft und Kunst von Männern widerrechtlich angeeignet worden sind und wie diese sogar damit berühmt geworden sind. Das gilt z. B. für die entscheidende Rolle, die ROSALIND FRANKLIN bei der Entschlüsselung der menschliche DNA hatte. Allerdings erhielten zwei Männer dafür den Nobelpreis.[21] Auch der entscheidende inhaltliche Beitrag von ELISABETH HAUPTMANN zur »Dreigroschenoper« und anderen bekannten Theaterstücken von BERTOLT BRECHT ist niemals gewürdigt worden.[22] So nimmt es nicht Wunder, dass die Geschichtsschreibung selbst von einem *gender bias*, einer Verzerrung der Geschlechterperspektive, geprägt ist. Selbst offensichtliche Beteiligungen von Frauen an zentralen gesellschaftlichen Ereignissen wie der Französischen Revolution von 1789 (z. B. Zug der Frauen nach Versailles, der sog. »Brotmarsch«) oder den europaweiten Märzrevolutionen von 1848/1849 werden systematisch ausgeblendet.[23]

Nun stellt sich natürlich die Frage, warum die künstlerische Kreativität, die geistige Produktivität und die politischen Aktionen von Frauen so lange unterdrückt worden sind. Auch hier liefert VIRGINIA WOOLF eine interessante Erklärung. Nicht ohne Grund gilt ihr Essay »Ein Zimmer für sich allein« bis heute als einer der grundlegenden Texte der Frauenbewegung. Die Leistungen von Frauen werden ihrer Ansicht nach deshalb von Männern geringgeschätzt, ignoriert oder gar ungeschehen gemacht, weil die Männer sich selbst

3 Geschlecht selbst bestimmen? Inklusive Situationen II

erhöhen müssen, um ihr Selbstbild abzusichern. So werden die Voraussetzungen dafür geschaffen, dass Frauen allenfalls als Unterstützer:innen ihrer Männer in Erscheinung treten dürfen.[24] Und nicht selten treten sie in dieser Rolle nicht einmal in Erscheinung. Wenn zum Mensch-Sein der Freiheitsdrang gehört, dann nimmt es nicht Wunder, dass diese unterdrückte Lebenssituation von Frauen ihren Widerstand provozieren musste. Abgesehen von einzelnen Frauen, die sich ihre Freiheit eroberten, beginnt im Zeitalter der Aufklärung eine breite Emanzipationsbewegung, für die Rechte von Frauen öffentlich zu kämpfen.

Bewegte Frauen

Mit der Veröffentlichung »Die Erklärung der Rechte der Frau und Bürgerin« durch die Künstlerin OLYMPE DE GOUGES (1748–1793) im Jahre 1791 beginnt die internationale Bewegung des Feminismus unter dem Ziel, gleiche Rechte für Frauen durchzusetzen. Diese Schrift wird seinerzeit notwendig, weil die »Erklärung der Menschen- und Bürgerrechte« (1798) als Ergebnis der Französischen Revolution die Rechte von Frauen nicht einmal erwähnt. So galt die Forderung nach »Gleichheit, Freiheit und Brüderlichkeit« nur für die eine Hälfte der Menschheit. Während sich zunächst nur vereinzelte Stimmen wie CHRISTINE DE PIZAN und MARY WOLLSTONECRAFT zu den Rechten von Frauen öffentlich äußerten, entstehen in den folgenden Jahrzehnten politische Vereinigungen, in denen sich Frauen zusammenschließen.[25]

Bekannt geworden ist insbesondere die englische Frauenbewegung im Kampf für das Wahlrecht der Frauen. Im Nachhinein vielfach lächerlich gemacht, hat die Bewegung der Sufragetten einen Zusammenschluss vieler regionaler Frauengruppen in Großbritannien bewirkt. 1869 gründet LYDIA BECKER in London die *National Society for Woman's Suffragge* (NSWS), die sich in der Hauptsache als Wahlrechtsbewegung versteht.[26] Das englische Wort »suffrage« bedeutet ebenfalls »Wahlrecht«. Unter dem Motto »Taten, nicht Worte« werden viele Aktionsformen entwickelt, die von Petitionen und Briefen an Abgeordnete des Parlaments über Demonstrationen bis hin zur Störung von Parteiversammlungen und sogar zu Hungerstreiks und Sachbeschädigungen reichen. Besonders verbunden mit den Namen EMMELINE und CHRISTABEL PANKHURST gelingt es allerdings erst im Jahre 1918, das Wahlrecht für Frauen in Großbritannien durchzusetzen.[27]

In Deutschland ist dies mit LUISE OTTO-PETERS (1819–1995) verbunden, die den Anteil der Frauen an der europaweiten Revolution von 1848 hervorhebt und die politische Beteiligung der Frauen bereits 1843 fordert. Und sie kritisiert das erste deutsche Parlament, das in Frankfurt in der Paulskirche tagt und eine demokratische Verfassung verabschiedet, ohne dass Frauen in diesem Prozess zugelassen werden. Sie dürfen nur als Besucher:innen in der Paulskirche teilnehmen und werden hinter der Deutschlandfahne versteckt.[28] 1849 publiziert OTTO-PETERS die »Frauenzeitung – ein Organ für die höheren weiblichen Interessen« und initiiert damit die bürgerliche Frauenbewegung. Aber erst im Jahre 1865 gelingt es, nach zahlreichen Versuchen, sie öffentlich mundtot zu machen, zusammen mit AUGUSTE SCHMIDT den »Allgemeinen Deutschen Frauenverein (ADF)« als erste Organisation der deutschen Frauenbewegung zu gründen. Allen voran setzt sich der ADF für das Recht auf Arbeit und Bildung für Frauen ein, während die Forderung nach dem Wahlrecht für Frauen zunächst nur verhalten geäußert werden darf, um nicht ein Verbot des ADF zu riskieren. Aber erst am 19. Februar 1919 darf die Sozialdemokratin MARIE JUCHACZ (1879–1956) als erste gewählte Abgeordnete im Reichstag sprechen, nachdem 1918 das aktive und passive Wahlrecht für Frauen eingeführt worden ist. Und erst am 10. Oktober 2024 hält HEIKE HEUBACH als erste gehörlose Abgeordnete im Bundestag eine Rede in Gebärdensprache, die von zwei Dolmetscherinnen simultan in gesprochene Sprache übersetzt wird.[29]

Die Nazizeit (1933–1945) bedeutet für die Frauenbewegung einen Bruch. Frauen werden erneut auf die Familienarbeit reduziert und dürfen sich nicht mehr für politische Ämter wählen lassen. Erst in der Zeit des Zweiten Weltkrieges werden sie wieder verstärkt in Arbeitsprozesse einbezogen, weil in der Rüstungsindustrie Arbeitskräfte fehlen.

Neuer Feminismus (Simone de Beauvoir)

Große Impulse für die Frauenbewegung gehen von der französischen Philosophin SIMONE DE BEAUVOIR (1908–1986) aus. Als im Jahre 1949 ihr Hauptwerk »Das andere Geschlecht« erscheint, löst das einen Skandal aus. Selbst politisch aufgeklärte Männer aus ihrem Freundeskreis, wie ALBERT CAMUS, distanzieren sich. Ihre zentrale und vielzitierte These besagt: »Man kommt nicht als Frau zur Welt, man wird es.«[30] Damit trennt DE BEAUVOIR das Geschlecht (*sex*) von der Geschlechtsidentität (*gender*). Sie vollzieht auf diese Weise einen bedeutenden Schritt, der die Rolle der Gesellschaft und der Kultur bei der Entstehung der Rolle der Frau sichtbar macht. Zugleich zeigt sie so auf, dass diese Rolle keineswegs festgelegt ist durch die biologischen Gegebenheiten. Rollenklischees in Bezug auf die Fähigkeiten von Frauen und ihre gesellschaftliche Aufgabe können seither nicht mehr auf das biologische »Schicksal« zurückgeführt werden. Auch die traditionelle Rolle der Frau als Hausfrau und Mutter ist keineswegs festgelegt, sondern unterliegt ebenfalls einem Veränderungsprozess.

Als Anhängerin der philosophischen Strömung des Existentialismus übersieht sie allerdings ebenfalls nicht die Bedeutung des Körpers in der Lebenssituation von Frauen. Die äußere Erscheinung von Frauen, Menstruation, Schwangerschaft und Geburt von Kindern sind mit dem weiblichen Körper verbunden. All dies beeinflusst ihr In-der-Welt-Sein. Aber es bestimmt nicht schicksalhaft das Leben von Frauen und ihre Rolle, da sie als freie Individuen stets autonom über ihren Körper entscheiden können.

Neuer Feminismus (Simone de Beauvoir)

Unter dieser Voraussetzung prüft DE BEAUVOIR die Darstellung der Frau in der Literatur und zeigt auf, wie häufig Männer regelrechte Mythen über Frauen verbreiten. Begleitend zum Lebenslauf untersucht DE BEAUVOIR schließlich, wie der Prozess des Frau-Werdens sich über Kindheit, Jugend und Erwachsenenleben vollzieht. DE BEAUVOIR selbst hat sich nach Ausbildung und Studium und nachdem sie JEAN-PAUL SARTRE (1905–1980) kennengelernt hat, gegen die Ehe und gegen Kinder entschieden. Auf einer Bank in den Tuilerien in Paris haben die beiden beschlossen, eine offene Beziehung zu führen, d.h. andere Partnerschaften zu tolerieren. Stets stand ihre gemeinsame wissenschaftliche und politische Arbeit im Mittelpunkt ihrer Beziehung. Und sie hielt bis zu SARTRES Tod, eine 50-jährige intensive Zusammenarbeit. Aber auch wenn sie sich gegenseitig in ihrer Arbeit unterstützt haben und dabei nicht mit Kritik sparten, also eine Beziehung auf Augenhöhe geführt haben, so steht DE BEAUVOIR doch bis zum Schluss im Schatten von SARTRE. Ihre eigenständige philosophische Leistung wird lange Zeit nicht gesehen. Im Gegensatz zu SARTRE, der die menschliche Freiheit stets als individuelle Entscheidung proklamiert, stellt DE BEAUVOIR die Angewiesenheit des Menschen auf ein Gegenüber heraus. Damit gewinnt sie ebenso einen Zugang zu ethischen Aspekten des menschlichen Handelns, ein Bereich, der in SARTRES Werk randständig geblieben ist. Angesichts der Verbreitung und der Auflagenhöhe, die DE BEAUVOIRS Werk »Das andere Geschlecht« sowohl in Frankreich als auch in anderen Ländern weltweit hatte, ist dies eigentlich als das Hauptwerk des Existentialismus zu betrachten.[31] Wie nachhaltig ihre Wirkung auf die feministische Bewegung nach dem Zweiten Weltkrieg gewesen ist, zeigt die Ausstellung der Bundeskunsthalle (später ebenfalls im Literaturhaus München) »Simone de Beauvoir & Das andere Geschlecht« im Jahre 2022. In mehr als 20.000 Briefen an DE BEAUVOIR schildern Frauen aller Gesellschaftsschichten, wie sehr sie sich in ihrer Lebenssituation angesprochen und in ihrem Bemühen um ein selbstbestimmts leben bestärkt fühlen.[32]

3 Geschlecht selbst bestimmen? *Inklusive Situationen II*

Zweite Frauenbewegung (Alice Schwarzer)

Die Nachkriegszeit beginnt in Deutschland mit einem großen politischen Erfolg der Frauenbewegung, als es gelingt, die Gleichberechtigung der Frau in das Grundgesetz aufzunehmen. Neue Impulse gewinnt die Frauenbewegung aber erst durch die politische und kulturelle Revolution von 1968. Die zweite Frauenbewegung wird mit dem berühmt gewordenen »Tomatenwurf« von SIGRID RÜGER (1939–1996) bei einem Kongress des Sozialistischen Deutschen Studentenbundes (SDS) im September 1968 in Frankfurt am Main in Richtung des (männlichen) SDS-Vorstands eingeleitet. Der Anfang 1968 u. a. von HELKE SANDER (geb. 1937) gegründete »Aktionsrat zur Befreiung der Frau« beschäftigte sich zunächst hauptsächlich mit der Gründung von Kinderläden, in denen eine nicht-repressive Form der Erziehung praktiziert werden sollte. In der Folge entstehen aber weitere feministische Gruppen, sog. »Weiberräte«.

1971 veröffentlicht die Zeitschrift »Stern« das Bekenntnis von 374 Frauen, dass sie abgetrieben hätten. Viele prominente Frauen bekennen sich mit einem Foto auf der Titelseite zu diesem seinerzeit noch rechtlich verbotenen Schritt (z. B. ROMY SCHNEIDER, SENTA BERGER). Die Aufregung in der Bundesrepublik Deutschland ist seinerzeit groß. Nach einem Vorbild aus Frankreich hat die deutsche Journalistin ALICE SCHWARZER dieses öffentliche Bekenntnis initiiert und damit ein dunkles Kapitel im Leben von Frauen publik gemacht. Wer einen Auslandsaufenthalt z. B. in den Niederladen nicht finanzieren konnte, der war als Frau nach wie vor auf die Torturen eines illegalen Schwangerschaftsabbruchs angewiesen, falls die Schwangerschaft abgelehnt wurde. Mit der Parole »Mein Bauch gehört mir« zogen Frauen auf die Straße und stellten so öffentlich infrage, dass der Staat oder die Kirche über ihren Körper entscheiden dürfen. Seit 1976 gilt zumindest eine Fristenregelung für Schwangerschaftsabbrüche (§ 218, Strafgesetzbuch, StGB). Demnach ist ein Schwangerschaftsabbruch bis heute strafbar. Das gilt allerdings nicht, wenn eine medizinische oder kriminologische Indikation vorliegt und die

Schwangere eine Beratung in Anspruch genommen hat. Aufsehen erregt SCHWARZER ebenfalls mit dem 1975 erschienenen Buch »Der kleine Unterschied und seine großen Folgen«[33], in dem sie auf der Basis von zahlreichen Gesprächen mit Frauen die Rolle der Sexualität bei der Unterdrückung von Frauen anspricht. Mit der von SCHWARZER 1977 gegründeten Zeitschrift »Emma« besteht seither eine gewichtige feministische Publikationsplattform. In der DDR macht MAXIE WANDER mit ihrem Buch »Guten Morgen, du Schöne« Furore, in dem sie auf der Basis von Gesprächen mit Frauen auf deren Doppelbelastung durch Berufstätigkeit und Hausarbeit hinweist.[34] Ebenfalls eine große Errungenschaft der Frauenbewegung stellt die Einrichtung von Frauenhäusern dar, ab 1976 zuerst in West-Berlin und in Köln und in der Folge in weiteren Städten. So war erstmals ein Zufluchtsort für Frauen geschaffen, die Opfer von Gewalt geworden sind.

In den folgenden Jahrzehnten gelingt es der Frauenbewegung, die Probleme in der gesellschaftlichen Teilhabe von Frauen in der Öffentlichkeit bewusst zu machen. Mit dem Entstehen einer eigenständigen Frauenpolitik geht sowohl auf europäischer als auch auf nationaler Ebene die Forderung nach Gleichstellung von Frauen in allen Bereichen (*gender mainstreaming*) einher.[35] Es wird die Funktion der Gleichstellungs- bzw. Frauenbeauftragten eingerichtet, die diesen Prozess überwachen und begleiten sollen. Damit setzt ein mühsamer Kampf um die tatsächliche Durchsetzung der zumindest rechtlich postulierten Gleichstellung von Mann und Frau ein, der bis in die Gegenwart anhält.

3 Geschlecht selbst bestimmen? *Inklusive Situationen II*

Divers oder nicht divers – ist das die Frage? (Judith Butler)

Mirko (5 Jahre) ist von Lisa, seiner Kindergartenfreundin, zum Geburtstag eingeladen worden. Dafür will er sich besonders fein machen. Deshalb hat er morgens nicht nur das schön eingepackte Geschenk mitgenommen, sondern auch sein rosafarbenes Strickkleid. Als seine Mutter ihn vom Kindergarten abholt und zur Geburtstagsparty bringt, bittet er sie noch, seine langen blonden Haare zu zwei Zöpfen zu flechten. »Ich weiß, dass ich ein Junge bin, aber ich finde das schön so!« Seine Mutter unterstützt ihn dabei. Die Geburtstagsparty wird ein voller Erfolg. Niemand hat Mirko wegen seines Kleides angesprochen, die Eltern der anderen Kinder ebenfalls nicht, auch wenn sich so mancher sicher eine Frage gestellt hat. Auf dem Heimweg nach der Party hält Mirkos Mutter noch beim Bäcker, um ein Brot zu kaufen. Der junge Mann mit schwarzen Haaren und einem Vollbart hinter der Theke schaut Mirko mit leuchtenden Augen an und sagt: »So gern hätte ich das als Kind auch einmal gehabt. Aber meine Eltern haben das nicht erlaubt!«

Offenbar ist etwas in Bewegung gekommen hinsichtlich der Festlegung auf zwei Geschlechter Mann und Frau. Stellenanzeigen werden zusätzlich zu den Abkürzungen »M« und »W« inzwischen ergänzt um das »D« für divers. Homosexualität steht seit der Aufhebung des § 175 Strafgesetzbuch (StGB) im Jahre 1994 nicht mehr unter Strafe. Seit 2017 dürfen gleichgeschlechtliche Paare in Deutschland heiraten. Und die Zuordnung zu einem Geschlecht wird immer selbstbestimmter. Insbesondere Jugendliche nehmen für sich in Anspruch, ihr Geschlecht nicht mehr durch biologische Gegebenheiten (wie Geschlechtsorgane, Gebärfähigkeit usf.) allein bestimmen zu lassen, sondern ihre Geschlechtsidentität selbst zu wählen, möglicherweise sogar wechselnd. Dabei ändern sie nicht selten ihre Vornamen und beanspruchen im alltäglichen Kontakt entsprechend der von ihnen gewählten Identität korrekt angesprochen zu werden. Die Auswirkungen auf die Sprache werden heiß diskutiert. Und das »*gendern*« steht schon wieder in der Kritik, bis hin zu Bundesländern, die es in der öffentlichen Amtssprache und in Bildungseinrichtungen verbieten. Die Heftigkeit mancher Reaktionen zeigt, dass hier ein Thema entstanden ist, dass viele von uns im Innersten betrifft.

Konnten wir mit SIMONE DE BEAUVOIR noch nachvollziehen, dass Geschlecht (*sex*) und Geschlechtsidentität (*gender*) zu unterscheiden sind, so erfahren wir nun, dass biologische ›Fakten‹ und besonders ihre sprachliche Kennzeichnung keineswegs feststehen, sondern ihrerseits von der jeweiligen Betrachtungsweise abhängen. Die amerikanische Philosophin JUDITH BUTLER hat in ihrem berühmt gewordenen Hauptwerk »Das Unbehagen der Geschlechter« genau diese Frage gestellt.[36] Auch die Wahrnehmung der biologischen Merkmale von Menschen sind demnach bereits kulturell geprägt. Dies gilt insbesondere für das binäre Denken in zwei Geschlechtern von Mann und Frau. Außerdem zeigt BUTLER, dass das Verhältnis der Geschlechter nach wie vor von Macht und Herrschaft des männlichen über das weibliche Geschlecht geprägt ist. Damit werden die Begriffe »männlich« und »weiblich« fragwürdig. Sie bleiben nicht mehr Merkmale einer Person, sondern sind Ausdruck einer sozialen Beziehung.[37] BUTLER zieht den Schluss, dass das biologische Geschlecht keineswegs eine bestimmte Geschlechtsidentität festlege, sondern diese vielmehr vielfältig sein könne (*queer*). Sie lockert damit also das Verhältnis von *sex* und *gender*.

BUTLER hat mit ihrer neuen Sichtweise auf Geschlecht und Geschlechtsidentität die eigenständige wissenschaftliche Forschungsrichtung der *gender studies* und *queer studies* inspiriert. Mit der LGBTQ+-Gemeinschaft ist eine Bewegung entstanden, in der sich Menschen (L=Lesbian, G=Gay, B=Bi, T=Trans, Q=Queer) zusammenschließen, die ihre Geschlechtsidentität selbst bestimmen wollen. Besonders das binäre Denken in zwei Geschlechterrollen wird abgelehnt. Die Frauenbewegung wird durch diese Entwicklung vor neue Herausforderungen gestellt. Während der eine Teil nach wie vor an der Differenz von Mann und Frau festhält, nimmt eine neue, gleichsam dritte Frauenbewegung für sich in Anspruch, offen zu sein für unterschiedliche sexuelle Orientierungen, Geschlechtsidentitäten sowie weitere Differenzen wie soziale und kulturelle Herkunft. Diskriminierung von Frauen ist in modernen Gesellschaften nach wie vor von vielen Faktoren abhängig, was z.B. an den Unterschieden in der Lebenssituation von schwarzen und weißen Frauen deutlich wird. Nicht ohne Grund ist angesichts der multiplen Formen von Diskriminierung im Leben von Frauen deshalb der Begriff der »Intersektionalität« im Anschluss an die afroamerikanische Juristin KIMBERLÉ CRENSHAW für die neue Frauenbewegung leitend geworden.[38] Zum Problem gerät dabei allerdings die Frage des Zugangs zu geschützten Räumen (wie Frauentoiletten oder Frauenhäusern), die nunmehr ebenfalls von trans Frauen aufgesucht werden könnten, also Frauen, denen bei der Geburt das männliche Geschlecht zugewiesen wurde.

Ein Blick nach vorn

Bereits dieser kurze Überblick über die Geschichte der Frauen und der Frauenbewegung zeigt eine Geschichte der Ausgrenzung und des Kampfes dagegen. Wer verstehen will, wie Exklusion in Geschichte und Gegenwart funktioniert, der sollte Frauen fragen. Sie kennen sich damit aus, seit mehr als 5.000 Jahren. Selbstverständlich ist es unter dem Leitbild der Inklusion vorstellbar, dass in naher oder etwas fernerer Zukunft all die strukturellen Benachteiligungen von Frauen, die in den bekannten Lücken (sog. »*gaps*«) auftreten, aufgehoben werden können: beispielsweise gleicher Lohn für gleiche Arbeit statt *gender-pay-gap* oder gerechte Aufteilung der Hausarbeit und Kindererziehung statt *gender-care-gap*.[39] Es ist ebenfalls möglich, dass die Kindertageseinrichtungen und Schulen so ausgebaut werden, dass neben den Bildungsangeboten auch verlässliche ganztägige Betreuungsstrukturen entstehen. Länder wie Dänemark mit seinem Tagesmüttersystem und Frankreich mit der Ganztagsbetreuung in den *école maternelle* haben eine ungleich höhere Erwerbsquote bei Müttern. Eine Erfolgsgeschichte hat die Frauenbewegung sogar bereits geschrieben. Die Bildungsbeteiligung von Mädchen ist im Vergleich zu den 1950er Jahren deutlich angestiegen, so dass inzwischen mehr Mädchen Abitur machen als Jungen und mehr junge Frauen ein Studium beginnen als junge Männer. Doch auch hier folgt die schlechte Nachricht gleich auf dem Fuße: Danach setzt die Benachteiligung unmittelbar an, wenn es beispielsweise um die Förderung des wissenschaftlichen Nachwuchses hinsichtlich einer Doktorarbeit oder weiterer wissenschaftlicher Qualifikationen geht. Hier sind die Männer wiederum rasch in der Mehrheit.

Die feministische Bewegung hat zweifellos viel erreicht (aktives und passives Wahlrecht, Bildungsbeteiligung von Frauen, ökonomische Selbstständigkeit, Zugang zu Verhütungsmitteln, weitgehende Legalisierung von Schwangerschaftsabbrüchen). Die Berufstätigkeit von Frauen ist längst selbstverständlich geworden, auch wenn sie nach wie vor häufig in Berufen wie Sekretärin, Verkäuferin, Kellnerin, Krankenschwester oder Telefonistin landen, die zumindest eine gewisse Ähnlichkeit mit ihrer traditionellen Rolle in der Familie haben.[40] Es gibt durchaus Anzeichen, dass sich Hausarbeit und Kindererziehung gerechter zwischen den Männern und Frauen aufgeteilt werden. Aber selbst wenn es in absehbarer Zeit gelingen würde, all die weiter bestehenden strukturellen Defizite in der Gleichstellung von Frauen und Männern aus der Welt zu schaffen und damit eine selbstbestimmte gesellschaftliche Teilhabe im Sinne von Inklusion zu verwirklichen, es bliebe noch die Frage nach dem unmittelbaren Verhältnis der Geschlechter zueinander im Sinne einer gemeinsamen Erfahrung. Am Beispiel des Alterns hat Susan Sontag in einem Essay bereits zu Beginn der 1970er Jahre gezeigt, dass dies nach wie vor völlig unterschiedliche Bedeutungen für Frauen und Männer hat. Während Frauen bereits frühzeitig den kosmetischen Kampf gegen die sichtbaren Zeichen des Alterns beginnen müssen, um weiterhin als attraktiv angesehen zu werden, gelten Falten und Haarausfall bei Männern keineswegs als hässlich. Das Schönheitsideal, dem Frauen

3 Geschlecht selbst bestimmen? *Inklusive Situationen II*

nach wie vor nacheifern müssen, vergleicht Sontag sogar mit der »seelischen Deformierung schwarzer Menschen«.[41]

REBECCA SOLINT, eine amerikanische Essayistin und feministische Aktivistin, beschreibt in ihrem Buch »Wenn Männer mir die Welt erklären«[42] eine Szene auf einer Party. Ein Mann hat erfahren, dass sie bereits mehrere Bücher publiziert hat, und will sich mit ihr unterhalten. Die Unterhaltung besteht nun darin, dass er ihr ein Buch anpreist, das kürzlich erschienen sei und das er als sehr gelungen beurteilt. Eine Freundin von SOLINT muss ihn mehrfach darauf hinweisen, dass SOLINT genau dieses Buch geschrieben hat, bevor er versteht, dass er die Autorin des Buches vor sich sitzen hat. Er hatte das Buch nicht einmal gelesen, sondern lediglich die Rezension in der *New York Times Book Review* wiedergegeben. Wahrscheinlich ist in solchen Situationen der Begriff »*mansplaining*« entstanden. Männer tendieren offenbar dazu, sogar bei völliger Unkenntnis Frauen die Welt zu erklären und damit ihre Überlegenheit zur Schau zu stellen.

Längst stellt sich kein Mann mehr in der Öffentlichkeit hin und versucht, die Benachteiligung von Frauen zu rechtfertigen, es sei denn, er ist in einer rechtsextremen Partei wie der AfD. Die Unterdrückungsmechanismen sind sehr viel subtiler geworden. So hat beispielsweise eine experimentelle Studie gezeigt, dass in einer Diskussionsrunde Frauen am häufigsten unterbrochen werden – und zwar von Männern (*manterrupting*). Und die Ausstellung »Susanna. Bilder einer Frau vom Mittelalter bis MeToo« im Wallraf-Richarz-Museum in Köln im Jahre 2022 hat gezeigt, dass die Unterdrückung und Nötigung von Frauen bereits in den Blicken der beiden Männer zum Ausdruck kommt, die Susanna im Bade beobachten. Der männliche Besucher dieser Ausstellung wird letztlich mit seinem eigenen Voyeurismus konfrontiert. Auch das ist schlicht Machtausübung.[43] Und in dieser Hinsicht gilt es ebenfalls, neue Sprech- und Sichtweisen einzuüben.

Ein Blick nach vorn

> Inklusive Momente zwischen den Geschlechtsidentitäten kommen immer dann zustande, wenn die Chancen auf ein selbstbestimmtes Leben in Freiheit gleichberechtigt für alle gegeben ist.

Insofern bleibt gerade in Bezug auf das persönliche Verhalten und die Beziehung von Männern und Frauen noch vieles zu tun. Letztlich ist zunächst einmal bereits die Kindererziehung gefragt. Eltern haben nicht nur die Aufgabe, das Selbstbewusstsein ihrer Töchter zu stärken und sie auf ihrem Bildungsweg zu unterstützen. Sie sollten das Bedürfnis ihrer Söhne nach Zärtlichkeit und Trost berücksichtigen, damit sie nicht weiter so tun müssen, als hätten sie keine Schmerzen, weil sie sie nicht zeigen dürfen. Inklusion als eine gemeinsame Erfahrung zwischen den Geschlechtern bedeutet deshalb, dass wir als Menschen unsere unterschiedlichen menschlichen (männlichen und weiblichen) Eigenschaften in uns akzeptieren und zeigen dürfen. Auch in dieser Hinsicht hat VIRGINIA WOOLF mit ihrem Roman »Orlando« über einen Mann, der die Geschlechtsrolle wechselt, Wegweisendes beschrieben. ROBERT MUSIL hat zeitlebens mit diesen widersprüchlichen männlichen und weiblichen Gefühlen gehadert, die er in seinem ersten Roman »Verwirrungen des Zöglings Törleß« schildert. Beide lebten in einer Zeit, die nicht bereit dafür war, diese Gefühle öffentlich zu machen. Es scheint sich gegenwärtig in dieser Hinsicht ein Möglichkeitsraum zu öffnen.

> *Provokation 3:* Wir haben alle unterschiedliche menschliche Eigenschaften in uns, die wir bislang als »männlich« und »weiblich« markiert haben; sie sollten zugelassen werden und gelebt werden können.

4 Unterschiede feiern!
Inklusive Situationen III

L wie Lernen oder:

»In inklusiven Settings lernen alle Beteiligten miteinander und voneinander!«

Toni kommt im Jahre 1991 mit dem Bus aus Kosovo-Albanien nach Deutschland. Außer »Leck-mich-am-Arsch« kennt er kein einziges deutsches Wort. Er wird in die erste Klasse der Grundschule aufgenommen, kommt dann aber zunächst in den Kindergarten. Dort schlägt er einen Jungen und klaut ihm ein rotes Auto. Als er merkt, dass der Diebstahl nur ein freundliches Gespräch zur Folge hat, klaut er in Geschäften weiter und wird schließlich von der Polizei nach Hause gebracht. Der Vater schlägt ihn mit einem Gürtel und droht, ihn an der Lampe aufzuhängen. Später kommt er in eine Förderschule, eine Schule für Schwererziehbare. Nach einem Umzug nach München in den Stadtteil Hasenbergl ist er immer wieder in Schlägereien zwischen jugendlichen Banden verwickelt. Schließlich wird er angeklagt und erhält eine Jugendstrafe. Er muss einen Monat ins Gefängnis und Arbeitsstunden leisten. Im Gespräch mit seiner Lehrerin, Susanne Korbmacher, spürt er zum ersten Mal, dass es einen Menschen gibt, dem er vertrauen kann. Er meldet sich zum Chor und erlebt, dass Kinder und Jugendliche beim gemeinsamen Singen viel Spaß miteinander haben können. In dem Kinofilm »Eine Hand voll Gras« erhält er eine Nebenrolle. Dadurch entwickelt sich der Wunsch, Schauspieler zu werden. Er holt seinen Hauptschulabschluss nach und geht danach auf eine Schauspielschule. Im Film »ghettokids« spielt er die Hauptrolle.[1]

Leugnen hilft nicht! Wir leben in einem Land, in dem täglich jüdische Kindergärten, Schulen und Synagogen vor gewalttätigen Übergriffen polizeilich geschützt werden müssen. Wir leben in einem Land, in dem es Zonen gibt, in die man als People of Colour (PoC)[2] besser nicht geht. Wir leben in einem Land, in dem rassistische Parolen wieder politikfähig geworden sind und Nazis sowie Rechtsextreme in Parlamenten sitzen. Laut der Mitte-Studie 2022/23 stieg der Anteil von Menschen mit klar rechtsextremer Orientierung von 2 bis 3 % in den vorherigen Jahren auf 8 %.[3] Angesichts der Geschichte Deutschlands erscheint das höchst erschreckend. In seiner Streitschrift »Judenhass« fragt der Publizist und Jude MICHEL FRIEDMAN unter dem Eindruck des Massakers der Hamas an über 1.200 jungen Israelis und der Verschleppung von mehr als 200 Geiseln, ob es für Menschen jüdischen Glaubens nirgendwo auf der Welt einen sicheren Platz gibt.[4] Auch nicht in Deutschland, das mit seiner Nazi-Vergangenheit und sechs Millionen ermordeten Juden allen Grund hätte, hier besonders sensibel zu sein. Seit dem 7. Oktober 2023 nehmen die Gewalttaten und die antisemitischen Parolen in Deutschland sogar noch zu – und nicht nur von islamischer Seite. Sicher darf der Krieg der Israelis gegen die Hamas und die militante Siedlungspolitik der Regierung Netanjahu im Westjordanland ebenfalls kritisch befragt werden. Das passiert ebenso von jüdischer Seite. Dies ist jedoch kein Grund, nun wieder in jahrhundealte antisemitische Reflexe zu verfallen und von jüdischer Weltverschwörung und anderen böswilligen Gerüchten über Juden zu faseln. Jude ist im Übrigen aus jüdischer Sicht kein Schimpfwort, sondern einfach die Bezeichnung einer ethnisch-religiösen Gruppe. Den Nazis ist es in den 1930er Jahren propagandistisch gelungen, aus einem jüdischen Bevölkerungsanteil von nicht einmal einem Prozent eine fiktive Bedrohung der gesamten deutschen Bevölkerung aufzubauschen.[5] Das Ergebnis ist bekannt: Die Propaganda gegen Juden war nur der Auftakt zu dem Versuch, eine ganze Bevölkerungsgruppe auszulöschen. Die Tötungsfabrik Auschwitz bleibt ein singuläres Ereignis in der Weltgeschichte. Und die Erinnerung daran zählt zu der Last, ein Deutscher zu sein.[6] Auch wenn wir nicht zur Nazizeit gelebt haben, können wir uns davon nicht reinwaschen.

Wenn wir aufhören, uns zu erinnern, würden wir ein zweites Mal schuldig. Etwas ähnliches findet gegenwärtig von rechtsextremer Seite erneut statt. Fragt man nach dem gegenwärtigen Anteil von Menschen muslimischen Glaubens in Deutschland, so wird deren Zahl in der Regel völlig überschätzt. Meist liegen die Mutmaßungen bei ca. 25–30 %. Tatsächlich sind nicht einmal gut 6 % Menschen mit muslimischem Glauben in Deutschland.[7] In diesem Zusammenhang ist immer wieder daran zu erinnern, dass die Religionsfreiheit nicht nur im Grundgesetz garantiert ist, sondern zum zentralen Bestandteil aller demokratischen Verfassungen weltweit zählt. Der Kampf um Religionsfreiheit seit Ende des 18. Jahrhunderts war sogar vielfach der Ausgangspunkt für die Forderung nach einer demokratischen Verfassung. »Die Würde des Menschen ist unantastbar«, so heißt es in Artikel 1 unseres Grundgesetzes. Und doch gibt es immer wieder Versuche, bestimmten Bevölkerungsgruppen ihr Mensch-Sein abzusprechen, sie zu Menschen zweiter Klasse abzustempeln, nur weil sie anders sind, weil sie nicht von hier sind. Damit beginnt bereits die Entmenschlichung, die letztlich Grundlage jeder Diskriminierung ist. Anfang der 1990er Jahre brannten in Rostock und Hoyerswerda Asylantenheime. Der rechtsextreme Brandanschlag vor 30 Jahren auf ein Haus in Solingen, in dem überwiegend türkische Familien lebten, hat fünf Tote zur Folge. Fremdenfeindlichkeit ist keineswegs ein ostdeutsches Problem. Es vergeht in Deutschland kein Tag ohne rechtsextreme Übergriffe und Gewalttaten, wie eine Video-Installation im Münchener NS-Dokumentationszentrum fortlaufend demonstriert. Im Jahresbericht 2023 der »Unabhängigen Bundesbeauftragten für Antidiskriminierung« nehmen die Meldungen von Benachteiligungen aufgrund der ethnischen Herkunft, von Rassismus und Antisemitismus mit nahezu 3.500 den Spitzenplatz ein.[8]

Als sich im Jahre 2015 der Flüchtlingsstrom aus Südosteuropa auf Deutschland zubewegt, prägt die seinerzeitige Bundeskanzlerin die drei Worte »Wir schaffen das!«[9] Kurzzeitig scheint so etwas wie eine Willkommenskultur möglich zu sein. Es entsteht eine Welle von Hilfsbereitschaft, als die ersten Flüchtlinge am Münchener Hauptbahnhof ankommen. Viele freiwillige Helfer:innen stehen bereit. So wird das Asylrecht im Art. 16a Grundgesetzes mit Leben erfüllt. Die Mütter und Väter des Grundgesetzes hatten dies unter dem Eindruck der Vertreibung vieler Menschen aus Deutschland in der Nazizeit explizit in der Verfassung aufgenommen. In der Öffentlichkeit zeigt sich so seinerzeit ein völlig neues Bild im Vergleich zur Begrüßung der ersten italienischen sog. »Gastarbeiter:innen« in München im Jahre 1955. Sie werden seinerzeit im Keller des Münchener Hauptbahnhofs einer entwürdigenden Untersuchung auf ihren Gesundheitszustand unterzogen, bevor sie einreisen durften. Mühsam mussten wir seinerzeit lernen, dass wir Arbeitskräfte gerufen hatten und Menschen mit ihren Familien kamen, wie der Schriftsteller MAX FRISCH (1911–1991) dies 1965 treffend auf den Punkt gebracht hat. Zwischenzeitlich ist die Einwanderung in Deutschland und Europa zu einem politischen Zankapfel geworden, den gerade rechtsextreme politische Akteur:innen für sich zu nutzen versuchen.

Es stellt sich nun die Frage, wie es möglich sein kann, dass in einer globalisierten Welt, in der wir überallhin reisen können und andere Kulturen kennenlernen können, in der wir über digitale Medien an allen Ereignissen weltweit nahezu zeitgleich teilhaben, der Rassismus weiter lebendig bleiben kann. Trotzdem halten sich Vorurteile gegen Fremde im eigenen Land hartnäckig? Gerade hier gilt es, aufmerksam darauf zu achten, wie wir in unserem Land mit Fremdheit umgehen. Erst hier wäre die Probe aufs Exempel zu leisten und der Beweis anzutreten, dass wir wirklich aus der deutschen Geschichte etwas gelernt haben.[10] Was richtet es in den Menschen an, die als Fremde markiert werden? Obwohl sie hier geboren sind, die Sprache gelernt haben und sich in dieser fremden Sprache sogar literarisch auszudrücken wissen[11], sich mit der für sie fremden Kultur angefreundet haben. Warum bleiben sie fremd? MICHEL FRIEDMAN hat diese innere und äußere Fremdheit in einem bedrückend persönlichen Text in Poesie verwandelt und damit gezeigt, wie es sich anfühlt, nicht willkommen zu sein.[12]

4 Unterschiede feiern! *Inklusive Situationen III*

»I am not your negro«

Rassismus betrifft uns ja nicht. Wir sind ja aufgeklärt. Wir haben keine Vorurteile. Seit dem Ende der Sklaverei in den USA im Jahre 1856 ist Rassismus doch kein Thema mehr, so glauben viele. Schließlich ist die Apartheid in Südafrika mit der Wahl von NELSON MANDELA (1918-2013) zum ersten demokratischen Präsidenten des Landes im Jahre 1994 überwunden. Der Kolonialismus, von dem der algerische Arzt FRANTZ FANON (1924-1961) in seinem Buch »Die Verdammten dieser Erde« (1961) schreibt, ist doch längst Geschichte, so glauben wir.[13] Die Soziologin und Anti-Rassismus-Trainerin ROBIN DIANGELO hält uns allerdings den Spiegel vor und tritt mit Leichtigkeit den Beweis an, dass Rassismus nicht nur als Problem einiger weniger Verblendeter oder gar als Problem der Vergangenheit erscheint. Rassismus ist vielmehr strukturell in der gegenwärtigen Gesellschaft verankert.[14] Gerade die Leugnung dieser Tatsache ist Teil des Rassismus-Problems. Erst wenn wir beginnen, den Rassismus in uns aufmerksam wahrzunehmen, können wir das gesellschaftliche Problem »Rassismus« angehen.

> In einem Chor in einer deutschen Großstadt stellt sich ein neuer Chorleiter, Person of Colour, vor. Er stammt aus Virginia (USA) und lebt seit vielen Jahren in Europa. Er hat den traditionellen amerikanischen Gospel der Südstaaten bereits als Kind in der Kirche seiner Heimatstadt kennengelernt und im dortigen Gospelchor mitgesungen. Nach dem Studium der Musik arbeitet er als Solist und Chorleiter in verschiedenen Ländern. Er stellt sich dem Gospelchor mit einer beeindruckenden Fassung des Spirituals »Swing Low Sweet Chariot« vor, das unmittelbar nach der Beendigung der Sklaverei in den USA entstanden ist. Dann wünscht er sich von dem Chor ein Lied und zeigt sich beeindruckt vom Klang des Chores mit seinen fast 100 Sänger:innen. Anschließend dürfen die Chorsänger:innen Fragen stellen. Eine Sängerin meldet sich und fragt: »Warum sprechen Sie so gut deutsch?« Es geht ein

Stöhnen durch den Chor angesichts dieser beschämenden Frage. Der Chorleiter aber antwortet zur Verblüffung aller souverän und mit einem Lächeln: »Weil ich so intelligent bin!«

Das ist gemeint mit dem alltäglichen Rassismus in uns. DiAngelo hat in ihren Diversity-Trainings die Erfahrung gemacht, dass unser Lernprozess zum Thema Rassismus nie beendet sein wird. So ist es eine Tatsache, dass »Weißsein« in den Vereinigten Staaten allein schon mit einer privilegierten Stellung in der Gesellschaft verbunden ist. Gleichzeitig wird die Kritik daran in der Regel umgehend abgewehrt, damit sich an der Hierarchie der »Rassen« bloß nichts ändert. DiAngelo bezeichnet dieses Phänomen als »weiße Fragilität (*White Fragility*)«[15]. Selbstverständlich hat niemand Vorurteile gegenüber Menschen mit anderer Hautfarbe, so wird rasch behauptet. Rassismus ist jedoch nicht nur ein individuelles Fehlverhalten. Rassismus ist ein System und somit nur strukturell in seiner gesellschaftlichen Verankerung zu begreifen.[16] Wir werden in unsere Vorstellungen von Menschen anderer Hautfarbe und anderer kultureller Herkunft hineinsozialisiert. Im biologischen Sinne gibt es keine Rassen. Die Bezeichnung »Rasse« (*race*) ist vielmehr ein gesellschaftliches Konstrukt, genauso wie »Mann« und »Frau«, »*gender*« oder »Behinderung« (*handicap*). Die Vorstellung von der Unterlegenheit einer Gruppe von Menschen im Vergleich zu einer anderen Gruppe (z. B. Weiße – Schwarze) wurde entwickelt, um die ungleiche Behandlung von Menschen zu rechtfertigen. Insofern ist die Bezeichnung »Rasse« nicht der Ursprung von Rassismus, sondern vielmehr das Ergebnis. Die Annahme von der biologischen Existenz unterschiedlicher »Rassen« dient zur Begründung der Diskriminierung einer Gruppe von Menschen, die als minderwertig angesehen werden. So ist in der Menschheitsgeschichte bereits im antiken Griechenland und ebenso in der Zeit des Kolonialismus weltweit die Versklavung und Ausbeutung von Menschen gerechtfertigt worden.

Auch hier gilt allerdings, dass niemand mehr in der Öffentlichkeit eine solche Position vertritt. Die Vorherrschaft der Weißen z. B. in den Vereinigten Staaten (*White Supremacy*)[17] wird möglichst unsichtbar gemacht und ist doch äußerst effektiv. Man muss sich dazu nur die Besetzung der entscheidenden gesellschaftlichen Machtpositionen von der Politik über die Medien bis hinein in Kunst und Literatur einmal anschauen. Mit dem *Civil Rights Act* von 1964 hat die amerikanische Bürgerrechtsbewegung zwar erreicht, dass Diskriminierungen aufgrund der Zugehörigkeit zu einer »Rasse«, einer kulturellen Herkunft, des Geschlechts oder der Religion verboten sind. In der Folge ist der Rassismus in den Vereinigten Staaten jedoch nur subtiler geworden und von den Vorderbühnen auf die Hinterbühnen verschwunden. Gleichwohl ist die Rassentrennung sowohl in sozialer Hinsicht bezogen auf die unmittelbare Beziehung als auch räumlich in Bezug auf die Wohngegend in den Vereinigten Staaten nach wie vor Fakt.

Gerade diese faktische Trennung hält Vorurteile aufrecht. Die Urteile über andere Menschen aufgrund ihrer Zugehörigkeit zu einer Gruppe zählen zu unserem Alltag. Menschen, die behaupten, sie hätten keine Vorurteile, versuchen nur zu vermeiden, über sich selbst nachzudenken. Dass ERIC GARNER am 17. Juli 2014 in New York und GEORGE FLOYD am 25. Mai 2020 in Minneapolis im Rahmen von Polizeieinsätzen zu Boden gedrückt werden und trotz ihres wiederholten Rufens »*I can't breathe*« sterben, ist der Beweis. Menschen mit schwarzer Hautfarbe werden seitens der Polizei eher mit Kriminalität in Verbindung gebracht als Menschen mit weißer Hautfarbe. Aus den Protesten dagegen entsteht die *Black Lives Matter*-Bewegung. Und Vorurteile sind mehr als bloße Etiketten, die einem Menschen angeheftet werden. In seinem Roman »*Beale Street Blues*« schildert der amerikanische Schriftsteller JAMES BALDWIN (1924–1987), selbst PoC, dass Vorurteile nicht nur Erwartungshaltungen sind, sondern durchgesetzt werden.[18] Das heißt, es wird von Menschen mit schwarzer Farbe erwartet, dass sie früher oder später kriminell werden. Ein junger Mann mit schwarzer Hautfarbe sitzt im Untersuchungsgefängnis, weil er angeblich eine Frau vergewaltigt hat. Die Frau lügt. Er war es nicht. Aber der junge Mann erkennt, dass die Polizeibehörde ihn nicht mehr freilassen wird. So gibt er sich in sein Schicksal, gesteht eine Tat, die er nicht begangen hat, und tritt nach dem Prozess eine zweijährige Gefängnisstrafe an. Dann hat er Ruhe, so denkt er. Aber das ist eine Illusion. Belletristik ist nicht zu verwechseln mit wissenschaftlicher Forschung. Aber sie vermag die Innenseite von Rassentrennung und Diskriminierung und die emotionalen Aspekte der Ausgrenzung erst bewusst zu machen.

In seinem Dokumentarfilm »*I am not your Negro*«[19] über die Anfänge der schwarzen Bürgerrechtsbewegung erinnert BALDWIN an seine ermordeten Freunde MEDGER EVANS (†1963), MALCOLM X (†1965) und MARTIN LUTHER KING JR. (†1968), die alle das vierzigste Lebensjahr nicht erreichten. BALDWIN, aufgewachsen in Harlem, zur Schule gegangen in der Bronx, sagt im Rückblick, dass die Straßen von New York seine Schule gewesen seien. Bereits mit zehn Jahren ist er selbst Opfer von Polizeigewalt. Weil er das Gefühl nicht ertragen kann, als Mensch mit schwarzer Hautfarbe in den Vereinigten Staaten nicht sicher leben zu können und ständig an die Bedrohung mit Gewalt und Tod denken zu müssen, exiliert er sich selbst. Er verlässt 1948 sein Heimatland, das ihm keine Heimat bietet.[20] In dieser Atmosphäre kann er seiner Berufung als Schriftsteller nicht nachkommen. Er lebt viele Jahre in Paris, wo er seine ersten Romane veröffentlichen kann. 1957 kehrt er in die Vereinigten Staaten zurück und engagiert sich in der Bürgerrechtsbewegung. Der Dokumentarfilm basiert auf einem 30-seitigen Text, den BALDWIN bei seinem Tod im Dezember 1987 unveröffentlicht hinterlässt. Er setzt darin seinen drei verstorbenen Freunden ein Denkmal, lässt ihre hinterbliebenen Familien zu Wort kommen und zeigt die gesellschaftliche Wirklichkeit afroamerikanischer Menschen in den 1950er und 1960er Jahren in den Vereinigten Staaten. Lynchjustiz, Ausschluss von Schulen, Ghettoisierung und viele andere Formen von Diskriminierung prägen seinerzeit ihren Alltag. Und BALDWIN wird nicht müde, in Vorträgen und in Fernsehinterviews immer wieder zu betonen, dass die Welt nicht weiß ist, dass Menschen mit schwarzer Hautfarbe nicht ihr Mensch-Sein abgesprochen werden dürfe und weiß lediglich eine Metapher für Macht sei. Nachdem Schwarze als Sklaven nach Nordamerika verschleppt worden sind und 400 Jahre in den Vereinigten Staaten leben, prophezeit ihnen ROBERT KENNEDY, seinerzeit Justizminister der Vereinigen Staaten, zu Beginn der 1960er Jahre, dass sie möglicherweise in 40 Jahren den amerikanischen Präsidenten stellen könnten, zu dieser Zeit noch völlig undenkbar. Mit BARACK HUSSEIN OBAMA ging dieser Wunsch im Jahre 2008 in Erfüllung. Und 13 Jahre später sagt AMANDA GORMAN bei der Amtseinführung von JOE BIDEN, des 46. Präsidenten der Vereinigten Staaten, als *National Youth Poet Loreate* der USA, in ihrem Gedicht »*The Hill We Climb*«, dass »... ein kleines, dünnes Schwarzes Mädchen, Nachfahrin von Sklavinnen, Kind einer alleinerziehenden Mutter davon träumen kann, Präsidentin zu werden, ...«[21] Als MARTIN LUTHER KING JR. beim »Marsch auf Washington« am 28. August 1963 seine berühmte Rede »*I have a dream*« hielt, träumte er davon, dass seine Kinder einmal in einer Gesellschaft leben werden, in der sie nicht mehr nach ihrer Hautfarbe beurteilt werden. Über 60 Jahre später ist dieser Traum immer noch unerfüllt.[22]

Sprache verändert Sein?

Indem wir uns Rassismus bewusst machen, wird sich unsere Sprache verändern müssen. Noch im Jahre 1978 verwendet BALDWIN selbst in einem Interview mit der Wochenzeitschrift DIE ZEIT das »N-Wort«,[23] als er in einem Interview erklärt, warum er erneut in die Vereinigten Staaten zurückgeht, um für die Rechte von Menschen mit schwarzer Hautfarbe zu kämpfen. Das »N-Wort« ist heute unsagbar geworden. Wir sind vorsichtig im Umgang mit Sprache. Möglicherweise ist Sprache selbst Teil von Diskriminierung. »... Sprache verändert unsere Wahrnehmung«, so behauptet KÜBRA GÜMÜSAY, Journalistin, die in der Öffentlichkeit bewusst mit Kopftuch auftritt, in ihrem Buch »Sprache und Sein«.[24] Das würde bedeuten, dass diskriminierende Begriffe reale Diskriminierungen zur Folge haben. Zugleich zeigt sie auf, dass die Vergabe eines Etiketts (z.B. »Ausländer«) allein noch keine Diskriminierung nach sich ziehen muss. Der Versuch, Menschen in eine bestimmte Schublade zu stecken, ist sicher immer unzureichend. Es gibt nicht so viele Schubladen, wie es Menschen gibt.

Zum Problem werden Etiketten jedoch erst, wenn sie pauschal eine Gruppe bezeichnen. In diesem Moment wird dem einzelnen Menschen seine Individualität genommen. Einzelne werden so als Person unsichtbar. Der »*turning point*« heißt deshalb »kollektive Etikettierung«. Ohne Zweifel wird es innerhalb menschlicher Gemeinschaften immer Versuche geben, die Vielfalt der individuellen Unterschiede in eine Ordnung zu bringen und damit Komplexität zu reduzieren. Insofern wird es immer Benennungen geben. In einer demokratischen Gesellschaft ist es nur so, dass alle das Recht haben zu benennen. Insofern sind solche Markierungen stets im Fluss, müssen wir Bezeichnungen als Prozess begreifen. Sie repräsentieren nur eine Perspektive von begrenzter Dauer und Reichweite. Wir sollten deshalb bereit sein für einen offenen Prozess und uns dabei bewusst machen, dass Bezeichnungen nie die ganze Wahrheit sind und nie die einzige.

Wir können GÜMÜSAY natürlich die Gegenfrage stellen. Verändern denn veränderte Begriffe die diskriminierende soziale Wirklichkeit tatsächlich? Immer wenn wir versuchen, gesellschaftliche Veränderungsprozesse in Gang zu setzen, werden wir erleben, dass Ausgrenzungsprozesse von vielen Faktoren abhängen. Es geht letztlich darum, Ausgrenzung und Diskriminierung als eine komplexe soziale Situation zu begreifen, in der die Änderung einer Bezeichnung nur eine Bedingung von vielen umfasst. In der Regel zählt dazu mindestens soziale Distanz, die es unmöglich macht, eine Person und ihr Anders-Sein genauer kennenzulernen. In der wirtschaftlichen Situation und der Wohnsituation einer Person manifestiert sich ebenfalls ihre randständige Stellung. Eine geänderte Benennung wird daran wenig ändern.

Zweifellos schafft Sprache auch Zugehörigkeit, wie alle nachvollziehen können, die schon einmal eine Fremdsprache gelernt haben und versucht haben, in einem fremden Land eine Unterhaltung in dieser Sprache zu führen. Das gilt im Übrigen ganz besonders für alle Menschen, die die deutsche Sprache mit ihrer komplizierten Grammatik und den langen Wörtern neu lernen müssen. Der aus Teheran stammende Schriftsteller ABBAS KHIDER bringt das in seinem Buch »Deutsch für alle« trotz aller sprachlicher Traumatisierungen beim Lernen der deutschen Sprache humorvoll zum Ausdruck.[25]

Sprache ist ebenfalls ein Machtinstrument und übt Herrschaft über Menschen aus, wenn mit einer Bezeichnung bestimmte Privilegien oder die Vergabe von Ressourcen verbunden ist (z.b. »Asylant«). Deshalb ist das Recht zu benennen, immer mit Machtstrukturen verbunden. So gelingt es den Rechtsextremen im Lande über eine professionell gestaltete Medienpräsenz die Grenzen des Sagbaren immer weiter zu verschieben. »Lügenpresse«, »Asyltourismus« und »Altparteienkartell« sind Beispiele für Bezeichnungen, die geeignet sind, zentrale demokratische Grundregeln und Institutionen in Zweifel zu stellen und auszuhöhlen. Nicht ohne Grund häufen sich die Prozesse gegen Rechtsextreme wegen der Verwendung strafbarer Nazi-Parolen. Diese Begriffe können unsere Wahrnehmung der Wirklichkeit zumindest im Sinne rechtsextremer Ideologien beeinflussen.

Aber Sprache bleibt ein Prozess. Können und sollen wir also die Sprache verändern, damit weniger Diskriminierung stattfindet und wir in einer gerechteren Gesellschaft leben können? Genau das geschieht offenbar derzeit in einem globalen Maßstab (*cancel culture*). Texte aus der Vergangenheit, die diskriminierende Begriff wie das »N-Wort« enthalten, werden in nordamerikanischen Universitäten mit einer Trigger-Warnung versehen. Studierende beklagen, dass durch bestimmte Begriffe und Aussagen ihr seelisches Gleichgewicht gefährdet sei. Auch deutsche Verlage übernehmen diese Praxis. Kinderbücher wie die Pippi-Langstrumpf-Geschichten von ASTRID LINDGREN werden umgeschrieben. »Ein falsches Wort« kann die berufliche Laufbahn kosten, wie der Spiegel-Journalist RENÉ PFISTER an zahlreichen Beispielen zeigt.[26] So setzt der Politikberater der Demokratischen Partei der USA, DAVID SHOR, am 28. Mai 2020 einen Tweet ab, in dem er über eine wissenschaftliche Studie zu Rassenunruhen berichtet. Die gewalttätigen Auseinandersetzungen nach dem Tod von MARTIN LUTHER KING JR. haben 1968 keineswegs der Demokratischen Partei genutzt, sondern dazu geführt, dass die Republikanische

Partei gewählt worden ist. Als SHOR dies schreibt, befindet sich die Protestbewegung »Black Lives Matter« nach dem Tod von GEORGE FLOYD gerade auf dem Höhepunkt der öffentlichen Aufmerksamkeit. Auf die Argumente von SHOR wird im Netz gar nicht eingegangen. Die Empörung über den Tweet von SHOR schlägt aber so hohe Wellen, dass er von seinem Arbeitgeber entlassen wird.

Sind Verbote bestimmter Begriffe also die Lösung? Das Gebot der Stunde ist meiner Meinung nach viel eher, dass wir eine inklusive Sprache entwickeln, eine Sprache, die niemanden ausgrenzt. Rassistische Begriffe haben in demokratischen Gesellschaften keinen Platz. Es ist trotzdem erstaunlich, wie langlebig sich z.B. Nazi-Parolen wie »Das musst Du üben bis zur Vergasung« in der Alltagssprache halten. Binäre Begriffe wie »männlich« und »weiblich« erscheinen ebenfalls als problematisch, weil sie Menschen, die sich keiner Geschlechterrolle zugehörig fühlen, nicht einbeziehen. Die Gender-Zeichen sind zwar noch nicht in die offiziellen Rechtschreib-Regeln aufgenommen worden (▶ Kap. 3). Aber auch der Wunsch von Menschen mit Behinderungen, Barrieren durch Texte in leichter Sprache abzubauen, kann als Beitrag zu einer »Sprache für alle« gewertet werden. Diskriminierungs-Sensibilität zeigt sich eben nicht zuletzt in der Sprache. Das gilt erst recht für das »N-Wort« oder das »I-Wort« für die indigene Bevölkerung eines Landes aufgrund des abwertenden Charakters dieser Bezeichnungen. Die Neuübersetzerin des stark autobiographisch gefärbten Buches von JAMES BALDWIN »The Fire Next Time« (deutsch: Nach der Flut das Feuer), MARIA MANDELKOW, schreibt dazu im Nachwort, dass der Begriff »negro« zwar in der Vergangenheit mit dem »N-Wort« übersetzt worden ist. Zugleich benutzte die schwarze Bürgerrechtsbewegung allerdings »negro« lange Zeit als Selbstbezeichnung, bevor es durch »black« ersetzt worden ist. Das »N-Wort« ist in jedem Fall durch die Geschichte von Kolonialismus, Sklaverei und Apartheid geprägt. Es diente zudem stets weißen Menschen, um andere Menschen zu markieren. In dem Maße, wie dieser Kontext öffentlich bewusst geworden ist, kann das N-Wort nicht mehr benutzt werden.

BALDWIN selbst hat in einer Rede vor Highschool-Schüler:innen im Jahre 1963 gesagt, dass es nichts über die Schüler:innen aussage, wie er sie nenne, es sage aber alles über ihn selbst aus, wie er sie nenne.[27] Dies zeigt noch einmal, dass der Kampf gegen den Rassismus der Weißen nicht nur schwarzen Menschen zugute kommen soll. Wenn wir Rassismus überwinden wollen, dann sind wir vielmehr darauf angewiesen, uns gemeinsam davon zu befreien. Das bedeutet, dass weiße Menschen bei der Überwindung des Rassismus auf dem Weg zum Mensch-Sein ebenfalls etwas für sich tun.

Unterschiede sind schön!

Die Autorin, Redakteurin und Moderatorin HADIJA HARUNA-OELKER hat in ihrem Buch »Die Schönheit der Differenz« konsequent auf eine Sprache gesetzt, die nicht diskriminieren soll und dies extern prüfen lassen, bevor sie ihr Werk veröffentlicht hat.[28] Sie versucht, die Perspektive umzudrehen, Differenz nicht als Bedrohung zu sehen, sondern als notwendige Grundlage für eine Gesellschaft, die sich weiterentwickeln will. Es ist merkwürdig: Wir lernen Fremdsprachen in der Schule. Wir essen längst international (italienisch, spanisch, griechisch, französisch, türkisch, kroatisch, chinesisch, japanisch, vietnamesisch, mexikanisch usf.). Menschen aus allen Ländern sind bei uns zu Gast und sogar heimisch geworden. Unser Alltag ist geprägt von Menschen aus unterschiedlichen Kulturen und Herkünften. Und trotzdem hält sich die Angst vor dem Anders-Sein so hartnäckig. Wie ist das möglich?

Nirgendwo gibt es homogene Gruppen. Die Unterschiedlichkeit zwischen Menschen ist in allen Gesellschaften und war zu allen Zeiten Realität. Gibt es etwa ein Bedürfnis nach Konformität, nach Gleichmacherei? Macht das Anders-Sein Angst? Oder ist die Konfrontation mit dem Anders-Sein einfach nur ungewohnt, ein Mangel an Begegnung? Zweifellos ist die moderne Welt auf digitalen Wegen näher zusammengerückt. Nachrichten gehen in Echtzeit um die Welt. Der Rückzug auf das Vertraute, auf die eigene Kultur oder gar Nation mag da eine mögliche Reaktion sein. Das Festhalten an Bewährtem kann unter Umständen vertrauensbildend sein. Zukunftsweisend ist das jedoch nicht.

Ebenso geht es laut HARUNA-OELKER um das *Verlernen*. Vorschnelle Bewertungen oder gar Abwertungen anderer Menschen sind häufig eine Bestätigung liebgewordener Vorurteile.[29] Und es erfordert viel zwischenmenschliche Aufmerksamkeit, um die Stärken der Anderen zu erforschen. Auch wenn wir es nicht wahrhaben wollen: Verlernen sollten wir ebenso unsere Vorurteile gegenüber Menschen aus anderen Ländern und anderen Kulturen. Das Mindeste, was erforderlich wird, ist sich um ausreichende Informationen über andere Menschen zu bemühen, bevor wir zu Urteilen kommen. Und letztlich geht es beim Verlernen darum, den alltäglichen Rassismus in unserer Gesellschaft und in uns selbst zu erkennen und zum Gespräch zu machen. Auf diese Weise könnte eine offene Haltung entstehen, die von Interesse für Unterschiede geprägt ist. Insofern gilt im Umgang mit Menschen unterschiedlicher ethnischer Herkunft, dass unser privates Verhalten im Alltag stets eine politische Dimension hat, eine Dimension, die sich auf das Gemeinwesen richtet und unsere Verantwortung in diesem Gemeinwesen sichtbar macht. Auch das Private ist politisch. Wir können alle etwas zu gesellschaftlichen Veränderungen beitragen.

> Inklusive Momente im Sinne von unterschiedlicher kultureller Herkunft entstehen immer dann, wenn es gelingt, Differenzen zwischen Menschen als Bereicherung zu begreifen.

Wir könnten die Reihe der gesellschaftlichen Ausgrenzungen aufgrund von Behinderung, Geschlecht und kultureller Herkunft fortsetzen in Richtung auf *Klassismus* (Diskriminierung aufgrund sozialer Herkunft) oder *Ageism* (Diskriminierung aufgrund des Alters). Gleichwohl sollte an den Beispielen Behinderung, Geschlecht und

4 Unterschiede feiern! *Inklusive Situationen III*

kulturelle Herkunft bereits deutlich geworden sein, dass Ausgrenzungsprozesse in der Gesellschaft im Sinne von *Exklusion* seit langem zum Bestandteil moderner Gesellschaften gehören. Demgegenüber zählt *Inklusion* im Sinne einer selbstbestimmten Teilhabe weiterhin zu unseren uneingelösten Aufgaben. Wie dieser Weg zu einer inklusiven Gesellschaft konkret gestaltet werden kann, soll nun an unseren Institutionen, den Regionen, unserer Kultur und letztlich an unserer Haltung aufgezeigt werden.

Provokation 4: Multikulturelle Unterschiede in unserer Gesellschaft sind eine Bereicherung und eine Chance für Veränderungen.

5 Willkommenskulturen schaffen!
Inklusive Institutionen

U wie Umgang oder:

»Inklusion heißt, dass alle respektvoll miteinander umgehen!«

Patrick hat die Diagnose Autismus-Spektrum-Störungen. Als er in die inklusive Grund- und Mittelschule Thalmässing eingeschult wird, weigert er sich, in den Klassenraum seiner neuen Schulklasse zu gehen. Er bleibt im Flur, setzt sich auf allen Vieren auf eine Bank an der Garderobe und fängt an zu bellen. Auf die Kommentare und Fragen der Mitschüler:innen reagiert er nicht. Die Lehrkräfte haben mit den Eltern und Schüler:innen abgesprochen, dass er noch Zeit brauche, bis er sich am Unterricht in der Klasse beteiligen könne. Ein Schuljahr lang sitzt Patrick so draußen im Schulflur und bellt. Nach einem Schuljahr öffnet er plötzlich die Tür des Klassenraumes, fängt an zu sprechen, sucht sich einen Platz und beteiligt sich fortan am Unterricht. Inzwischen hat Patrick die Mittelschule erfolgreich abgeschlossen und arbeitet in der Abteilung für Informationstechnologie (IT) des örtlichen Landkreises in einem regulären Beschäftigungsverhältnis. Die Grund- und Mittelschule in Thalmässing erhält 2016 als erste Schule in Bayern den Jakob-Muth-Preis, eine Auszeichnung für inklusive Schulen.[1]

Unterstützung benötigen wir alle im Leben einmal, als wir kleine Kinder waren oder wenn wir alt werden und unser Leben nicht mehr vollständig selbst bewältigen können. Einen Unterstützungsbedarf zu haben ist also nichts, was Menschen mit Behinderungen als Alleinstellungsmerkmal hätten. Am Umgang mit Menschen mit Behinderungen in der Geschichte wird allerdings deutlich, dass eine Gesellschaft früher oder später Einrichtungen gründet, die diese Unterstützung in einer regelhaften Form garantieren. Das gilt z. B. für Bildungseinrichtungen wie Kindertageseinrichtungen und Schulen, aber ebenso für Wohnheime und Werkstätten für behinderte Menschen. Sie sind als geschützte Räume entstanden. Ob sie jeweils Schonräume sind, wird zunehmend bezweifelt. Sie tragen in hohem Maße zu einer Distanz von Menschen mit Behinderungen zur Gesellschaft bei und können so dem allgemein akzeptierten Ziel der gesellschaftlichen Teilhabe auch entgegenwirken. Einem selbstbestimmten Leben sind diese Sondereinrichtungen ebenfalls nicht immer förderlich gewesen, weil institutionelle Abläufe früher oder später ein Eigenleben entwickeln, sich gleichsam verselbstständigen. Die Arbeitszeiten von Fachkräften beispielsweise, die in solchen Institutionen tätig sind, können leicht in Konflikt mit dem Bedürfnis nach Selbstbestimmung von Bewohner:innen eines Wohnheims geraten. Gerade in diesen Sonderstrukturen ist in Deutschland immer wieder die Erfahrung gemacht worden, dass eine bestehende Institution danach strebt, sich selbst zu erhalten. Sie generiert gewissermaßen ihr Klientel selbst.

Und die Förderschulen?

In Deutschland ist nach dem Zweiten Weltkrieg ein Förderschulsystem mit nahezu einer Schulart für jede Behinderungsart entstanden – im europäischen Vergleich ein vollkommen eigenständiger Weg, der so von keinem anderen europäischen Nachbarland beschritten worden ist. Dieser Prozess war Anfang der 1970er Jahre weitgehend abgeschlossen. Zugleich ist damit die schwierige Ausgangssituation für den Prozess der Inklusion im Bildungswesen in Deutschland gegeben, wie er spätestens im Jahre 2009 mit der Verabschiedung der UN-Behindertenrechtskonvention eingesetzt hat.[2] Noch im Jahre 2023 stellt das Institut für Menschenrechte in Berlin, die nationale Monitoringstelle zur Begleitung und Überprüfung der Umsetzung der UN-Konvention, Deutschland ein sehr kritisches Zeugnis aus. Nach wie vor haben die Sonderstrukturen in Deutschland ein großes Gewicht. Mehr als die Hälfte der Schüler:innen mit Unterstützungsbedarf werden immer noch in Förderschulen unterrichtet. Es gibt nur in Bremen und Hamburg einen Rechtsanspruch auf inklusive Schulbildung. Es gilt immer noch der Ressourcenvorbehalt, d.h. dass das Grundrecht auf gesellschaftliche Teilhabe von Menschen mit Behinderung (Grundgesetz, Art. 3, Abs. 3) nur im Rahmen der vorhandenen Haushaltsmittel gilt. Die Zahl der Menschen mit Unterstützungsbedarf, die in Werkstätten für behinderte Menschen tätig sind, ist weitgehend gleichgeblieben. Das gilt ebenso für die Heime für Menschen mit Behinderung.[3] Nicht ohne Grund wird jetzt im Gefolge der Umsetzung der UN-Behindertenrechtskonvention die Forderung nach einer *De-Institutionalisierung* in Bezug auf sonderpädagogische Institutionen gefordert.[4]

In einem inklusiven Bildungssystem haben Förderschulen als Schulform keine Zukunft. Es sind derzeit zwei Zukunftsszenarien in diesem Bereich absehbar. Zum einen gibt es ehemalige Förderschulen, deren Schüler:innen alle in die allgemeinen Schule gewechselt sind und dort im inklusiven Unterricht lernen. Diese Förderschulen haben sich zu *Sonderpädagogischen Förderzentren ohne Schüler:innen* entwickelt. Sie unterstützen als Kompetenzzentren die umliegenden allgemeinen Schulen durch die sonderpädagogischen Lehrkräfte. Diese sind dazu in den allgemeinen Schulen tätig und gehören im Idealfall zum festen Bestandteil des Kollegiums dort.[5] Sonderpädagogische Lehrkräfte sind vielfach »Botschafter:innen der Inklusion« in allgemeinen Schulen gewesen und unterstützen dort engagiert inklusive Prozesse.[6]

Ein Beispiel bildet das *Landesförderzentrum Sehen in Schleswig* (Schleswig-Holstein).[7] Ursprünglich ist es hier so gewesen, dass die Schüler:innen mit Sehbehinderungen ab dem Schuleintritt mit sechs

Jahren aus ganz Schleswig-Holstein nach Hamburg in die dortige Schule für Sehgeschädigte gefahren worden sind. Dort blieben sie dann (auch Sechsjährige!) eine Woche in der internatsmäßigen Unterbringung. Inzwischen kommen die sonderpädagogischen Lehrkräfte zu den Schüler:innen, die in ganz Schleswig-Holstein auf die allgemeinen Schulen verteilt unterrichtet werden. Zum anderen können sich *Förderschulen zu inklusiven Schulen* weiterentwickeln. Sie nehmen alle Schüler:innen aus dem Stadtteil auf, also ebenso Schüler:innen ohne sonderpädagogischen Unterstützungsbedarf. So ist es in der *Waldhofschule in Templin* (Brandenburg) geschehen.[8] Eltern sehen nämlich durchaus, dass es im Förderschulbereich qualitativ hervorragende Schulen gibt. Sie sind so attraktiv, dass Eltern von Kindern ohne sonderpädagogischem Unterstützungsbedarf ihre Kinder in ein Sonderpädagogisches Förderzentrum für den »Schwerpunkt geistige Entwicklung« geben. So ist es beispielsweise in der *Jakob-Muth-Schule in Nürnberg*, in der es inzwischen im Grundschulbereich für die Jahrgänge 1 bis 4 jeweils eine inklusive Klasse gibt, in der Schüler:innen mit und ohne sonderpädagogischem Unterstützungsbedarf gemeinsam unterrichtet werden.[9] Die Bonner Siebengebirgsschule, eine Förderschule mit hohem Migrantenanteil, erhält beispielsweise 2024 den mit 100.000 € dotierten Hauptpreis des Deutschen Schulpreises der Robert-Bosch-Stiftung. Sie wird damit für ihr innovatives Schulkonzept gewürdigt, in dem Schüler:innen mit gravierenden Lernschwierigkeiten Gelegenheit bekommen, mit digitaler Unterstützung weitgehend selbstständig zu lernen. Der Schulleiter, ACHIM BÄUMER, träumt von einem »...wertschätzenden Lernort, wo wir vom lernbeeinträchtigten Schüler bis zum Hochbegabten jeden individuell optimal fördern und fordern können«.[10] Das ist die Vision einer inklusiven Schule. In beiden Szenarien kommt es also nicht unbedingt zur Schließung von Schulstandorten im Förderschulbereich. Gerade in Bezug auf eine flächendeckende Versorgung mit Bildungsangeboten in großen Bildungsländern und in ländlichen Regionen erscheint die Schließung von Schulstandorten eher abwegig, wie das Beispiel Nordrhein-Westfalen gezeigt hat.

Schonräume oder Erfahrungsräume?

Nun benötigen wir wohl alle im gesellschaftlichen Zusammenleben *Schonräume* und schätzen die Möglichkeit, uns einmal zurückziehen zu können in die eigenen vier Wände. Insofern haftet dem Modell des Schonraums von vornherein durchaus nichts Negatives an. Frauenhäuser sind gegründet worden mit dem Ziel, von Gewalt betroffenen Frauen Schutz zu bieten. Queere Menschen suchen händeringend nach sicheren Räumen, in denen sie sich treffen können und von Anfeindungen oder gar gewalttätigen Übergriffen verschont bleiben. Auch die verschiedenen religiösen Orientierungen wie Judentum und Islam benötigen neben den christlichen Kirchen sichere Räume, in denen sie ihren Glauben leben können und einen Ort für spirituelle Erfahrungen vorfinden. Und es ist aufgrund unserer Geschichte eine unerträgliche Vorstellung, dass diese Räume inzwischen polizeilich geschützt werden müssen, weil sie gewalttätigen Übergriffen nicht mehr sicher sind. Das hat u. a. der Anschlag auf die Synagoge in Halle/Saale an *Jom Kippur*, dem höchsten jüdischen Feiertag, im Jahre 2019 gezeigt. Zum Glück hat die Tür der Synagoge dem Angriff standgehalten. Schonräume sollten also für alle möglich sein. Das Problem beginnt allerdings erst, wenn z. B. Menschen mit Behinderung auf diese Schonräume reduziert werden oder wenn Menschen ghettoisiert werden. Dann sind Ausgrenzungsprozesse und Diskriminierungen vorprogrammiert. Die Begegnung und der Dialog der vielen unterschiedlichen Menschen fehlen. Eine zwischenmenschliche Verständigung ist so nicht möglich.

Inklusion bedeutet demgegenüber, dass wir neue Institutionen schaffen oder vorhandene Institutionen umgestalten, in denen ein Miteinander gefördert wird und alle willkommen sind. Es handelt sich dabei um *Lebens- und Erfahrungsräume*, in denen Unterschiede als Bereicherung erlebt werden können und aus diesen Unterschieden etwas gemeinsames Neues entstehen kann. Institutionen sind nun zunächst einmal nichts weiter als Muster, die aus sich wiederholenden menschlichen Handlungen entstehen. Dabei kommt es zu

Strukturen, die bestimmten vereinbarten Regeln unterliegen. Der Soziologe GEORGE H. MEAD (1863–1931) bezeichnet Institutionen als »... gemeinsame Reaktion seitens aller Mitglieder der Gemeinschaft auf eine bestimmte Situation«.[11] Sie sind also aus sozialen Beziehungen von Menschen entstanden. Sie können somit wieder verändert werden. Inklusion verändert Institutionen. Diese Erfahrung habe ich in der Begleitung von inklusiven Institutionen im Bildungsbereich wie Kindertageseinrichtungen und Schulen, aber auch darüber hinaus im Arbeitsleben und in der Freizeit immer wieder gemacht. Dabei hat sich ein allgemeines Modell der institutionellen Veränderung in Richtung auf das Leitbild der Inklusion ergeben. Dieses *Mehrebenenmodell der Inklusionsentwicklung* soll nun am Beispiel des Bildungsbereichs im Einzelnen vorgestellt werden.[12] Das Bildungssystem steht deshalb hier im Vordergrund, weil es angesichts der aktuellen Anforderungen im Bereich Inklusion und Ungleichheit selbst zum Problem geworden ist.[13] Und Bildung ist ein wichtiger Zugang zur gesellschaftlichen Teilhabe, hängt also eng mit Inklusion zusammen. Dies zeigt sich schon allein an der sozialen Auslese, die in unserem Bildungssystem nach wie vorwirksam ist. 79 % der Akademiker:innenkinder machen eine akademische Ausbildung, das trifft aber nur für 27 % der Nicht-Akademiker:innen-Kinder zu.[14] Das deutsche Bildungssystem ist hochgradig selektiv und unterscheidet sich damit deutlich von anderen Ländern. Umso größer ist die Aufgabe einer inklusiven Umgestaltung des Bildungssystems. Eine solche Veränderung erfordert Maßnahmen auf der Ebene der Kinder und Jugendlichen mit individuellen Bedürfnissen, bei der Gestaltung von gemeinsamen Spiel- und Lernsituationen, zur verstärkten Arbeit in multiprofessionellen Teams, in der Herausbildung eines gemeinsamen inklusiven Leitbildes der jeweiligen Bildungsinstitution sowie bei der sozialräumlichen Vernetzung.[15]

Individuelle Bedürfnisse

Im Mittelpunkt jeder Institution sollte der Mensch mit seinen individuellen Bedürfnissen stehen. Dafür sind Institutionen letztlich geschaffen worden, auch wenn es uns manchmal schwerfällt, das aus heutiger Sicht nachzuvollziehen. Nun gibt es sicherlich eine unendliche Liste an individuellen Bedürfnissen. Bislang ist es nicht gelungen, ein überzeugendes Gesamtkonzept zu dem zu entwickeln, was Bedürfnisse eigentlich sind. MARIANNE GRONEMEYER schreibt in ihrem Werk »Die Macht der Bedürfnisse«, dass der Mensch die »Summe seiner Bedürfnisse« ist.[16] Einigen können wir uns in der Regel schnell auf die Bedeutung der Grundbedürfnisse im biologischen Sinne z. B. nach Nahrung und gesundheitlichem Wohlbefinden. Gerade bei armen und sozial benachteiligten Familien erleben wir jedoch nach wie vor, dass diese Bedürfnisse nicht immer erfüllt sind. Besonders bei Kindern und Jugendlichen erscheint das völlig inakzeptabel im Deutschland der Gegenwart, immerhin dem viertreichsten Land der Welt.[17] Insofern kommt öffentlichen Institutionen wie Kindertageseinrichtungen und Schulen hier möglicherweise die Aufgabe zu, sich in Ergänzung zu Familien um die Absicherung dieser Grundbedürfnisse bei Kindern und Jugendlichen zu kümmern. Der wachsende Bedarf an Einrichtungen wie Suppenküchen oder die »Tafeln«, die gespendete Nahrungsmittel an Bedürftige abgeben, zeigt immer wieder, dass es hier ein ungelöstes gesellschaftliches Problem gibt. Armut und soziale Benachteiligung sind mit gesellschaftlichem Ausschluss verbunden. Wenn weniger als die Hälfte des Durchschnittseinkommens zur Verfügung hat, kann man in dieser Gesellschaft nicht in angemessener Weise partizipieren. Kinder sind besonders in den ersten Lebensjahren davon in hohem Maße betroffen. Insofern ist es nur folgerichtig, dass die Forderung nach einer sozialen Grundsicherung, die ein lebenswertes Leben ermöglicht, nicht verstummt. Und damit sind die weiteren Bedürfnisse nach Zugehörigkeit, Sicherheit und Anerkennung noch gar nicht angesprochen.

5 Willkommenskulturen schaffen! *Inklusive Institutionen*

Inklusive Institutionen sollten sich deshalb besonders dadurch auszeichnen, dass sie auf die Einzelnen eingehen und die Person in den Mittelpunkt stellen. *Individualisierung* ist zweifellos die größte Herausforderung für Institutionen, die sich inklusiv nennen. Das gilt insbesondere im Bildungsbereich. Kinder und Jugendliche werden immer unterschiedlicher, weil sich die Gesellschaft immer weiter ausdifferenziert, wie bereits seit langem bekannt ist.[18] Sie kommen mit höchst unterschiedlichen Bedürfnissen in Bildungseinrichtungen und fordern eine entsprechende individuelle Zuwendung. Das ist naturgemäß in öffentlichen Institutionen wie Kindertageseinrichtungen und Schulen gegenwärtig nur begrenzt zu leisten. Die Aufmerksamkeit der pädagogischen Fachkräfte muss letztlich allen Kindern und Jugendlichen gelten.

Gleichwohl bedarf es dazu der intensiven prozessbegleitenden, auf individuelle Förderung ausgerichteten Diagnostik, einer *Förderdiagnostik* also. Viele Eltern reagieren inzwischen skeptisch bis ablehnend auf das Wort Diagnostik. Das liegt sicher zum Teil daran, dass in der Vergangenheit Diagnostik vornehmlich dazu benutzt wurde, Kinder und Jugendliche zu klassifizieren und Sonderstrukturen (z. B. Förderschulen) zuzuordnen. Diagnostik hat also etwas mit Macht zu tun, insofern sie möglicherweise über den weiteren Bildungsweg oder gar den Förderort entscheidet. Informationen für die eigentliche Förderung der Kinder und Jugendlichen sind dabei lange Zeit nicht angestrebt worden. Insbesondere der Einsatz von Intelligenztests ist in dieser diagnostischen Praxis dazu verkommen, Kinder und Jugendliche lediglich auszugrenzen. Richtig eingesetzt könnten Intelligenztests durchaus fundierte Informationen für die Förderung liefern, indem z. B. eine Stärken-Schwächen-Analyse der kognitiven Fähigkeiten vorgenommen wird und deren Ergebnisse dann in die Förderung einfließen. Und was viele bis heute nicht wahrhaben wollen: Intelligenz ist durchaus veränderbar. Sie kann mit entsprechenden Programmen sogar gefördert werden oder steigt mit jedem zusätzlichen Schuljahr. Leider wird diese Förderungsorientierung auch heute noch viel zu selten gesehen.[19] Inzwischen liegen aber eine Reihe von gut fundierten förderdiagnostischen Tests vor, die neben

Individuelle Bedürfnisse

Beobachtungen und Gesprächen unmittelbare Informationen für die Förderung von Kindern und Jugendlichen liefern. So werden z. B. bei den Basiskompetenzen im Lesen, Schreiben und Rechnen Informationen über den Lern- und Entwicklungsstand erhoben. Ausgehend von den vorhandenen Fähigkeiten kann dann unter Zuhilfenahme gängiger Entwicklungsmodelle des Lesens, Schreibens und Rechnens empfohlen werden, welche Lern- und Entwicklungsschritte als nächstes angestrebt werden können. In der Fachsprache hat sich dafür der Begriff »*Zone der nächsten Entwicklung*« eingebürgert.[20]

Eine Grundschule, die über mehr als zehn Jahre Inklusionserfahrung verfügt, nimmt Thorsten, einen Schüler mit einer schweren Behinderung, in die 1. Klasse auf. Thorsten sitzt im Rollstuhl und benötigt technische Unterstützung beim Atmen. Auch der Toilettengang muss begleitet werden. Am Stuhlkreis nimmt Thorsten aufmerksam teil, besonders wenn die Klassenlehrkraft im Stuhlkreis zur Gitarre ein Lied mit den Schüler:innen singt. Man sieht Thorsten die Freude über die Musik an, auch wenn er das nicht sprachlich zum Ausdruck bringen kann. Es ist noch nicht ganz klar, was Thorsten sieht, da er sich bei der augenärztlichen Untersuchung ebenfalls nicht äußern kann. Die sonderpädagogische Lehrkraft, die für die Hälfte des Stundenplans in der Woche in der Klasse ist, versucht über Beobachtung herauszufinden, was Thorsten interessiert. Eine Schulhelferin achtet darauf, dass Thorstens Grundbedürfnisse erfüllt sind, und begleitet ihn beim Toilettengang. Manchmal muss sich Thorsten in den Nebenraum zurückziehen und sich ausruhen. Das gesamte pädagogische Team ist eng mit den Eltern von Thorsten in Kontakt, weil sie die Expert:innen für seine bisherige Lebensgeschichte sind und so immer wieder wertvolle Informationen für die Arbeit in der Schule zur Verfügung stellen können.

Sonderpädagogische Fachkräfte werden von Schüler:innen mit Unterstützungsbedarf ebenfalls nicht selten vor Rätsel gestellt. Die vorhandenen Informationen reichen dann nicht aus, um die Proble-

85

me eines Kindes zu verstehen und Förderangebote zu entwickeln. Diagnostik hat deshalb unter pädagogischem Aspekt stets etwas mit einer besonderen Sensibilität der pädagogischen Fachkräfte zu tun. Ganz besonders für sonderpädagogische Fachkräfte, die im Bereich der Förderdiagnostik in inklusiven Schulen tätig sind, gilt, dass sie ihre Defizitbrille absetzen und eine *Kompetenzbrille* aufsetzen sollten (▶ Kap. 2). Letztlich sollte in der Förderdiagnostik bei einzelnen Kindern und Jugendlichen herausgefunden werden, was sie schon können. Jede individuelle Förderung beginnt bei den vorhandenen Fähigkeiten und baut darauf auf. Wenn es keine Fähigkeiten gäbe, könnte es auch keine Förderung geben – und wenn es die Fähigkeit zu atmen ist! *Kompetenzorientierung* in der individuellen Förderung ist ganz besonders bedeutsam für Kinder und Jugendliche mit Lern- und Entwicklungsschwierigkeiten. Wenn wir ihnen bei der Überwindung dieser Schwierigkeiten helfen sollen, dann müssen wir wissen, was sie schon können. Immer dann, wenn ich die Frage der optimalen Förderung ihres Kindes in Elterngesprächen an den Anfang gestellt habe, war eine Kooperationsbereitschaft vorhanden, und wir konnten gemeinsam versuchen, Lösungen zu entwickeln. Und jedes noch so schwer verständliche Verhaltensproblem und jedes noch so wenig durchschaubare Lernproblem hat aus der Sicht der Kinder und Jugendlichen einen subjektiven Sinn, es ist aus ihrer ganz persönlichen Sicht sinnvoll. Es geht darum, diesen Sinn zu verstehen und ihre Perspektive nachzuvollziehen.

> Inklusive Bildungseinrichtungen gehen konsequent auf die individuellen Lern- und Entwicklungsvoraussetzungen aller Kinder und Jugendlichen ein.

Gemeinsame Spiel- und Lernsituationen

Dieser hohe inklusive Anspruch der Individualisierung hat zur Folge, dass sich die pädagogische Arbeit in inklusiven Spiel- und Lerngruppen verändert. Kindertageseinrichtungen sind mit ihren unterschiedlichen in der Praxis wirksamen pädagogischen Konzepten schon weit auf einem reformpädagogischen Weg vorangeschritten. Situationsansatz, Montessoripädagogik, Waldorfkindergärten oder die Reggio-Pädagogik bieten vielfältige Möglichkeiten, Kinder in Situationen des gemeinsamen Spielens und Lernens zu bringen. Auf der Basis einer hohen Interaktionsqualität zwischen pädagogischen Fachkräften und Kindern gelingt es inklusiven Kindertageseinrichtungen, die Qualität der pädagogischen Arbeit wirksam weiterzuentwickeln. Im Mittelpunkt steht dabei das gemeinsame Spiel der Kinder, das im Alter vor dem Schuleintritt als Synonym für Lernen gelten kann. Im Spiel gestalten Kinder ihren Bezug zur Welt. *Inklusive Spielsituationen* zeichnen sich insbesondere dadurch aus, dass alle Kinder teilhaben und alle etwas beitragen können. Frühpädagogische Fachkräfte sorgen durch die Gestaltung einer Spielumgebung mit Spielmaterialien für alle Sinne und mit Anregungen für das gemeinsame Spiel dafür, dass die Kinder sich einbezogen fühlen können. Durch die altersgemischten Gruppen in Kindertageseinrichtungen ist die Heterogenität der beteiligten Kinder als Voraussetzung von vornherein gegeben. Insofern sind frühpädagogische Fachkräfte gezwungen, darauf mit differenzierten Spiel- und Lernangeboten zu reagieren.[21]

Das altbekannte Prinzip »Wenn alles schläft und einer spricht, dieses nennt man Unterricht!« entspricht in inklusiven Schulen nicht mehr den Anforderungen. Moderne Lerntheorien haben gezeigt, dass Lernen ein aktiver und selbstgesteuerter Prozess ist, den alle Lernenden selbst in die Hand nehmen müssen[22]. Zweifellos benötigen sie dabei die Begleitung durch pädagogische Fachkräfte. Gerade im Schulunterricht hat die Studie des australischen Bildungsforschers JOHN HATTY gezeigt, dass die Persönlichkeit der Lehrkräfte und ihr

Fachwissen hoch bedeutsam sind für die Qualität des Unterrichts.[23] Für viele Lehrkräfte besonders im Sekundarbereich ist die fachliche Qualität des Unterrichts der entscheidende Prüfstein für ihre Arbeit. Lehrkräfte können überdies dafür sorgen, dass Lernende gut *strukturierte Lernsituationen* vorfinden mit einem hohen Anteil an echter Lernzeit. Auch regelmäßige Übungs- und Wiederholungssequenzen tragen zu einer guten inhaltlichen Qualität des Unterrichts bei. Entscheidend ist jedoch, dass die Lernenden selbst aktiviert werden, sich vielfältige Lernmethoden aneignen und ihren Lernprozess mitgestalten.[24] Wer einen Klassenraum betritt, in dem eine inklusive Lerngruppe tätig ist, wird entdecken, dass die Schüler:innen häufig Methoden wie Freiarbeit, Wochenplanunterricht, Stationen- oder Projektlernen anwenden. So entstehen *selbstgesteuerte Lernsituationen*. Dabei greifen sie allenfalls sporadisch auf die Hilfe der Lehrkraft zurück, organisieren ihren Lernprozess im Klassenraum selbst, suchen sich ihre Lernmaterialien selbst und bestimmen selbst, mit wem und wo sie lernen. Und sie bestimmen möglicherweise sogar über die Unterrichtsinhalte mit, indem sie selbst Vorschläge einbringen und z. B. ein Projekt gemeinsam mit der Lehrkraft planen.

> Es ist Montag. Ich komme in die 5. Klasse einer Gesamtschule, weil ich Piet besuchen möchte. Alle anderen Schüler:innen arbeiten wie wild an ihren selbst gestalteten Wochenplänen, weil sie möglichst viel von den Pflichtaufgaben dieser Woche schaffen wollen. Dann können sie sich wieder mit ihren eigenen Projekten beschäftigen. Nur Piet hat den Kopf auf die Bank gelegt und träumt müde vor sich hin. Ich gehe zu ihm und frage ihn, warum er denn nicht an seinem Wochenplan arbeite. Langsam richtet er sich auf und antwortet, dass er sich bei seinem Wochenplan in dieser Woche für heute einen freien Tag eingetragen habe. Ich bin natürlich beeindruckt, dass Piet schon so frühzeitig seine Work-Life-Balance fest im Blick hat, versuche ihn dann aber doch behutsam davon zu überzeugen, dass es besser ist, wenn er heute schon ein paar Aufgaben bearbeitet. Mit der Klassenleitung wird abgesprochen, dass es für Piet hilfreich sein wird, wenn er nicht allein sitzt. Er

bekommt in Alexander einen festen Lernpartner, der ihn zu kontinuierlicheren Arbeitsweisen anregen soll.

Im inklusiven Unterricht kommt jedoch ein entscheidender Prozess hinzu, der häufig übersehen wird. Wir Erwachsene denken als Eltern oder als pädagogische Fachkräfte ja gern, dass Kinder und Jugendliche alles von uns lernen. Aber die Lernforschung hat uns Erwachsenen hier eine erheblich narzistische Kränkung verabreicht. Kinder und Jugendliche lernen mindestens genauso viel voneinander. Dieses *Voneinander-Lernen* ist eine äußerst bedeutsame Ressource, die es im inklusiven Unterricht zu erschließen gilt. So ist es zu erklären, dass HENRI EHRHARDT, ein Junge mit Down-Syndrom, mit seinen Freund:innen aus der Grundschule in das Gymnasium wechseln wollte. Die Eltern haben keineswegs angestrebt, dass Henri nun Abitur macht. Aber sie wollten ihrem Sohn die Möglichkeit bieten, die entstandenen Freundschaften in der vierjährigen Grundschule für den weiteren Bildungsweg von Henri zu nutzen. Die Aufregung um Henris Wunsch hat seinerzeit viel darüber erzählt, wie viele Denkverbote noch in unserem Bildungssystem in Sachen Inklusion herrschen. Durch das Voneinander-Lernen in der Grundschule hatte Henri seinerzeit schon erstaunliche Fortschritte gemacht.[25] Auch dies sollte für Lehrkräfte ein Kriterium qualitativ guten Unterrichts sein. In der internationalen Bildungsforschung ist das seit langem bekannt – in der Schulpraxis löst dies immer noch ungläubiges Staunen aus.[26] Überall dort, wo es gelungen ist, die Schüler:innen in Situationen des Voneinander-Lernens zu bringen, zeigt sich, dass die Rolle der Lehrkräfte sich mehr in Richtung auf Begleitung und Beratung der Lernenden hin verändern kann. Und manchmal wird seitens der Schüler:innen im inklusiven Unterricht selbst das abgelehnt, und sie lassen sich den Lernstoff lieber von Mitschüler:innen erläutern, als die Lehrkräfte zu befragen. Wir müssen uns keine Sorgen um die Schüler:innen machen, die den Lernstoff schon beherrschen und das Gelernte nun nochmals erläutern. Wenn Lernende vorübergehend in die Rolle der Lehrenden schlüpfen, so ist das für sie selbst ebenfalls ein neuer Lernprozess, der sie in ihrem Wissen ebenfalls noch einmal weiterbringt. Das können wir an uns selbst überprüfen, wenn wir einmal versuchen, jemandem etwas zu erklären, was wir selbst schon verstanden haben. Im Konzept des kooperativen Lernens wird das inzwischen als Methode ganz bewusst eingesetzt, weil die Lernfortschritte durch diese Methode gut dokumentiert sind.[27]

Die Planung des inklusiven Unterrichts seitens der Lehrkräfte bedarf allerdings einer neuen gedanklichen Herangehensweise. Es geht darum, bereits im Vorfeld des Unterrichts möglichst unterschiedliche Lernwege als Zugänge zu einem gemeinsamen Lerngegenstand zu entdecken. Es ist im Grunde erforderlich, dass man als Lehrkraft gedanklich um den Lerngegenstand herumgeht, frei nach dem Motto: »Der Kopf ist rund, damit das Denken die Richtung ändern kann.«[28] So entstehen alternative Lernwege, die beispielsweise in Lernstationen im Unterricht präsentiert werden können. Die Schüler:innen finden dann unterschiedliche Lernangebote zu einem Thema vor. Sie können die Stationen nach einer vorgegebenen Reihenfolge oder in Eigenregie ansteuern. Über diesen Weg ist am ehesten eine inhaltliche Differenzierung des Lerngegenstandes möglich, der den Schüler:innen in Abhängigkeit von ihrem Lern- und Entwicklungsstand die Möglichkeit bietet, selbst ein passgenaues Lernangebot auszuwählen. Im Grunde geht es um ein vernetztes Denken in Bezug auf die Unterrichtsinhalte und die Lernvoraussetzungen der Schüler:innen. Im *Modell der inklusionsdidaktischen Netze* liegt ein Planungsinstrument für den inklusiven Unterricht vor, das es erlaubt, ein Vielfalt an Lernideen zu kreieren. Diese können dann in eine mehrstündige Unterrichtseinheit im Rahmen des inklusiven Unterrichts einfließen.[29]

Inklusive Spiel- und Lernsituationen bieten Kindern und Jugendlichen einen strukturierten Rahmen, in dem sie selbstorganisiert voneinander und miteinander lernen.

Kein Feld für Einzelkämpfer:innen

Lehrkräfte in Schulen sind es in Deutschland nach wie vor gewöhnt, allein mit ihrer Klasse zu arbeiten. Gleichzeitig beklagen sie vielfach die Überforderung und Überlastung mit der Fülle der anstehenden Aufgaben. Sie werden immer wieder daran gehindert, dass sie sich mit ihrem Kerngeschäft, dem Unterricht, intensiv beschäftigen können. Trotzdem ist es bislang nicht gelungen, in unserem Schulsystem eine tragfähige Teamarbeit flächendeckend zu etablieren. Es fehlt im Schulalltag häufig schlicht die Zeit dafür.

In Kindertageseinrichtungen gibt es demgegenüber seit geraumer Zeit entfaltete und gut gepflegte Teamstrukturen, bis hin zu Erfahrungen mit der Arbeit in multiprofessionellen Teams. Neben den frühpädagogischen Fachkräften kommen hier sowohl heilpädagogische Fachkräfte, Therapeut:innen als auch Psycholog:innen, Sozialarbeiter:innen und ebenfalls Ärzt:innen zu Austauschprozessen zusammen. Auf diese Weise können die fachlichen Angebote zu den Kindern in die Kindertageseinrichtungen kommen. Kinder mit Lern- und Entwicklungsschwierigkeiten müssen dann nicht mehr zu den fachlichen Angeboten transportiert werden (z.B. in die therapeutische Praxis). Ihre Eltern werden ebenfalls entlastet. Allerdings will ein *multiprofessionelles Team* gepflegt werden. Entsprechende Zeiträume für Teamtreffen müssen fest eingeplant werden. Auch Klausurtagungen mit umfangreicheren Zeiträumen z.B. für die einmal jährlich stattfindende gemeinsame Konzeptarbeit werden bereitgehalten. Fachliche Begleitung durch die Fachberatung des Trägers der Kindertageseinrichtungen findet ebenfalls statt. Gemeinsame Teamfortbildungen werden angeboten. Ein Bedarf an Team-Supervision kann hier ebenfalls vielfach abgedeckt werden. So ist jedenfalls die Situation in vielen inklusiven Kindertageseinrichtungen.[30]

Inklusive Schulen haben sich ebenfalls auf den Weg der Teamentwicklung begeben. Jahrgangsstufenteams treffen sich einmal in der Woche und tauschen sich über den Unterricht aus. Die Lern- und Entwicklungsschwierigkeiten einzelner Schüler:innen werden in

5 Willkommenskulturen schaffen! *Inklusive Institutionen*

Teamfallberatungen besprochen und gemeinsame Förderpläne verabredet.

> Das Jahrgangsstufenteam der 5. Klassen einer Gesamtschule trifft sich, um über Sabine zu beraten. Zunächst berichtet die Klassenleiterin, dass Sabine im Unterricht ständig gedanklich abwesend sei, ihre Aufgaben nicht erledige und vor sich hinträume. Sie habe sie schon häufig aufgefordert mitzuarbeiten, könne aber nichts bei ihr erreichen. Inzwischen hat die Lehrkraft das Gefühl, alles werde von ihr blockiert, was sie ihr vorschlage. Als nächstes werden die Kolleg:innen aufgefordert, ihren Eindruck von Sabine zu schildern. Nach mehreren Statements sagt eine Kollegin, dass sie finde, Sabine habe Humor. Die Klassenleiterin ist völlig verblüfft von dieser Aussage und gesteht, dass sie das bisher nicht wahrgenommen hat. Letztendlich einigt sich das Jahrgangsstufenteam darauf, für Sabine einen Tagesplan zu erstellen. Die sonderpädagogische Lehrkraft wird zwei Stunden täglich in den Unterricht der Klasse von Sabine kommen und ihr helfen, den Tagesplan zu erfüllen. Und die Lehrkraft ist nachdenklich geworden, weil sie bemerkt, dass ihre Wahrnehmung von Sabine bereits in festen Bahnen eingeschliffen war. Die Aussagen der Kolleg:innen haben ihr geholfen, ihre eigene Perspektiven infrage zu stellen und nun zu versuchen, Sabine wieder mit anderen Augen zu sehen.

Die Teamkooperation sollte sich darüber hinaus ebenso auf den Unterricht beziehen. Unterrichtsmaterialien werden gemeinsam verwendet und in einen Materialpool eingebracht. Das Team der Lehrkräfte organisiert gemeinsame Veranstaltungen zur schulinternen Lehrkräftefortbildung. Dazu werden Expert:innen von außen eingeladen. Durch die Einbeziehung sonderpädagogischer Lehrkräfte und weiterer Fachkräfte wie z. B. Schulpsycholog:innen und Therapeut:innen gibt es ebenfalls erste Ansätze von multiprofessioneller Teamarbeit. Allerdings wird immer wieder kritisch angemerkt, dass die *Teamentwicklung* in Schulen noch zu wenig ausgeprägt ist.[31] Die fachliche Begleitung durch die Schulaufsicht erscheint eher als Ausnahme, da die dienstliche Beurteilung hier nach wie vor dominiert. Beratung und Beurteilung sollte aber auf jeden Fall getrennt sein. Supervision für Lehrkräfteteams oder gar für einzelne Lehrkräfte ist nur schwer zu organisieren, obwohl ein riesiger Bedarf besteht. So ist die Arbeit der Lehrkräfte noch viel zu häufig vom Leitbild des Einzelkämper:innentums geprägt. »Jung-Helena« und »Jung-Siegfried« werden es schon richten, auch wenn der Blick auf die aktuelle Altersstruktur der Lehrkräfte Zweifel an dieser Vorstellung säen müsste. Aber in Schulen sollten wir uns ebenfalls von dem Team-Motto verabschieden: »Jeder macht, was er will, keiner was er soll, aber alle machen mit.« Dazu wird es erforderlich sein, bereits in der Phase der Lehrkräftebildung sowohl im Studium als auch in der Referendarzeit fundierte und nachhaltige Erfahrungen mit Kooperation und Teamarbeit zu machen.[32]

> Inklusive Bildungseinrichtungen zeichnen sich durch eine intensive interne Kooperation mit gut gepflegten Teamstrukturen in multiprofessionellen Teams aus.

Teilhabe als institutionelles Leitbild

Früher oder später wird sich eine Bildungseinrichtung insgesamt mit der Frage der Inklusion beschäftigen. In Kindertageseinrichtungen sind solche Prozesse ausgehend von der Aufnahme einzelner Kinder mit Lern- und Entwicklungsschwierigkeiten entstanden. Hier hat sich häufig die inklusive Gruppe als nächster Schritt der Inklusionsentwicklung erwiesen, weil es damit leichter war, angemessene Ressourcen im personellen Bereich (z.B. eine heilpädagogische Zusatzkraft) zu etablieren. Auch in Schulen ist die Inklusion einzelner Schüler:innen eine große Herausforderung, weil es häufig nicht gelingt, ausreichende Ressourcen dafür bereitzuhalten. Die Einrichtung

5 Willkommenskulturen schaffen! *Inklusive Institutionen*

inklusiver Klassen hat hier ebenfalls dazu geführt, dass Ressourcen leichter an die Schule gebracht werden konnten (z.B. eine sonderpädagogische Lehrkraft). In einigen Bildungseinrichtungen ist es bereits gelungen, spezielle Fachkräfte wie Heilpädagog:innen und Sonderpädagog:innen dauerhaft und als Vollzeitkräfte mit in das jeweilige Einrichtungsteam einzubeziehen.

Spätestens bei der Beschaffung von Ressourcen im personellen Bereich und in der Ausstattung sind die Einrichtungsleitungen in besonderer Weise gefordert. Schulleitungen und Leitungen von Kindertageseinrichtungen können inklusive Prozesse aktiv unterstützen. Sie sollten über die Fähigkeit verfügen, aktiv Ressourcen zu erschließen. Dabei ist manchmal Phantasie gefragt. Sicher sind gute Kontakte außerhalb der Schule hilfreich. Ein Schulleiter berichtete mir einmal, dass der örtliche Bankdirektor bei seinem Besuch schon zum Einstieg des Gesprächs nur noch frage: »Wieviel?« An besonderen Projekten mangelt es an dieser Grundschule nie. Darüber hinaus sollten Leitungen von Bildungseinrichtungen den Entwicklungsprozess ihrer Einrichtung im Blick haben und diesen unterstützen und begleiten können.

In einer Gesamtschule wird nach zwei Jahren der Schulversuch mit zwei inklusiven Klassen der Jahrgangsstufen 5 und 6 beendet. Die Schulleitung hat alle Lehrkräfte, immerhin gut 60 Personen, zu einer Gesamtkonferenz eingeladen. Die Ergebnisse der wissenschaftlichen Begleitung des Schulversuchs sollen vorgestellt und diskutiert werden. Das Interesse der Kolleg:innen richtet sich vorrangig auf die Bedürfnisse der Schüler:innen mit Lern- und Entwicklungsschwierigkeiten und die Möglichkeiten, sie im Unterricht angemessen zu fördern. Außerdem wollen sie genaueres über die Unterrichtsmethoden wissen. Da während des Schulversuchs die Notengebung ausgesetzt werden konnte, muss die alternative Leistungsbeurteilung eingehend erläutert werden. Ein Punktesystem zur Bewertung verschiedener Kompetenzen im Arbeits- und Sozialverhalten, ein Lern- und Entwicklungsbericht sowie ein Halbjahresbrief an die Schüler:innen hat bei den Eltern ebenfalls sehr viel positive Resonanz hervorgebracht. Auch die Schüler:innen nehmen die Briefe ihrer Lehrkraft sehr ernst und antworten sogar brieflich darauf, indem sie versichern, sich in Zukunft zu bessern und der Lehrkraft ihre Bewunderung für deren Geduld übermitteln. Am Ende der Gesamtkonferenz beschließen die Lehrkräfte, dass vom kommenden Schuljahr ab die Klassen 5 bis 10 als inklusive Klassen geführt werden sollen. Wenn es rechtlich möglich gewesen wäre, dann hätte das Kollegium auf die Notengebung verzichtet. Damit ist dieses Kollegium in den Prozess der Entwicklung einer inklusiven Schule eingestiegen.

Es gibt bereits einige inklusive Bildungseinrichtungen, die ihr pädagogisches Konzept komplett auf das Leitbild der Inklusion ausgerichtet haben. In einem gemeinsamen Findungsprozess haben sich hier Eltern, Kinder und Jugendliche, pädagogische Fachkräfte sowie die Leitungen der Einrichtung darauf geeinigt, dass die gesamte Arbeit in der Einrichtung unter dem Aspekt der Inklusion gesehen wird. Damit ist nicht mehr nur das inklusive Geschehen in der Kindergruppe einer Kindertageseinrichtung oder eine Schulklasse von Interesse. Es geht darum, das gesamte Leben in der Einrichtung auf das Leitbild der Inklusion hin zu überprüfen. Anregungen dazu bietet z.B. die »*Qualitatsskala zur inklusiven Schulentwicklung (QU!S)*«, in der auf 25 großformatigen und beschreibbaren Karten Qualitätsstandards für eine inklusive Schule formuliert worden sind.[33]

Barrierefreiheit in der Einrichtung ist da ein weiterer naheliegender Aspekt.[34] Neue öffentliche Gebäude müssen in der Regel barrierefrei gestaltet sein. Bei älteren Gebäuden macht häufig der Umbau Probleme, wenn es um den Einbau eines Aufzugs oder die Verbreiterung von Türen geht. Nicht vernachlässigt werden sollte dabei, dass Leitsysteme für Kinder und Jugendliche mit Sehbeeinträchtigungen geschaffen werden, damit sie sich selbstständig orientieren können. Für Kinder und Jugendliche mit Hörbeeinträchtigungen ist u.a. ein Teppich sinnvoll, weil sie ansonsten Schwierigkeiten haben, die Hintergrundgeräusche auszuschalten. Ein weit verbreiteter Irrtum bei Sinnesbeeinträchtigungen ist hier, dass überhaupt keine Seh- und

Hörfähigkeit mehr vorhanden sei. Es gibt jedoch immer wieder Seh- und Hörreste oder Sehhilfen und Hörgeräte, die eine eingeschränkte Wahrnehmung ermöglichen. Barrierefreiheit bezieht sich also nicht nur auf Rollstuhlfahrer:innen. Und auch hier kann die Verlegung einer Klasse in einen Klassenraum im Erdgeschoss oder eine einfache Holzrampe am Schuleingang schon die entscheidende Hilfe sein.

In großen Schulen kommt die *Bedeutung des Schullebens* für die Inklusion hinzu. Wenn Mobbing-Prozesse in Schulen entstehen, dann finden diese nicht selten außerhalb des Unterrichts statt. Als hilfreich hat sich die Etablierung von Patenschaften für Schüler:innen mit Lern- und Entwicklungsschwierigkeiten erwiesen. Die Pat:innen gestalten die Pausen gemeinsam und nehmen gemeinsam an Schulausflügen sowie Exkursionen außerhalb des Schulgeländes teil. Diese ernprozesse sind stets wechselseitig und nicht nur als einseitige Hilfeleistung zu verstehen.

Inklusive Bildungseinrichtungen stellen in einem gemeinsamen Entwicklungsprozess mit Eltern, Kinder und Jugendlichen, pädagogischen Fachkräften sowie der Einrichtungsleitung die gesamte pädagogische Arbeit unter das Leitbild der Inklusion.

Sozialräumliche Vernetzung

Alle inklusiven Bildungseinrichtungen, die ich in den letzten 40 Jahren besucht habe, wiesen intensive Kontakte zum Umfeld aus. Sie sind aktiv auf die Suche nach externer Unterstützung gegangen und haben z. B. Kontakt zum nächsten sonderpädagogischen Förderzentrum aufgenommen. Auf diesem Weg kann beispielsweise über mobil tätige sonderpädagogische Lehrkräfte Förderdiagnostik und Beratung in inklusiven Kindertageseinrichtungen und Schulen angeboten werden. Aber auch die individuelle Förderung von Schüler:innen mit

Lern- und Entwicklungsschwierigkeiten kann von sonderpädagogischen Lehrkräften im Rahmen von Freiarbeits- bzw. Übungsphasen oder über den Weg des Team-Teaching in den Klassenunterricht einbezogen werden. Ein erster Schritt war hier in der Vergangenheit sicherlich, dass sonderpädagogische Lehrkräfte mit einem Teil ihrer wöchentlichen Lehrkraftstunden an inklusiven Schulen tätig sind. Ziel sollte es hier jedoch sein, dass sonderpädagogische Lehrkräfte mit ganzer Stelle ein fester Bestandteil der Lehrkraftkollegien in inklusiven Schulen werden. So ist es in den skandinavischen Ländern im Schulsystem bereits seit längerem fest etabliert.[35] Die in Deutschland weit verbreitete Befürchtung, dass sonderpädagogische Lehrkräfte ihre fachliche Professionalität verlieren, wenn sie nicht mehr die Anbindung an ihre »Heimatschule«, das Sonderpädagogische Förderzentrum, haben, hat sich als unbegründet erwiesen. Heilpädagogischen Fachkräfte in inklusiven Kindertageseinrichtungen ist es bereits vielfach gelungen, in das Fachkräfteteam von Kindertageseinrichtungen inkludiert zu werden.

Gute Schulen und Kindertageseinrichtungen stehen bereits seit langer Zeit in intensiven Austauschprozessen mit dem sozialräumlichen Umfeld. Expert:innen aus der Region werden in die Bildungseinrichtung eingeladen, um ihr Wissen zur Verfügung zu stellen (z. B. Feuerwehr, Polizei, Technisches Hilfswerk, Imker:innen, Förster:innen usf.). Es bestehen Kontakte zu örtlichen Sportvereinen und den Kirchen. Auch mit der örtlichen Wirtschaft bestehen Verbindungen, über die Absolvent:innen von Schulen in Ausbildungsplätze vermittelt werden können. Es werden gemeinsame Projekte auf den Weg gebracht. Mit Lesepat:innen können wöchentliche Vorlesestunden organisiert werden. Die örtliche »Tafel« stellt kostenlos Nahrungsmittel für das gemeinsame Frühstück zur Verfügung. Kurzum: Es findet ein lebendiger Austausch zwischen der Bildungseinrichtung und dem Sozialraum statt. So kann versucht werden, das sozialräumliche Umfeld in die Bildungseinrichtung zu holen und zum Thema zu machen.

Umgekehrt ist es aber auch sinnvoll, mit Kindern und Jugendlichen das sozialräumliche Umfeld aktiv zu erschließen. Exkursionen zu

5 Willkommenskulturen schaffen! *Inklusive Institutionen*

historisch bedeutsamen Institutionen in der Kommune können in die pädagogische Arbeit eingebaut werden. Wanderungen in die umgebende Natur mit gezielten Beobachtungsaufgaben schaffen anschauliche Erlebnisse. Das ist besonders für Kinder und Jugendliche relevant, die diese Welterfahrungen nur noch eingeschränkt machen, weil sie im Elternhaus nicht entsprechend gefördert werden.[36] Gemeinsame Erkundungsprojekte in der Kommune geben Aufschluss darüber, wie die Kinder und Jugendlichen ihr sozialräumliches Umfeld wahrnehmen. Projekte zur Beschäftigung mit der eigenen kommunalen Geschichte oder zum Umwelt- und Klimaschutz in der Gemeinde schaffen die Voraussetzungen dafür, dass sich Kinder und Jugendliche aktiv an der Gestaltung der kommunalen Umwelt beteiligen. Sicher ertönt bei sozialräumlichen pädagogischen Konzepten sofort die Kritik, dass das ja nicht durch den Lehrplan bzw. die Bildungs- und Erziehungspläne abgedeckt sei. Bezüge zu Richtlinien lassen sich jedoch auch einmal im Nachhinein herstellen, wenn ein sozialräumliches Thema gefunden worden ist, das die Kinder und Jugendlichen interessiert. Ein genauer Blick in die Richtlinien wird unweigerlich zutage fördern, dass thematische Bezüge immer hergestellt werden können. Insofern ist es in inklusiven Bildungseinrichtungen besonders umfassend erforderlich, die Anforderungen der Lehrpläne und der Bildungs- und Erziehungspläne an die regionalen Bedingungen anzupassen und so letztlich einen standortbezogenen inklusiven Bildungsplan zu erstellen. Inklusive Bildungseinrichtungen benötigen dazu allerdings eine erweiterte Autonomie unter Verzicht auf die Gängelung von oben durch Fachberatung und Schulaufsicht. »Bildungsmanagement by Vertrauen« heißt hier die Entwicklungsperspektive – sicher um den Preis erhöhter Anforderungen an die Evaluationsbereitschaft von Bildungseinrichtungen.

Ich bin zu Besuch in einer Realschule, die Schüler:innen mit Unterstützungsbedarf aufgenommen hat. Die Schulleitung möchte zusammen mit dem Kollegium die sozialräumliche Vernetzung erweitern. Die Schulleiterin beginnt das Gespräch mit der Aussage, dass die Elternarbeit eigentlich ganz gut klappe. Darüber hinaus habe das Kollegium aber bislang wenig Erfahrungen mit der sozialräumlichen Einbindung der Schule gemacht. Ich frage weiter nach den vorhandenen Kontakten der Schule im Sozialraum. Hier eröffnet sich ein erstaunlich breites Feld an Verbindungen. Sportvereine werden aufgezählt, berufliche Inklusionsprojekte mit örtlichen Firmen werden beschrieben, gemeinsame Projekte mit dem islamischen Kulturverein vorgestellt, Sponsoren für das Schulfest genannt. Während die Schulleiterin über all diese externen Kontakte der Schule berichtet, wird ihr plötzlich selbst bewusst, dass hier eigentlich schon eine ganze Menge passiert. Anscheinend hat sie diesen vielfältigen Kontakten bislang nicht die gleiche Bedeutung zugemessen, wie der pädagogischen Arbeit im engeren Sinne innerhalb von Schule und Unterricht. Wir vereinbaren, dass diese kooperierenden Institutionen der Schule einmal in einem Netzwerk an einer freien Wand der Schule für alle visualisiert werden.

Inklusive Kindertageseinrichtungen und Schulen haben über einen längeren Entwicklungsprozess ein *regionales Netzwerk* an Kontakten geschaffen, das alle relevanten Akteur:innen im Sozialraum mit der Einrichtung und miteinander in Kontakt bringt.[37] Im Idealfall ist das innerhalb der jeweiligen Bildungseinrichtung institutionalisiert. Es gibt in inklusiven Bildungseinrichtungen vielfach feste Ansprechpartner:innen für die externe Kooperation. Außerdem sind sowohl Schulleitungen als auch Lehrkräfte inklusiver Schulen immer wieder als Berater:innen für Fragen der Inklusion gefragt. Sie sind Mitglied in kommunalen Arbeitsgruppen zur Weiterentwicklung der Inklusion und verstehen sich als Teil der regionalen Inklusionsentwicklung (▶ Kap. 6).

Inklusive Bildungseinrichtungen verfügen über ein vielfältiges Netzwerk an Kontakten zum Sozialraum, holen den Sozialraum in die Schule und gehen auch selbst in den Sozialraum.

5 Willkommenskulturen schaffen! *Inklusive Institutionen*

Wenn sich Institutionen jedweder Art (z.B. Betriebe, Verwaltungen, Nicht-Regierungsorganisationen) inklusiv weiterentwickeln wollen, so sind dazu Veränderungen auf mehreren Ebenen erforderlich. Das hat mich zumindest die Erfahrung aus der Begleitung von Bildungseinrichtungen gelehrt. Zunächst geht es einmal darum, dass wir konsequent die *Person* in den Mittelpunkt der Institution stellen; denn letztlich sind Institutionen von Menschen geschaffen und für Menschen da. Sodann geht es darum, die *Beziehungen* zwischen den handelnden Personen in einer Weise zu gestalten, dass sie voneinander lernen und gegenseitig von der Vielfalt der unterschiedlichen Fähigkeiten profitieren. Auf diesem Weg kann das kreative Potenzial einer Institution erschlossen werden. Eingerahmt werden die Beziehungen durch die begleitende *Teamarbeit*, wobei es hier in inklusiven Institutionen in der Regel zur Zusammenarbeit unterschiedlicher fachlicher Kompetenzen kommt. Teams sollten also offen sein für Multiprofessionalität. Gemeinsam erfolgt sodann die Arbeit an einem inklusiven Leitbild, unter das die gesamte Arbeit der Institution gestellt wird. Auf diese Weise entsteht früher oder später ein *inklusives Konzept* der jeweiligen Institution. Und schließlich gestalten inklusive Institutionen ihre Kontakte zum Umfeld bewusst, suchen Unterstützungssysteme und treiben die *Vernetzung mit dem Sozialraum* voran. Dieses allgemeine Modell der Inklusionsentwicklung kann gut mit dem Bild des Tropfens, der ins Wasser fällt, verglichen werden. Dieser Tropfen zieht seine Kreise und verursacht konzentrische Wellenbewegungen von innen nach außen. So muss man sich die Entwicklung inklusiver Institutionen bildlich vorstellen.

Provokation 5: Inklusion ist eine Entwicklungsaufgabe, die Institutionen als System auf allen Ebenen verändert!

6 Kleine Netze knüpfen!
Inklusive Regionen

S wie Systementwicklung oder:

**»Die Entwicklung der Inklusion
ist ein gemeinsamer Prozess, der Zeit benötigt!«**

Hans Daiber lebt sein 67 Jahren auf dem Daiberhof in dem schwäbischen Dorf Oberwälden. Er hat eine kognitive Beeinträchtigung und sollte eigentlich nach dem Tod seiner Eltern in ein Heim kommen. Aber nun kümmert sich das ganze Dorf um Hans. Er geht gern bei jedem Wetter lange spazieren. Dazu trägt er Wanderstiefel, Warnweste, wenn es kalt ist eine Wollmütze und eine rote Umhängetasche mit seinem Handy. Damit er nicht verloren geht, steht an der Tür des Daiberhofs eine Anleitung, wie man ihn mit GPS und über sein Handy finden kann. Bis zu seinem vierten Lebensjahr hat Hans sich nur über Flötentöne verständigt. Später verstand er alles, was gesprochen wurde, lernte lesen, schreiben und Traktor fahren. Ganze Sätze selbst zu formulieren, schafft er allerdings nicht. Kurz vor seinem Tod hat sein Vater eine Wohnung auf dem Hof an Herrn Glück vermietet, verbunden mit dem Versprechen, dass dieser sich um Hans kümmert. Bis zum Alter von 65 Jahren arbeitete Hans in der Werkstatt für behinderte Menschen. Dann musste er in Rente gehen. Hans versorgt sich selbst. Herr Glück hilft beim Einkaufen und achtet mit auf den Haushalt von Hans. Und Hans schreibt gern Briefe an die Nachbarn, die ihm auch dafür danken. Die Antwortbriefe schmücken die Wohnung von Hans. An seinem Geburtstag am 11. November schaut er immer bei Frau Bauer, seiner Nachbarin, vorbei, die bereits mit einem großen

Teller Süßigkeiten auf ihn wartet. Beim Bäcker kauft Hans selbst ein und freut sich, wenn seine Lieblingsverkäuferin, Frau Wetzel, ihn bedient. Frau Lohrmann schneidet ihm die Haare, obwohl sie mit 88 Jahren längst nicht mehr als Friseurin arbeitet. In der Stadtbücherei leiht er regelmäßig Kinderbücher mit großer Schrift aus. Seinem Nachbarn, Herrn Rempel, schreibt er jeden Tag eine Karte und steckt sie in dessen Briefkasten, auch wenn sie sich über den Zaun hinweg unterhalten könnten. Sie sind zusammen aufgewachsen und zur Schule gegangen. Frau Scheuer ist Hans Vormund. Er bekommt 100 Euro Taschengeld im Monat, die er meist für Süßigkeiten ausgibt. Alles andere wie sein Erbe und seine Altersrente verwaltet Frau Scheuer, weil Hans nicht geschäftsfähig ist. Einmal im Jahr haben die beiden einen Notartermin, bei dem Hans gefragt wird, ob er zufrieden sei. Die Antwort ist immer: »Ja!«[1]

Schulen und Kindertageseinrichtungen, die inklusiv arbeiten, sind nicht die Grenzen der Inklusion. Vielmehr hat sich gezeigt, dass Bildungsinstitutionen stets mehr oder weniger umfangreiche Kontakte zum sozialräumlichen Umfeld in der Kommune pflegen. Inklusion bleibt nicht an der Tür von Schulen und Kindertageseinrichtungen stehen. Es ist eine enge Kooperation mit der Schulaufsicht und der Fachberatung von Einrichtungsträgern sowie der jeweiligen Kommune und dem jeweiligen Landkreis erforderlich. Dabei geht es häufig um die Sicherung von Ressourcen. Insofern haben inklusive Institutionen ein vitales Interesse daran, sich mit dem jeweiligen Umfeld zu vernetzen. Letztlich stehen wir vor der Aufgabe, inklusive Regionen zu entwickeln. Kindertageseinrichtungen, Schulen und Sonderpädagogische Förderzentren sollten eng zusammenarbeiten, um den Bildungsweg von Kindern und Jugendlichen optimal gestalten zu können. In inklusiven Regionen kommen allerdings sehr schnell weitere Kooperationspartner:innen hinzu.

In der kreisfreien Stadt Kempten in Bayern ist eine inklusive Modellregion entstanden. Zum Auftakt wird eine »Open-Space«-

Veranstaltung durchgeführt. In der Turnhalle einer Schule am Ort sind etwa 130 interessierte Personen zusammengekommen, die zum Thema Inklusion in Bildungsinstitutionen, in der Kinder- und Jugendhilfe, in der Schulverwaltung, in der Kommunalverwaltung sowie in Vereinen und Verbänden tätig sind. Eine professionelle Moderatorin führt in das Veranstaltungskonzept ein. Es gibt keine Tagesordnung und keine inhaltlichen Angebote. Nur der Zeitablauf des Tages wird vorgestellt. Außerdem sind Sitzgelegenheiten und Materialien für verschiedene Arbeitsgruppen vorbereitet. Die Teilnehmenden sollen die Themen und Inhalte selbst festlegen. Die Moderatorin schätzt das Durchschnittsalter der Teilnehmenden auf ca. 40 Jahre und weist darauf hin, dass damit ein ungeheuer großer Wissens- und Erfahrungsschatz im Raum sei, der in die Tagung eingebracht werden soll. Die wichtigste Botschaft des Tages ist, dass niemand mit der Inklusionsentwicklung allein bleibt. Es werden viele Informationen über vorhandene Beratungs- und Unterstützungsangebote ausgetauscht. So beklagt die Rektorin einer Realschule in einem der selbst organisierten Workshops, dass sie in ihrer Schule mit einem Schüler mit Epilepsie völlig überfordert sei und nicht weiterwisse. Schnell erhält sie die Adresse der Kemptener Elternselbsthilfegruppe Epilepsie und der Inklusionsberatungsstelle Kempten. Aus der Tagung entstehen zahlreiche Arbeitsgruppen, die sich seither mit verschiedenen Projekten zur inklusiven Gestaltung in der Kommune beschäftigen.

Auf der regionalen Ebene stehen wir also vor der Aufgabe, viele unterschiedliche Akteur:innen miteinander zu vernetzen. Das ist durchaus nicht selbstverständlich, wie man immer dann feststellen kann, wenn in der Praxis die Beteiligten teilweise erstmals in den Dialog kommen. Rasch setzt ein Konkurrenzkampf um knappe Ressourcen ein. Inklusive Regionen bieten jedoch die Chance, intelligenter mit vorhandenen Ressourcen umzugehen.

Auf der Suche nach Ressourcen

Eine inklusive Haltung allein reicht nicht aus, um inklusive Entwicklungen in einer Region auf den Weg zu bringen (▶ Kap. 8). Es ist der Gipfel des Zynismus, wenn pädagogische Fachkräfte und andere Inklusionsbewegte damit abgespeist werden sollen, dass sie keine zusätzlichen Ressourcen für inklusive Entwicklungen benötigen. Es genüge schon, die richtige Haltung zu zeigen. Dann würden inklusive Entwicklungen sich quasi automatisch ergeben. Selbstverständlich zählen zu den Ressourcen für Inklusion auch die persönlichen Fähigkeiten und eine innere Bereitschaft, sich auf inklusive Prozesse einzulassen, sowohl bei Kindern und Jugendlichen als auch bei den Fachkräften und weiteren Beteiligten.

Aber Inklusion benötigt ebenfalls gute Rahmenbedingungen im Sinne einer möglichst optimalen personellen und sächlichen Ausstattung. Nur so kann eine gute Qualität inklusiver Entwicklungen erreicht werden. Viele mit Inklusion beschäftigte Fachkräfte stellen gegenwärtig das gemeinsame Ziel einer selbstbestimmten sozialen Teilhabe nicht mehr in Frage. Aber sie melden sehr deutlich einen Bedarf an Unterstützung an. Insofern ist es eine der dringlichsten Aufgaben zur Förderung inklusiver Entwicklungen, entsprechende *Unterstützungssysteme* (*support systems*) in der Region zu schaffen. Die Beteiligten sollten über diese Unterstützungssysteme gut informiert sein und ständig darauf zurückgreifen können. Zu denken ist hier beispielsweise an Fachberatung und Fortbildung für frühpädagogische Fachkräfte. Auch Schulen benötigen Beratung und schulinterne Lehrerfortbildungsveranstaltungen, um inklusive Entwicklungsprozesse erfolgreich in Gang zu setzen und auf Dauer stellen zu können. Inklusive Beratungsstellen haben sich als hilfreich bei der Beförderung der Inklusion in der Region erwiesen. In der Regel ist jedoch die Vergabe von Ressourcen an bestimmte rechtliche Bedingungen und Vergabekriterien gebunden. So muss bislang z. B. immer noch im Bereich der Behindertenhilfe zunächst der sonderpädagogische Unterstützungsbedarf bzw. der Grad der Schwerbehinderung festgestellt werden, bevor entsprechende Leistungen in Anspruch genommen werden können. Wir sprechen hier von einem *Etikettierungs-Ressourcen-Dilemma*.[2] Die Vergabe des Etiketts »Behinderung« kann durchaus zu Ausgrenzungen führen, was dem allgemein akzeptierten Ziel der Inklusion diametral entgegensteht (▶ Kap. 2). Gerade die Ausgrenzung wird von vielen Menschen mit Behinderung als wesentlich gravierender eingeschätzt im Vergleich zu ihren Beeinträchtigungen beispielsweise in der Bewegung, im Sehen oder Hören. Sie haben vielfach gelernt, mit diesen Einschränkungen zu leben, auch wenn sie immer wieder mit ihrem Schicksal hadern. Aber der soziale Ausschluss führt zu inneren Verletzungen, die viel gravierender sein können.

Insofern benötigen wir für inklusive Entwicklungen innovative Steuerungsmodelle für die Vergabe von Ressourcen. In Österreich ist dazu die Idee entwickelt worden, inklusiven Regionen die Ressourcen, die z. B. in der Behindertenhilfe in einem Haushaltsjahr benötigt werden, pauschal zur Verfügung zu stellen. Hier konnte erstmals auf Etikettierungen verzichtet werden. Wir nennen das *systemische Ressourcenzuweisung*. Die öffentlichen Mittel werden dann in der Region in enger Kooperation der relevanten Akteur:innen vergeben. Als sinnvoll hat es sich dabei erwiesen, dass eine projektbezogene Mittelvergabe erfolgt. Der allgemein akzeptierte Grundsatz lautet hier: *Ressourcen für Konzepte*. Als besonders wertvoll werden hier in der Regel die personellen Ressourcen wie pädagogische Fachkräfte angesehen. Es ist also erforderlich, dass sich vor Ort Kooperationspartner:innen finden, die gemeinsam und institutionsübergreifend ein Konzept zur Weiterentwicklung der Inklusion erarbeiten. Dafür beantragen sie öffentliche Mittel, die dann ohne Etikettierungen vergeben werden können. Für viele öffentliche Verwaltungen im Sozialbereich ist das noch eine völlig neue Herangehensweise. In der Regel wird Antragsteller:innen misstrauisch unterstellt, dass sie unberechtigterweise öffentliche Mittel in Anspruch nehmen wollen. Sicher ist Missbrauch bei der Vergabe von Sozialleistungen nie ganz auszuschließen. Und ebenso wichtig ist ein sorgfältiger Umgang mit öffentlichen Mitteln.

Es hat sich jedoch gezeigt, dass das Erfolgsgeheimnis der systemischen Ressourcenvergabe in der Kooperation liegt. Dadurch dass z. B. in der inklusiven Region Kempten (Bayern) Schulverwaltung sowie Kinder- und Jugendhilfe eng zusammenarbeiten und gemeinsam Konzepte zur Inklusion von Kindern und Jugendlichen mit massiven Verhaltensschwierigkeiten erarbeitet haben, kann die Heimeinweisung dieser Kinder und Jugendlichen verhindert werden. Eine stationäre Unterbringung von Kindern und Jugendlichen schlägt jedoch monatlich pro Kind und Jugendlichem mit einem Betrag von 3.500 bis 4.000 € zu Buche. Diese eingesparten Mittel können in Kempten nun für Präventionsprojekte verwendet werden. Dabei werden Kinder und Jugendliche und ihre Eltern bereits in der Entstehungsphase von Verhaltensproblemen intensiv begleitet. Auch die Zahl der *drop-outs*, also Schüler:innen ohne Schulabschluss, konnte über mehrere Jahre hinweg signifikant gesenkt werden. Außerdem war es so möglich, den Kontakt zu Familien noch enger zu gestalten und zu einem gemeinsamen Handeln mit den Eltern zu gelangen.

Gelingende Kooperationen

Aber was macht nun eine gelungene Kooperation in der Region aus, wenn inklusive Prozesse angestoßen werden sollen? Kleine Kommunen wie Kempten haben den Vorteil der kurzen Wege. Aber auch hier kann es zu Ressentiments zwischen den beteiligten Ressorts kommen. Vielerorts müssen Schulverwaltung sowie Kinder- und Jugendhilfe erst einmal lernen, überhaupt miteinander zu sprechen. Sie sehen sich in der Regel als Konkurrent:innen um die vorhandenen öffentlichen Mittel. Eine erste Voraussetzung dafür, dass es zu einer produktiven Zusammenarbeit kommt, ist die gegenseitige Anerkennung von Kompetenzen. Erst wenn die Beteiligten bereit sind, die jeweils anderen fachlichen Qualifikationen zu akzeptieren, kann eine Begegnung auf Augenhöhe stattfinden. Dazu ist sicher Vertrauen in die Zusammenarbeit nötig. Vertrauensbildende Maßnahmen können zu Beginn der Zusammenarbeit eine größtmögliche Offenheit und Transparenz sein. Wer eifersüchtig sein eigenes Terrain verteidigt, wird wenig Bereitschaft beim Gegenüber vorfinden, sich für ein Zusammenwirken zu öffnen. Als hilfreich hat sich erwiesen, dass eine Vielfalt an Perspektiven auf die Lösung der anstehenden inklusiven Entwicklungsaufgaben akzeptiert wird. Die Kooperation der Beteiligten ist letztlich ebenfalls eine Übung in Sachen Inklusion. Es geht darum, aus der Vielfalt der beteiligten Kompetenzen und Erfahrungen eine Grundlage für das gemeinsame Vorgehen zu entwickeln.

Wir arbeiten damit an der übergreifenden Aufgabe des gesellschaftlichen Zusammenhalts. Der Soziologe RICHARD SENNETT versteht unter Kooperation einen »Austausch, von dem alle Beteiligten profitieren«.[3] Zugleich warnt er davor, dass wir gegenwärtig dabei sind, unsere grundlegenden Kooperationsfähigkeiten zu verlieren – frei nach dem Motto: Was man nicht ständig übt, verkümmert und stirbt möglicherweise ganz ab. Kooperation ist jedoch sowohl die Grundlage der Entwicklung des einzelnen Menschen wie der Menschheit als Ganzer. Dabei kommt es darauf an, dass wir dialogfähig werden und bleiben. Im Unterschied zu Diskussionen, in denen lediglich Meinungen ausgetauscht werden und eine Übereinstimmung erzielt werden soll, geht es in Dialogen darum, sich in den anderen hineinzuversetzen. Erst dann kann ein wirkliches Gespräch entstehen, in dem miteinander Lösungen gesucht werden, die etwas Neues hervorbringen. Voraussetzung dafür ist, dass wir uns wirklich aufmerksam auf unser Gegenüber einlassen. Und auch wenn wir es manchmal vergessen: Wir können alleine nicht überleben auf diesem Planeten.

> Als hilfreich hat sich in inklusiven Regionen die Bildung einer Steuergruppe (Fachbeirat Inklusion in Kempten) mit allen relevanten Akteur:innen erwiesen, die vor Ort inklusive Prozesse anstoßen können. In der inklusiven Region Kempten sind z.B. Vertreter:innen des Schulamtes, des Referates für Jugend, Schule und Soziales der Stadt, des Stadtjugendamtes, des Amtes für Jugend-

arbeit und der Kommune mit Schulleitungen von Grundschulen und Sonderpädagogischen Förderzentren sowie Vertreter:innen der Inklusiven Beratungsstelle zusammengekommen. Die regelmäßigen Treffen hatten insbesondere die Aufgabe, die inklusiven Projekte in der Region zu koordinieren. Außerdem ist in diesem Plenum die Verteilung der Ressourcen abgesprochen worden. Die Region Kempten hat die Ressourcen für den Schul- und Sozialbereich systemisch zugewiesen bekommen. Bei der Verteilung ist zunächst nach dem »Gießkannenprinzip« gearbeitet worden. Alle inklusiven Projekte erhielten die gleichen zusätzlichen Mittel für Personal und Ausstattung. Rasch stellte sich allerdings heraus, dass der Bedarf in unterschiedlichen Stadtteilen mitunter stark voneinander abweicht. Ein Indikator dafür war beispielsweise die Zahl der Schüler:innen mit sonderpädagogischen Unterstützungsbedarf in allgemeinen Schulen. Diese liegt in einzelnen inklusiven Schulen in Kempten durchaus höher als in anderen, so dass es sinnvoll ist, die Ressourcen schwerpunktmäßig an diese Schulen zu geben. Für die Zukunft ist geplant, hier noch stärker über Sozialindices öffentliche Mittel zuzuweisen, so dass auch die sozialräumlichen Merkmale des jeweiligen Stadtteils mit in die Überlegungen einbezogen werden können (z.B. Familiengrößen, Empfänger:innen von öffentlichen Transferleistungen, Bebauungsdichte). Durch die enge Kooperation in der Steuergruppe ist es in Kempten gelungen, die Zahl der Schüler:innen mit sonderpädagogischem Unterstützungsbedarf im Sonderpädagogischen Förderzentren wirksam zu senken und deren Inklusion in der allgemeinen Schule zu befördern. In Kempten gibt es in jeder Grund- und Mittelschule auch sonderpädagogische Lehrkräfte, die dort die Inklusionsentwicklung unterstützen.[4]

Wenn sich Inklusion also über Bildungsinstitutionen hinaus in die Region hinein weiterentwickeln soll, so ist dazu eine *dialogische Kooperation* erforderlich. Sie zeichnet sich durch Offenheit für die gestellten Inklusionsaufgaben aus, d.h. die Beteiligten sollten sich darauf einlassen können, dass sie nicht von vornherein das Ergebnis vor Augen haben. Dieses muss vielmehr erst gemeinsam gefunden werden. Dabei ist also eine große Bereitschaft zu gemeinsamer schöpferischer Gestaltung (*Ko-Kreativität*) vonnöten. Außerdem ist ein hohes Maß an Empathie gefordert, damit sich die Beteiligten in ihr jeweiliges Gegenüber hineinversetzen. Erst auf diese Weise können die unterschiedlichen Perspektiven zutage treten und gleichberechtigt zur Sprache kommen.[5] Es ist immer wieder hilfreich, sich dabei aus der Perspektive des Gegenübers sehen zu lernen. Das ist zweifellos ein hoher Anspruch, der nicht immer umgesetzt werden kann. Aber wenn wir immer wieder erleben, dass gerade institutionenübergreifende Kooperationen misslingen (z. B. zwischen Schule und Kinder- und Jugendhilfe), dann sollten wir einmal über mögliche Ursachen und Veränderungsmöglichkeiten nachdenken. Konkurrenz zwischen den Beteiligten steht dem Anspruch auf Zusammenarbeit jedenfalls entgegen. Wir benötigen vielmehr konkurrenzarme Beziehungen zwischen den Akteur:innen. Dazu ist es erforderlich, dass informelle Beziehungen gepflegt werden, z. b. beim gemeinsamen Kaffeetrinken, beim Treffen in der Mittagspause sowie bei Festen und Feiern. Diese Form der Geselligkeit bildet das Klima, in dem mehr regionale Gemeinschaft entsteht. Das kann durchaus in Ritualen passieren, die regelmäßig gepflegt werden und gleichwohl den ungezwungenen Charakter der offenen Begegnung bewahren. Diese Form der Kooperation kann nicht von oben nach unten verordnet werden. Sie muss von unten nach oben in der Region wachsen. Sie ist auf das Engagement der Beteiligten angewiesen, auf ihre Bereitschaft auf andere zuzugehen.

In kleinen Netzen denken

Wenn es gelingt, Kooperation nachhaltig zu etablieren, dann entstehen im günstigsten Fall soziale Netzwerke. Damit sind zunächst einmal nur die Beziehungen zwischen den relevanten Akteur:innen gemeint[6] – in unserem Fall diejenigen, die inklusive Prozesse in der Region anstoßen und begleiten. Bei genauerem Hinsehen zeigt sich jedoch, dass die Netzwerkkontakte nicht als hierarchische Steuerung im Sinne von *government* funktionieren, also nicht von oben nach unten. Vielmehr sind Netzwerkkontakte kooperativ auf gleicher Ebene miteinander verknüpft im Sinne von *governance*, wachsen also von unten nach oben.

Das Netzwerkkonzept geht auf den Soziologen GEORG SIMMEL (1858–1918) zurück. Er hat deutlich gemacht, dass Menschen stets in soziale Kreise (wie Familie, Beruf, Freunde) eingebunden sind. Kinder und Jugendliche wachsen in diese verschiedenen sozialen Kreise hinein und erfahren sich so als Bestandteil der sie umgebenden Kultur. Netzwerke entstehen in dieser Vorstellung dann, wenn sich die sozialen Kreise, denen eine Person angehört, kreuzen bzw. annähern.[7] Netzwerke können aber nicht nur aus der Perspektive einer einzelnen Person betrachtet werden. Erst die Beziehungen in einem Netzwerk ermöglichen die Betrachtung der Gesamtstruktur. Der Physiker FRITJOF CAPRA geht sogar so weit, das Muster des Lebens als »Netzwerkmuster« zu bezeichnen, das sich selbst organisiert.[8]

In unserem Land werden gerade die Verbindungen zwischen verschiedenen Lebensbereichen (*settings*) und die Übergänge zwischen ihnen als krisenhaft und risikoreich beschrieben (z. B. der Schuleintritt von Kindern). Der amerikanische Entwicklungspsychologe URIE BRONFENBRENNER (1917–2005) betrachtet jedoch diese Übergänge und Verbindungen zwischen Lebensbereichen als entwicklungsfördernd. Je mehr Wechselbeziehungen zwischen Lebensbereichen es gibt, um so mehr wird die Entwicklung eines einzelnen Menschen gefördert, insbesondere bei Kindern und Jugendlichen. Diese Verbindungen zwischen Lebensbereichen nennt BRONFENBRENNER soziale Netzwerke. Sie können auf direkten persönlichen Kontakten beruhen. Sie können aber ebenso vermittelt über andere Personen, also indirekt bestehen. In jedem Fall ist es von Vorteil für die Förderung von Entwicklung, wenn es Kommunikation zwischen Lebensbereichen gibt und Kenntnisse über verschiedene Lebensbereiche vorhanden sind. Entstanden ist diese Netzwerkidee, weil BRONFENBRENNER sich mit den mangelnden Langzeiteffekten der intensiven Förderung von sozial benachteiligten Kindern im Alter vor dem Schuleintritt beschäftigt hat (*Headstart*-Projekt in den USA). Bei genauerem Hinsehen war der große Fehler in der ersten Phase des Projektes, dass die Eltern der sozial benachteiligten Kinder nicht in das Projekt einbezogen worden sind. Auf diese Weise konnte keine Verbindung zum Lebensbereich der Kinder außerhalb des Programms aufgebaut werden. Die kurzfristigen Fördereffekte des Programms verpufften nach kurzer Zeit wieder.[9]

Gelingt es einer Gemeinschaft, ein dichtes Kommunikationsnetzwerk zu schaffen, so ist sie eher in der Lage, sich zu einem lernenden System zu entwickeln. Solche Netzwerke lernen gemeinsam aus Fehlern. Netzwerke umfassen stets eine begrenzte Anzahl von mehr als zwei Akteur:innen, die untereinander in mehr oder weniger enger Beziehung (*tie*) stehen. Sie bilden Knotenpunkte, wenn soziale Beziehungen besonders dicht werden. Insgesamt muss man sich Netzwerke als Beziehungsgeflecht vorstellen. In der inklusiven Region Kempten haben die Schulen hier eine besondere beziehungsstiftende Rolle gespielt.

Die Reichweite von Netzwerken hängt vom jeweiligen Rahmen ab. Eine Schulklasse entspricht einem überschaubaren Netzwerk im Vergleich zu einer ganzen Kommune. Kempten ist mit fast 70.000 Einwohnern keine Kleinstadt mehr. Aber trotzdem ließ sich hier eine besondere Dichte der Kontakte zum Thema Inklusion rasch herstellen. In flächenmäßig größeren Landkreisen müssen hier möglicherweise dezentralere Strukturen geschaffen werden. Sich zu vernetzen bedeutet nun schlicht, sich miteinander in Beziehung zu setzen und diese Beziehung in einer gewissen Regelmäßigkeit zu pflegen. Dabei sind die eher informellen Kontakte als lockere Verbindungen (*weak ties*) von den institutionell abgesicherten Kontakten mit größeren Organisationen (wie der Stadtverwaltung) als starke Verbindungen (*strong ties*) zu unterscheiden. Im Zusammenwirken dieser unterschiedlichen Qualität von Verbindungen in regionalen Netzwerken liegt das Geheimnis der »lernenden Regionen«.[10]

In inklusiven Regionen hat sich nun gezeigt, dass überschaubare Einheiten gerade beim Start von Vorteil sind. Das altbekannte Motto des Ökonomen ERNST F. SCHUMACHER (1911–1977) trifft hier ebenfalls zu: »*Small is beautiful.*« Kleine Einheiten ermöglichen unmittelbare Kommunikation und eine Kooperation der kurzen Wege. Hier kann wie nebenbei Vertrauen in die Zusammenarbeit entstehen. Größere Organisationen, so das Argument von SCHUMACHER, zerfallen früher oder später in kleinere Strukturen, weil diese einfach dem »menschlichen Maß« eher entsprechen, d. h. unserem Bedürfnis nach Zugehörigkeit und direktem Kontakt zu anderen entgegenkommen.[11] Insofern ist es für die Entwicklung der Inklusion auf kommunaler Ebene durchaus sinnvoll, solche kleinen Netze der direkten Kommunikation zu schaffen. Wollen wir also inklusive Entwicklungen über Institutionen hinaus in die Region tragen, so tun wir gut daran, in Netzen denken und handeln zu lernen.

Inwieweit wir bereits auf eine Netzwerkgesellschaft (*network society*) zusteuern, in der flexible und wechselnde Kontakte neben die gewachsenen Strukturen von Familien, Verwandtschaft und Nachbarschaft treten, ist derzeit noch eher eine ungelöste Zukunftsfrage.[12] In jedem Fall gilt, dass sich in unserer modernen Gesellschaft einheitliche, homogene Räume besonders im städtischen Umfeld immer mehr auflösen. Der unmittelbar umgebende Raum macht zunehmend fließenden Netzwerkstrukturen Platz. Verstärkt wird diese Tendenz sogar noch durch die Digitalisierung, die zusätzlich virtuelle Vernetzungen ermöglicht.[13] Auch inklusive Regionen werden diesen netzwerkartigen Kontakten Tribut zollen müssen.

Der sozialräumliche Blick

Bei all diesen inklusiven Entwicklungen in der Region hat sich die gemeinsame handlungsleitende Idee der *Sozialraumorientierung* als hilfreich erwiesen. Ursprünglich aus der sozialpädagogischen Praxis heraus entstanden, handelt es sich hier im Grunde um eine Weiterentwicklung der Gemeinwesenarbeit.[14] Der Sozialraum wird durch das unmittelbare Wohnumfeld gebildet, in dem das alltägliche Leben von Menschen stattfindet. Aus der Sicht des einzelnen Menschen lassen sich Zentrum und Nahraum sowie ein größerer Bereich wie die Kommune bzw. die Stadt unterscheiden. Sozialraumorientiertes Handeln von pädagogischen Fachkräften sollte sich nun an den Interessen der Menschen ausrichten und die konkret vorhandenen (äußeren und inneren) Ressourcen in den Blick nehmen. Ziel ist dabei, besser und intensiver zusammenzuarbeiten und die jeweiligen Arbeitsfelder besser zu koordinieren.[15]

Für inklusive Bildungseinrichtungen bedeutet dies, dass sie bereit sein müssen, sich für den Sozialraum zu öffnen und Akteur:innen aus dem Sozialraum hereinzulassen. Umgekehrt sind sie aber ebenfalls aufgefordert, mit Kindern und Jugendlichen den Sozialraum zu erkunden. Letztlich geht es um die Entwicklung standortbezogener Einrichtungskonzepte in Kindertageseinrichtungen und Schulen. Auf diesem Weg wird das übergreifende Ziel einer Stärkung der Selbstgestaltungskräfte im Sozialraum erreichbar. Dazu ist es erforderlich, dass die Ressourcen stärker sozialraumorientiert organisiert werden (z.B. in Form von Sozialraumbudgets).[16]

In Schulen wird mit dem Konzept der Sozialraumorientierung sicher noch Neuland betreten. Lehrkräfte können beispielsweise durchaus eine Fülle von Kooperationspartner:innen außerhalb der inklusiven Schule benennen, wie Sozialarbeiter:innen, Therapeut:innen, sonderpädagogische Lehrkräfte und viele mehr. Die Vernetzung mit dem Sozialraum ist aus ihrer Sicht jedoch noch in den Anfängen und keineswegs institutionalisiert im Sinne fester Ansprechpartner:innen und gewachsener Strukturen. Insofern wird die Nachhaltigkeit dieser externen Kooperation außerhalb der Schule noch kritisch eingeschätzt. Aber besonders gravierend erscheint die mangelnde personelle Absicherung in diesem Bereich.[17]

Inklusive Regionen zeichnen sich nun vor dem Hintergrund der Erfahrungen in der Kemptener Modellregion zusammenfassend durch eine Reihe von Merkmalen aus. Die beteiligten Akteur:innen haben hier die Verantwortung für die Inklusionsentwicklung im Gemeinwesen übernommen. Sie sind also nicht etwa nur in den Bildungseinrichtungen tätig, sondern darüber hinaus ebenso in der Kommune. Bildungs- und Unterstützungsangebote sind eng vernetzt worden, wodurch sich Synergieeffekte beim Einsatz von Ressourcen ergeben (z. B. Verwendung der eingesparten Mittel aufgrund der sinkenden Zahl von stationären Unterbringungen für präventive Projekte). Das ist nur möglich durch eine enge Kooperation zwischen Kommune, Schulen sowie Kinder- und Jugendhilfe. Die Ressourcenzuweisung erfolgt systemisch, um Etikettierungen zu vermeiden, d. h., die Ressourcen werden pauschal zugewiesen und innerhalb der Kommune verteilt. Und es werden neue Modelle der Ressourcenvergabe innerhalb der Kommune nach dem Grundsatz »Ressourcen für Konzepte« und nicht »Ressourcen nach dem Giesskannenprinzip« entwickelt. Alle Akteur:innen bemühen sich gemeinsam stets, inklusive Potenziale in der Kommune aufzuspüren und so Barrieren, die der Inklusion im Wege stehen, weiter abzubauen.

Provokation 6: Wir dürfen nicht darauf warten, dass uns Ressourcen für inklusive Entwicklungen bereitgestellt werden, wir müssen die Ressourcen in der jeweiligen Region aktiv und kooperativ erschließen.

7 Kreative Gesellschaft mitgestalten!
Inklusive Kulturen

I wie Individualisierung oder:

»Inklusion bedeutet, dass jeder Mensch zum richtigen Zeitpunkt am richtigen Ort und so, wie er, ist einfach richtig ist!«

Bill Shannon läuft an Krücken und benutzt gern ein Skateboard, um sich fortzubewegen. Ein Hüftleiden schränkt ihn in seiner Bewegungsfähigkeit ein. Das hindert ihn jedoch nicht daran, eine eigene Tanztechnik im Bereich Breakdance zu entwickeln. Damit ist er so erfolgreich gewesen, dass der »Cirque de Soleil« ihn engagieren wollte. Das wollte Bill aber nicht selbst übernehmen. So hat er einem Artisten vermittelt, wie man mit Krücken tanzen kann. Ganz nebenbei kreiert Bill dadurch eine eigene Bewegungsästhetik, die völlig neue Bewegungsabläufe beinhaltet. Und wieder zeigt sich, dass Tanzen eine Art Kommunikation ist. Sein Motto lautet: Jeder Mensch hat Krücken, einige sind sichtbar, andere nicht. Bill bewegt sich mit Krücken und Skateboard völlig selbstständig im öffentlichen Straßenverkehr und scheut sich nicht, direkt auf der Straße unmittelbar neben den Autos zu fahren.[1]

In der Kunst zeigt sich ebenfalls eine inklusive Kraft. Ich war im Italien-Urlaub in Verona zu Besuch. Kurz hinter dem Eingang zur Altstadt auf der *Piazza Brà* stand eine riesige, etwa zehn Meter hohe weiße Skulptur. Sie zeigt eine nackte schwangere Frau ohne Arme. Wie ich herausfand, handelte es sich bei der Frau um die englische Künstlerin ALLISON LAPPER. Besonders bekannt geworden ist sie durch diese Skulptur mit dem Titel *Allison Lapper Pregnant* von MARC QUINN. Von 2005 bis 2007 befand sich diese Skulptur aus Carrara-Marmor auf dem *Trafalgar Square* in London. Eine der dort aufgestellten Säulen, auf denen berühmte britische Staatsbürger:innen stehen, wird mit wechselnden Skulpturen versehen. In der Eröffnungszeremonie der Paralympischen Spiele 2012 wurde eine Nachbildung der Skulptur gezeigt. 1999 bekam ALLISON LAPPER ihren Sohn Parys, den sie allein erziehen wollte. Sie ist bildende Künstlerin und hat einen Abschluss der *University of Brighton*. Sie malt mit dem Mund.[2]

Das Beispiel der Skulptur *Allison Lapper Pregnant* zeigt, dass Kunst unsere Wahrnehmung verändern kann. Es war unmöglich, die Skulptur in Verona zu übersehen. Passant:innen wurden gezwungen hinzusehen. Genau dadurch kann sich unser Blick auf Behinderung verändern. Und zusätzlich wirkt es sicher für viele Betrachter:innen äußerst ungewöhnlich, dass hier eine schwangere Frau gezeigt wird. Wie ist das möglich, werden sich sicher einige gefragt haben: Sollten Frauen mit Behinderung Kinder bekommen? Erst recht kommen Zweifel auf, wenn bekannt wird, dass ALLISON LAPPER für ihren Sohn als Mutter allein da sein wollte. Kunst kann Irritationen bewirken, eingeschliffene Sehweisen aufbrechen und für neue Erfahrungen aufgeschlossen machen. Deshalb ist es so wichtig, dass Künstler:innen mit Behinderungen in der Öffentlichkeit sichtbar sein können. Das gilt für Musik, bildende Kunst, Kabarett sowie Film, Theater und vieles mehr.

Musik und Tanz als Sprache?

Wir alle kennen das Gefühl der Gemeinschaft bei Konzerten, beim Hören von Musik. Noch erstaunlicher ist es jedoch, wenn Musiker:-

innen zusammenspielen und sich unabhängig von Noten und Partituren in der Improvisation sprachlos verständigen können. Musik ist offenbar der direkte Weg zu den Gefühlen von Menschen – sowohl bei Musizierenden als auch bei Zuhörenden.

> In einer Klasse eines Sonderpädagogischen Förderzentrums in München-Nord sitzen 15 Schüler:innen zusammen. Sie kommen aus Griechenland, der Türkei und dem ehemaligen Jugoslawien und sind erst seit kurzem in Deutschland. Die Schüler:innen sprechen kein Deutsch. Die Lehrkaft, Susanne Korbmacher, spielt ihnen das Lied »Engel« von Marius Müller-Westernhagen vor. Alle hören aufmerksam zu. Sicher versteht niemand den Text des Liedes. Aber alle verstehen die Stimmung, die die Musik verbreitet. Für einen kurzen Moment entsteht hier eine Gemeinschaft in der Sprache der Musik. Zum Glück spricht die Lehrkraft etwas Griechisch und Türkisch und kann so den Inhalt des Liedes nun ein wenig erläutern.

Diese Erfahrung aus ihrer schulischen Arbeit hat SUSANNE KORBMACHER in ihr ehrenamtliches Engagement in der Freizeit übernommen. In ihrem »Lichttaler-Projekt« bietet sie Jugendlichen aus dem sozialen Brennpunkt Hasenbergl im Münchener Norden eine Möglichkeit, ihre kreativen Fähigkeiten auszuleben.[3] Im Kinder- und Jugendzentrum »Der CLUB« kommen nachmittags Kinder und Jugendliche aus dem Stadtteil zusammen, um gemeinsam zu tanzen, zu singen und zu trommeln. Einige Jungen verfügen z. B. über erstaunliche Fähigkeiten im Bereich des Tanzens. Sie geben »Breakdance«-Kurse und führen andere Jugendliche in ihre akrobatischen Tanzbewegungen ein. Auf dem Kopf stehend drehen sie sich noch im Kreis oder bewegen sich auf einen Arm gestützt, die angewinkelten Beine in die Luft gestreckt, zur Hip-Hop-Musik. Oder sie geben Gesangsstunden, weil sie eine wunderbare Stimme haben. Dafür bekommen sie »Lichttaler«, eine eigene Währung. Das berechtigt sie z. B. zum Besuch eines Englisch-Kurses oder einer Mathe-Nachhilfe. Dies soll wiederum die Voraussetzungen schaffen, dass sie den Abschluss der Mittelschule erreichen. All diese Fähigkeiten aus der Musik der Jugendlichen, sei es Tanzen, Singen oder Trommeln, haben in der heutigen Schule offenbar wenig bis gar keine Bedeutung. Aber die Sterntaler-Angebote holen die Jugendlichen da ab, wo sie stehen. Sie nehmen ihre außerordentlichen Fähigkeiten ernst. Und dann wollen die Jugendlichen plötzlich selbst mehr. Durch eine Spende ist es möglich, einen professionellen Musik-Clip aufzunehmen. »SchlagZeilenLife« heißt der von den Jugendlichen selbst geschriebene Rap. Mit einem professionellen Komponisten wird das Stück musikalisch umgesetzt und publiziert. Auch wenn sie im Prozess bis zum fertigen Ergebnis mit vielen Selbstzweifeln zu kämpfen haben, wollen sie doch, dass es gut wird. Mit Unterstützung gelingt es ihnen schließlich, einen professionell produzierten Song zu gestalten.

Die Arbeit von ROYSTON MALDOOM, ein englischer Tänzer und Choreograph, mit sozial benachteiligten Kindern und Jugendlichen in seinen weltweiten Tanzprojekten zeigt ebenfalls das vielfach unbekannte Potenzial, das in ihnen steckt. In der von ihm begründeten *Community-Dance*-Bewegung sind alle willkommen, unabhängig von Geschlecht, Fähigkeiten sowie sozialer und kultureller Herkunft. Zugleich legt er professionelle Maßstäbe an seine Choreographien an.[4] Nur so ist es zu erklären, dass es ihm gelingt, beispielsweise gemeinsam mit den Berliner Philharmoniker:innen unter der Leitung von SIR SIMON RATTLE im Jahre 2003 das Ballett »Le sacre de Printemps« von IGOR STRAWINSKY zusammen mit 250 Kindern und Jugendlichen aus 25 Nationen in der Arena Treptow in Berlin aufführen zu können. In dem Dokumentarfilm »Rhythm is it«, der 2005 den Deutschen Filmpreis erhält, wird der Weg der Proben bis zur Aufführung nachgezeichnet. Nach anfänglichen Zweifeln und Problemen mit der Probendisziplin erfahren die Jugendlichen durch die öffentliche Aufführung eine ungeheure Stärkung ihres Selbstbewusstseins. Sie haben neue Fähigkeiten in sich entdeckt, von denen sie selbst teilweise noch nichts wussten.[5] Der gemeinsame Tanz eröffnet ihnen ein Mittel der Verständigung jenseits der Lautsprache.

Auf der internationalen Bühne sind Musiker:innen mit Behinderung nach wie vor unterrepräsentiert oder in der Öffentlichkeit überhaupt nicht bekannt. In den Orchestern in der Schweiz beispielsweise gibt es gar keine Musiker:innen mit Behinderung.[6] Karriere machen trotzdem einzelne Personen. So ist die schottische Percussionistin EVELYN GLENNIE inzwischen international gefragt, wird zu Konzerten eingeladen und hat CDs herausgebracht. Sie ist zwar hörend geboren worden, hat aber ihr Gehör bereits in der Kindheit weitgehend verloren. Sie nimmt die Musik über Vibrationen wahr.[7] Der Bariton THOMAS QUASTHOFF hat den internationalen Durchbruch ebenfalls geschafft. Er schildert in seiner Autobiographie seinen Werdegang hin zu einem weltbekannten professionellen Liedsänger. Besonders geschätzt wird seine samtene Baritonstimme. Er gehört zu den Menschen, die seinerzeit durch das Beruhigungsmittel Contergan geschädigt wurden. Er kommt ohne Arme und Beine auf die Welt und mit nur vier Fingern an der rechten sowie drei Fingern an der linken Hand. QUASTHOFF ist einen Meter und 32 Zentimeter groß. Ein Musikstudium wird ihm verwehrt, weil er nicht Klavier spielen könne. Heute werden seine CDs erfolgreich verkauft, er hat viele Auszeichnungen erhalten und er lehrt als Professor für Gesang. Der Weg dahin ist wie so häufig mit dem Kampf gegen Ausgrenzung und bürokratische Widerstände verbunden. Da er bei Konzerten in der Regel der Kleinste ist, betritt er die Bühne immer als Erster. Er will die Situationen, in denen er anderen Menschen begegnet, selbst definieren. Er benötigt ein Podest, damit er auf gleicher Höhe mit dem Dirigenten sein kann, wenn er mit Orchestern musiziert. Von den 18 Monaten in der Gipsschale und der Prognose der Ärzte, dass er nie werde gehen können, bis zu seinem ersten Konzert in New York mit den New Yorker Philharmoniker:innen ist es ein weiter Weg. Dazwischen liegt einen »Schienenschellenapparat« und die Zuversicht und Unterstützung seiner Eltern, die es ihm letztlich doch ermöglicht laufen zu lernen, sehr zur Verwunderung des behandelnden Arztes. Und er wehrt sich bis heute dagegen, wenn bei der Ankündigung seiner Konzerte seine Behinderung in den Vordergrund gestellt wird. In Deutschland gebe es 80 Millionen Menschen mit Behinderung, so betont er, ihm sehe man die Behinderung nur an. Er möchte, dass allein seine Stimme zählt, so wie er es bereits im Schulchor erlebt hat, als Gleicher und Gleichen anerkannt zu sein.[8]

Erst durch die Fernsehsendung »Willemsens Woche« von ROGER WILLEMSEN einer breiten Öffentlichkeit in Deutschland bekannt geworden, blickte der Pianist MICHEL PETRUCCIANI (1962–1999) bereits auf eine Karriere als Jazz-Musiker zurück. Er wusste, dass sein Leben kurz sein würde. Seine Glasknochen-Krankheit beschert ihm eine »Leben gegen die Zeit«, wie es in dem Dokumentarfilm über ihn heißt.[9] Vermutlich hat er deshalb so gelebt, als käme es auf jede Sekunde an. Aufgrund der Krankheit wurde er nur etwa einen Meter groß und erlitt zahlreiche Knochenbrüche. Sogar bei Konzerten passiert ihm das, und er spielte trotzdem weiter. Gleichwohl ermöglichen ihm seine kräftigen Finger Klavier zu spielen, und er begeistert mit seiner Musik ein großes Publikum. Er spielt mit all seinen Jazz-Held:innen auf der ganzen Welt und erhält zahlreiche Auszeichnungen. Schließlich findet er den Mut zu eigenen Kompositionen, wobei ihm seine speziell geformten Hände ein unverwechselbares Klavierspiel ermöglichen. Da er sich selbstständig nur an zwei Krücken fortbewegen kann, wird er häufig von Freund:innen, Musikkolleg:innen oder seinen Lebensgefährt:innen getragen. Die Welt sei nicht für kleine Menschen gemacht, stellt er einmal kritisch fest. Trotzdem führt er ein normales Leben, heiratet und wird Vater eines Sohnes, der die Glasknochenkrankheit von ihm erbt. Selbstverständlich weiß er, dass er anders ist als andere Menschen. Aber das gelte schließlich für alle Menschen, so hat er immer wieder festgestellt. Er wolle gern außergewöhnlich sein.

Und meist entsteht dabei eine eigene Ästhetik. So wie bei CAROLINE RHOMBERG, der ihr behandelnder Arzt bereits in ihrem ersten Lebensjahr beschied, dass sie keine Tänzerin werden würde. Die medizinische Diagnose lautet seinerzeit »Cerebralparese« und verhindert, dass Caroline jemals selbstständig stehen oder laufen könnte. Sie sitzt im Elektro-Rollstuhl, den sie mit einer Art *Joystick* selbst steuern kann. Gleichwohl setzt sie sich in den Kopf zu tanzen. Sie geht zu Tanzworkshops und arbeitet mit professionellen Tänzer:innen zusammen. Dabei beginnt das eigene Tanzen für sie in der Regel am

Boden. Doch besonders genießt sie es, wenn sie beim *Pas-de-deux* vom Boden abheben kann und ihr Tanzpartner sie durch die Luft wirbelt. Das ist für sie ein Gefühl wie fliegen, so wie bei ihrem ersten Atlantik-Flug auf dem Weg zu Tanz-Workshops in den USA. Schließlich entwickelt sie eigene Choreographien und Solo-Projekte. Dadurch, dass sie in der Lage ist, ihre Gelenke in sämtliche Richtungen zu bewegen, entsteht hier eine eigene Bewegungsästhetik. Auf diese Weise erweitert CAROLINE RHOMBERG das Repertoire an Bewegungsmöglichkeiten im *Modern Dance* sogar.[10]

Bildet Kunst?

»Fähigkeiten!« hieß eine Ausstellung in der Sammlung Würth in Künzelsau (Baden-Württemberg) im Jahre 2023. Gezeigt wurden circa 140 Werke von 50 besonderen Künstler:innen, wie es im Ausstellungskatalog heißt. Dem Sammlerehepaar CARMEN und REINHOLD WÜRTH ging es darum, die besonderen Sichtweisen von Menschen mit Behinderung zu zeigen, die sich künstlerisch betätigen. Über 450 Werke von etwa 125 Künstler:innen mit Behinderung haben bislang Eingang in die Sammlung Würth gefunden.[11] In den Gemälden, Skulpturen und Objekten der Ausstellung kommt die eigene Erfahrungswelt der Künstler:innen zum Ausdruck. Sie erinnern in vielem an das Credo der expressionistischen Kunstbewegung Anfang des 20. Jahrhunderts, in der bildenden Kunst einen unmittelbaren Ausdruck der eigenen Gefühle und Erfahrungen zu suchen. Nicht ohne Grund ließen sich viele expressionistische Maler:innen von der Kunst der Naturvölker inspirieren. Voraussetzung für das künstlerische Schaffen von Menschen mit Behinderung sind die vielerorts entstandenen Kunstwerkstätten und Ateliers, die ihnen professionelle Arbeitsmöglichkeiten bieten. Die Ausstellung »Fähigkeiten!« veranschaulichte einmal mehr die weithin bekannte Aussage von JOSEPH BEUYS: »Jeder Mensch ist ein Künstler.«[12] Wir haben alle ein kreatives Potenzial in uns. Und das gilt auch für Menschen mit einer Behinderung aufgrund eingeschränkter kognitiver Fähigkeiten (sog. »geistige Behinderung«). Dieses Potenzial gilt es zu erschließen. Aufmerksam auf diesen Zusammenhang gemacht hat bereits der Heidelberger Psychiater HANS PRINZHORN (1886–1933). Im Jahre 1922 erschien sein bahnbrechendes Werk »Die Bildnerei der Geisteskranken«.[13] In der Sammlung Prinzhorn der Heidelberger Universität ist es seit 2001 gelungen, Zeugnisse dieser Kunst bis heute der Öffentlichkeit in einem eigenen Museum zugänglich zu machen. Auch hier bildet die Kunstbewegung des Expressionismus eine der Voraussetzungen dafür, dass PRINZHORN im Jahre 1919 beginnt, systematisch Kunst von seinerzeit sog. »Geisteskranken« zu sammeln. Er sieht in den Kunstwerken den Ursprung des künstlerischen Ausdrucks, weil die eigenen Gefühle der Künstler:innen im Mittelpunkt ihres künstlerischen Schaffens stehen. Als er 1921 die Heidelberger Universität verlässt, verzeichnet die Sammlung bereits 4850 Werke von 450 Patient:innen.[14] Ziel ist die Ent-Stigmatisierung von Psychiatrie-Patient:innen. PRINZHORN wollte die Patient:innen hinter den Kunstwerken als Personen sichtbar machen und so den Blick der Psychiater:innen auf ihre Patient:innen erweitern. Diese Arbeit sah sich in den Nazi-Zeit erheblicher Gefährdung ausgesetzt. Nur durch Übernahme einiger Exponate in die Nazi-Wanderausstellung »Entartete Kunst« von 1938 bis 1941 konnte die Sammlung – Ironie der Geschichte – wohl gerettet werden. In der Nachkriegszeit führt die Sammlung lange Zeit ein Schattendasein, bis es nach einigen Ausstellungs- und Restaurierungsprojekten im Jahre 2001 gelingt, ein eigenes Museum im historischen Hörsaalgebäude der Neurologie in der Heidelberger Universität einzurichten. Die mittlerweile auf über 30.000 Exponate angewachsene Sammlung erfreut sich nunmehr in Verbindung mit den Kunstrichtungen der *Art brut* eines JEAN DUBUFFET (1901–1985) und der *Outsider Art* einer wachsenden Wertschätzung. Die Sammlung Prinzhorn trägt so zur Inklusion von Menschen mit Psychiatrieerfahrungen bei. Dabei gehört es mittlerweile zum Konsens im Fach, sich vom Krankheits- und Störungsbegriff zu verabschieden. Psychosen werden gegenwärtig mehr als Form der »Krisenverarbeitung«

von Menschen betrachtet. Dazu vermag die künstlerische Produktion beizutragen.¹⁵

Der gegenwärtig bedeutendste europäische Kunstpreis EUWARD im Bereich *Art brut* wird von der Münchener Stiftung Augustinum für »Kunst im Kontext geistiger Behinderung« seit dem Jahre 2000 vergeben. Zunächst und später wieder im Münchener Haus der Kunst untergebracht wird die Ausstellung der 21 nominierten Künstler:innen im Jahre 2014 im Buchheim-Museum in Bernried am Starnberger See gezeigt. Der Schauspieler EDGAR SELGE, Schirmherr des Kunstpreises, sagt in seinen einleitenden Worten: »Wir sind es, die uns hier begegnen. Die vergessene Bedrohlichkeit unserer Existenz.«¹⁶ Und der Leiter des »Ateliers hpca« im Heilpädagogischen Centrum Augustinum (HPCA) in München, der Kunstpädagoge KLAUS MECHERLEIN, betont, wie Kunst einen Raum für Inklusion eröffnen kann. Kunst hebt Grenzen auf, auch die eigenen. Kunst ist für ihn der Weg zu einer inklusiven Gesellschaft.¹⁷ Spätestens dann geht es aber nicht mehr nur um den künstlerischen Schaffensprozess. Dann wird Kunst zu einem sozialpolitischen Programm. Beim Betrachten der Ausstellungsexponate bin ich ein ums andere Mal aus dem Staunen nicht herausgekommen. Und wieviel Selbstbewusstsein gehört dazu, wenn MICHAEL GOLZ beispielsweise mit seiner »Athoslandkarte« den Boden eines riesigen Ausstellungsraumes im Buchheimmuseum füllt, um mitten auf seiner Landkarte sitzend einfach weiterzumalen mit dem Ziel, das größte Kunstwerk der Ausstellung zu schaffen?!

Humor inklusive?

Darf über Menschen mit Behinderung gelacht werden? Offen gestanden wäre es mir lieber, wenn mit ihnen gelacht wird. Wenn sie andere zum Lachen bringen, dann verunsichert das immer noch. Das ist u. a. zu erleben in den Programmen von Kabarettist:innen mit Behinderung.

7 Kreative Gesellschaft mitgestalten! *Inklusive Kulturen*

In einer Lehrkräftefortbildung, an der ich beteiligt war, trat vor einiger Zeit der Kabarettist Rainer Schmidt auf. Sein aktuelles Programm hieß seinerzeit »Däumchen drehen«. Er ist evangelischer Pfarrer und war Dozent am Pädagogisch-Theologischen Institut in Bonn. Das Femur-Fibula-Ulna Syndrom ist die Ursache dafür, dass ihm beide Unterarme fehlen und ein Oberschenkel kürzer ist. Zum Auftakt fragte er die etwa 100 anwesenden Lehrkräfte, was er ihrer Meinung nach nicht gut könne. »Klavierspielen«, rief jemand aus dem Publikum. Die Gegenfrage von Rainer Schmidt lautet prompt: »Wie viele von Ihnen hier im Raum können Klavier spielen?« Es zeigten nur ein paar Vereinzelte auf. »Damit kann ich leben!«, stellte Schmidt fest. Er ist ein begnadeter Tischtennisspieler, hat bei den Paralympics vier Mal die Goldmedaille gewonnen, ist sechs Mal Weltmeister und neun Mal Europameister gewesen. Sein Lebensmotto lautet: »Lieber Arm ab als arm dran.«[18]

Humor ist die Fähigkeit, mit dem eigenen Leben souverän umzugehen und sich selbst auf den Arm nehmen zu können. Insofern sind in humorvollen Bemerkungen immer das Selbst und die Anderen anwesend. »Humor ist, wenn man trotzdem lacht!« Dieses Sprichwort scheint für Menschen mit Behinderung ganz besonders zu gelten. An Lebensgeschichten von Menschen mit Behinderung kann man dies häufig nachvollziehen. In der Regel wird Behinderung mit Leid und Niedergeschlagenheit gleichgesetzt. Aber Menschen mit Behinderung sind sehr wohl in der Lage, über sich selbst zu lachen. »Warum soll ich laufen, wenn ich auch fahren kann?«, fragte mich ein Rollstuhlfahrer einmal. Humor kommt hier auch ein wenig als trotzige Annahme der eigenen Lebenssituation zum Ausdruck. Die heitere Gelassenheit, mit der Humor von der Wortbedeutung her gleichgesetzt wird, vermag offenbar zur Bewältigung der nicht immer leichten Lebenssituation beizutragen.

Das ist ebenfalls der Tenor der Arbeiten von PHIL HUBBE, der »behinderte Cartoons« zeichnet. Er kommentiert damit seine eigene Lebenssituation. 1988 erhielt er die Diagnose »Multiple Sklerose«.

Humor inklusive?

Inzwischen hat er mehr als zehn Bücher mit seinen Cartoons veröffentlicht, arbeitet für viele Tageszeitungen und gibt jedes Jahr den Kalender »Handicaps« heraus. Er wurde mehrfach für seine Arbeit ausgezeichnet. In seinen Cartoons spart er nicht mit Kritik bezogen auf den Umgang mit Menschen mit Behinderung. Dabei bleibt einem als Leser nicht selten das Lachen im Halse stecken. »Schlimm, so an den Rollstuhl gefesselt zu sein.« Das steht in der Sprechblase zu einer Zeichnung mit zwei älteren Damen, die sich über den Anblick eines Rollstuhlfahrers erschüttert zeigen. Dieser ist wortwörtlich mit einem Seil an den Rollstuhl gefesselt und hat ein rotkariertes Taschentuch um den Mund gebunden. Behinderung ist häufig im Auge der Betrachter:innen, so können wir aus diesem Cartoon wohl lernen.[19] Karikatur darf und muss übertreiben und zuspitzen und so zum Nachdenken anregen. »Ich muss draußen bleiben.« So steht es auf dem Schild an der Hauswand neben der Eingangstür zu einem Gebäude. Und der daneben angeleinte Hund fragt den Rollstuhlfahrer neben ihm: »Du auch?« Damit ist die heutige Situation von Menschen mit Behinderung treffend auf den Punkt gebracht, da wir nach wie vor in einem Land leben, in dem es in Sachen Barrierefreiheit noch viel Luft nach oben gibt.

Aus Frankreich kommen immer wieder luftig und leicht erzählte Geschichten über Menschen mit Behinderung, die bei aller Ernsthaftigkeit im Umgang mit dem Thema den Humor nicht aussparen. Der Film »Ziemlich beste Freunde« enthält die wahre Geschichte des reichen Franzosen PHILIPPE POZZO DI BORGO, Geschäftsführer der Firma Champagner Pommery, der bei einem Gleitschirmflug abstürzt, fortan ab dem Hals abwärts querschnittsgelähmt (Tetraplegie) und auf den Rollstuhl angewiesen ist.[20] Philippe (gespielt von FRANÇOIS CLUZET) sucht einen Pfleger. Er findet ihn in Dris (gespielt von OMAR SY), einem arbeitslosen jungen Mann, *Person of Colour (PoC)*, aus armen Verhältnissen in der Pariser Vorstadt, der gerade aus dem Gefängnis entlassen worden ist. Dris will eigentlich nur seine Bescheinigung für das Arbeitsamt abholen, dass er sich einmal wieder um eine Stelle beworben hat, aber nicht genommen worden ist. Das berechtigt ihn zum weiteren Bezug von Arbeitslosenhilfe. Aber Philippe stellt ihn zu seiner Überraschung ein. Fortan muss sich Dris in die Arbeit der 24-Stunden-Pflege einfinden, was ihm gar nicht behagt. Doch Philippe schätzt an Dris, dass er ihn nicht wie einen Kranken behandelt. Dabei kommt es zu vielen humorvollen Szenen. Die schönste und vielleicht umstrittenste Szene zwischen den beiden ergibt sich beim Besuch einer Ausstellung mit moderner Kunst. Dris vertreibt sich die Langeweile mit einer Tüte Schokobonbons. Philippe bitte ihn ebenfalls um eine Schokolade. Aber Dris antwortet: »*Pas de bras, pas de chocolat.*«[21] In der deutschen Synchronisation heißt das in ungereimter Version: »Keine Arme, keine Schokolade.« Philippe ist selbstverständlich nicht erfreut darüber. Aber Dris lacht über seine originelle Formulierung. Das können anscheinend nur französische Filmemacher und Drehbuchautor:innen in dieser lockeren Art formulieren und inszenieren. Der Film hatte allein in Frankreich acht Millionen Besucher:innen, einer der erfolgreichsten französischen Filme aller Zeiten. Wie die Geschichte sich im wahren Leben abgespielt hat, schildert PHILIPP POZZO DI BORGO in dem gleichnamigen Buch »Ziemlich beste Freunde«. Aus der zehnjährigen Pflegetätigkeit ist zwischen Philippe und Abdel (wie Dris im wirklichen Leben heißt) eine lebenslange Freundschaft geworden. Zwei »Unberührbare« haben sich gefunden, Philippe aufgrund der Behinderung, Abdel aufgrund seiner maghrebinischen Herkunft. Abdel schafft es weit über die Pflege hinaus, Philippe wieder neuen Lebensmut zu geben.

Einen Schritt weiter geht die französische Komödie »Was ist schon normal?«[22] von VICTOR ARTUS SOLARO. Der Kabarettist Victor hat hier die von ihm geschaffene Figur eines Menschen mit Behinderung zum Gegenstand eines Spielfilmes gemacht. Der Film ist allerdings vor allem deshalb ein gelungenes Beispiel für Inklusion, weil hier Menschen mit Behinderung als Schauspieler:innen beteiligt sind und sich selbst spielen können. Zwei Juwelendiebe, Vater und Sohn, schleichen sich nach einem bewaffneten Raubüberfall auf der Flucht vor der Polizei in eine Reisegruppe von Menschen mit Behinderung ein. Der Sohn, gespielt von Artus, gibt sich als Mensch mit Behinderung aus. Das durchschauen die anderen Teilnehmenden der Reisegruppe aber schnell. »Du bist gar nicht behindert!«, sagt ein Mitreisender mit

Down-Syndrom zu ihm. Sie halten jedoch dicht und verschweigen das gegenüber den beiden Betreuer:innen. Eine der vielen humorvollen Szenen spielt sich zwischen diesen beiden Frauen ab. Sie sitzen abends noch allein zusammen bei einem Glas Wein und machen gestisch und mimisch die Teilnehmenden mit Behinderung nach. Dabei lachen sie eindeutig über Menschen mit Behinderung, allerdings in deren Abwesenheit. Offenbar benötigen sie nach den Aufregungen des Tages dieses Ventil. Das tut ihrer Hingabe an die Arbeit mit Menschen mit Behinderung jedoch keinen Abbruch.

So zeigt sich, dass Humor im Umgang mit Behinderung durchaus ein Zeichen von Normalität sein kann. Auf jeden Fall wird damit ein Gegenprogramm gegen die Gleichsetzung von Behinderung mit Leiden geschaffen. Gerade im Humor, den Menschen mit Behinderung als Antwort auf ihre sicher vielfach eingeschränkte Lebenssituationen aufbringen, zeigt sich ihre ungeheure Stärke.

Im Bereich Spielfilm können viele weitere Beispiele aufgeführt werden, in denen Sichtbarkeit für Menschen mit Behinderung hergestellt wird (z. B. »Jenseits der Stille«, »Rain Man«, »Das Piano«).[23] Es ließen sich ebenso in anderen künstlerischen Genres herausragende kreative Leistungen von Menschen mit Behinderungen im Theater, in der Mode oder beim Sport aufzeigen. Menschen mit Behinderung arbeiten inzwischen als Schauspieler:innen, sie spielen Theater. Sie entwerfen ihre eigene Mode, die ihren körperlichen Bedürfnissen und ihrem Bedürfnis nach Schönheit entspricht. Sie lassen sich für einen Kalender nackt fotografieren und treten so mit ihrem Körper mutig und selbstbewusst in die Öffentlichkeit und vieles andere mehr. Die hier vorgestellte Auswahl ist selbstverständlich von mir persönlich vorgenommen und weder systematisch noch auf Vollständigkeit angelegt. Gleichwohl sollte deutlich geworden sein, dass auf dem Weg zur inklusiven Gesellschaft an Kunst und Kultur kein Weg vorbeiführt. Künstlerische Produktionen von und mit Menschen mit Behinderung stellen ebenfalls die Frage nach unserem Mensch-Sein. Und sie bieten uns eine Sprache an, in der wir uns alle verständigen können. Diese Sprache ist zugleich der Weg, auf dem wir zu uns selbst kommen können. Kunst hat immer etwas damit zu tun, dass wir als Person Spuren hinterlassen.

Und dass Künstler:innen in Sachen Inklusion etwas verändern können, das hat sich bereits bei den Bremer Nashornschüler:innen gezeigt. In ihrem Kampf für die Fortsetzung des gemeinsamen Lernens von Schüler:innen mit und ohne Behinderung in den 1990er Jahren gelingt es ihnen, bundesweit namhafte Schriftsteller:innen, Maler:innen und Karikaturist:innen dazu zu bewegen, sie mit Gedichten, Zeichnungen und Briefen zu unterstützen. Daraus ist das große »Nashornbuch« entstanden, nachdem die Schüler:innen ihr Anliegen durchgesetzt hatten.[24]

Provokation 7: Inklusion bedeutet, dass sich der Blick, mit dem wir andere Menschen betrachten, verändert.

8 Vielfalt leben!
Inklusive Haltungen

O wie Offenheit oder:

»Inklusive Entwicklungen benötigen offene Türen!«

> Tim, ein junger Mann mit Muskeldystrophie vom Typ Duchenne, lebt in einer Schweizer Behinderteneinrichtung für Menschen mit schweren Behinderungen. Mit der Krankheit ist eine Muskelschwäche verbunden, die sich von der Kindheit an ausweitet Das führt dazu, dass im Jugendalter ein Rollstuhl benötigt wird und später Herz- und Atemschwierigkeiten hinzukommen. Seine Ernährung erfolgt durch eine Magensonde. Er ist 20 Jahre alt, spricht und bewegt zwei Finger. Er muss ständig betreut werden und benötigt zukünftig ein Beatmungsgerät. Tim sagt: »Ich lebe gern.«[1]

Ob es einen Sinn im Leben gibt, ob es lebenswert ist, hängt offenbar auch von der eigenen Haltung dem Leben gegenüber ab. »Was ist ein lebenswertes Leben?«, so fragt BARBARA SCHMITZ, Philosophin und Mutter von Carlotta, ihrer Tochter mit Behinderung.[2] Bei der Antwort auf diese Frage spielt das eigene Leben mit Carlotta eine große Rolle. Zugleich stellt Carlotta und ihre Art des Umgangs mit ihrer Behinderung die Philosophie vor neue Herausforderungen. Denn zweifellos ist es unabweisbar, die Frage nach dem lebenswerten Leben im Angesicht von Behinderungen zu stellen. Nur so kann eine Antwort auf die unsägliche Aufforderung des Strafrechtlers KARL BINDING und des Psychiaters ALFRED HOCHE in ihrem gleichnamigen Buch »Die Freigabe der Vernichtung lebensunwerten Lebens«[3] aus dem Jahre 1920 entgegnet werden. Die Nazis haben den Begriff »lebensunwertes Leben« genutzt und in den Kriegsjahren des Zweiten Weltkriegs von 1939 bis 1944/45 zwischen 200.000 und 300.000 Menschen mit Behinderung umgebracht. In beschönigender Weise ist dies seinerzeit als Gnadentod oder »Euthanasie« bezeichnet worden. Wir wissen heute, dass die Tötung von Menschen mit Behinderung nur der Auftakt war zum Versuch, alle Juden in Europa in den Konzentrationslagern auszulöschen, beides vor dem Hintergrund des Nazi-Rassismus.[4] Und es ist bis heute ein beispielloser Vorgang, dass eine ganze Bevölkerungsgruppe mit industriellen Methoden vernichtet werden sollte. Dies ist ein nicht zu löschender und bis heute nachfolgende Generationen bedrückender Bestandteil der deutschen Geschichte.

Umso größere Bedeutung hat es, dass angesichts des erneuten Erstarkens rechtsextremer Parteien sich rechtzeitig Widerstand regt, wenn beispielsweise die AfD in ihrem Parteiprogramm fordert, dass Menschen mit Behinderungen am besten weiterhin von der Gesellschaft getrennt leben und in eigenständigen Sondereinrichtungen unter sich bleiben.[5] Das war schon zur Nazizeit der Einstieg in die Ausgrenzung von Menschen mit Behinderung mit den bekannten lebensbedrohlichen Auswirkungen. Auch in dieser Hinsicht gilt also: »Nie wieder ist jetzt!« Was aber halten wir dagegen, wenn das Recht auf Teilhabe von Menschen mit Behinderung erneut infrage gestellt wird. Wie können wir verhindern, dass Menschen aufgrund ihres Geschlechts oder ihrer sozialen bzw. kulturellen Herkunft ausgegrenzt werden? Und wie können wir diesen Tendenzen entgegentreten?

Haltung zeigen!

Entscheidend für die Antwort auf diese Frage scheint mir die Haltung zu sein, die wir gegenüber diesen Versuchen zur Ausgrenzung von

Menschen mit Behinderung, zur Diskriminierung von Frauen und zu rassistischen Beleidigungen gegenüber Menschen mit einem anderen kulturellen Hintergrund einnehmen. Doch je mehr nun in der Öffentlichkeit Haltung eingefordert wird, umso weniger wird klar, was eigentlich eine Haltung ausmacht. Noch schwieriger ist die Forderung nach der richtigen Haltung; denn was ist dann die falsche? Und ist es möglich, keine Haltung zu haben?

»Haltung zeigen« bedeutet offenbar so viel wie, nicht zu schweigen, seine Meinung zu äußern und gegen Widerstände dazu zu stehen. Eine Haltung zu haben hat etwas mit selbstständigem Denken zu tun und damit, sich selbst eine Meinung zu erarbeiten. Und es gehört der Mut dazu, zu dieser Meinung zu stehen, möglicherweise sogar gegen den Druck einer Gruppe. MELY KIYAK, eine Kolumnistin, Buch- und Theaterautorin, zeigt in ihrem »Essay gegen das Lautsein«[6], dass eine Haltung mit den grundlegenden Werten zu tun hat, die wir leben. Allen Entscheidungen, die wir im Leben treffen, liegt unsere Haltung zugrunde. Für ARISTOTELES entsprach die eigene Haltung den Tugenden, die wir uns über Erziehung und Bildung aneignen.[7] In unserer Haltung, in der Art, wie wir unser Leben führen, kommen unsere Grundüberzeugungen zum Ausdruck. Dabei geht es überhaupt noch nicht um politische Stellungnahmen, auch wenn das Private ja ebenfalls politisch ist. Zunächst einmal zeigt sich unsere Haltung in unserem alltäglichen Leben im Umgang mit den Menschen, die uns nahe sind. Diese Grundüberzeugungen wirken sich auf unser Auftreten und unsere Beziehungen zu anderen unmittelbar aus. Gemeint ist dabei meist die innere Haltung. Der Begriff »Haltung« hat allerdings ebenfalls eine körperliche Seite, gleichsam die äußere Haltung. In der westlichen geistesgeschichtlichen Tradition wird dies meist von der inneren Haltung getrennt. Im fernöstlichen Zen-Buddhismus wird jedoch gelehrt, dass die äußere, also körperliche Seite der Haltung durchaus die innere Haltung beeinflussen kann. Gerade im Bildungsbereich erschließt sich hier ein beträchtliches Potenzial an Innovation, wenn wir in unseren Bildungseinrichtungen eben nicht nur Denken und Sprache in den Mittelpunkt stellen würden, sondern ebenso die Bewegung und den Körper.[8]

Von dem französischen Soziologen PIERRE BOURDIEU (1930–2002) können wir überdies lernen, dass Haltungen nicht vom Himmel fallen, sondern abhängig sind von unserer sozialen Herkunft und den Ressourcen, die uns zur Verfügung stehen.[9] Unser *Habitus*, wie BOURDIEU sagt, hängt von dem Kapital ab, das uns zur Verfügung steht. Dabei geht es nicht nur um ökonomisches Kapital im Sinne von Einkommen, Besitz und Vermögen. Zu den Ressourcen zählen ebenfalls soziales und kulturelles Kapital. Dazu gehört zum einem das soziale Netzwerk an Kontakten zu Mitmenschen, über das wir verfügen. Zum anderen erwerben wir kulturelles Kapital neben unserer Herkunftsfamilie im Bildungsprozess. Und dieser Bildungsprozess ist bekanntlich ebenfalls in hohem Maße abhängig von der sozialen Herkunft. Die persönliche Haltung im Sinne der Grundüberzeugungen, die wir leben, ist demnach stark mit dem Milieu verbunden, in dem wir aufgewachsen sind. Dieses Milieu bedingt eben auch das Vorhandensein von ökonomischem, sozialem und kulturellem Kapital. Die Haltung eines Menschen entsteht also nicht im luftleeren Raum, sondern ist abhängig von seinem sozialen Kontext. Der Soziologe NORBERT ELIAS (1897–1990) hat in seinem Nachdenken »Über den Prozess der Zivilisation« zeigen können, dass sich die Haltungen von Menschen im Laufe der Geschichte immer wieder stark gewandelt haben. Insbesondere beim Übergang vom Mittelalter in die Neuzeit entsteht durch die Herausbildung des staatlichen Gewaltmonopols ein anderer Umgang mit Gewalt. Während Ritter noch das Recht auf private Gewaltausübung für sich in Anspruch genommen haben und kein Duell scheuten, entwickelte die höfische Gesellschaft neue zivilisiertere Umgangsformen miteinander und ebenfalls eine andere Haltung.[10]

Haltung vermittelt sich demnach im Laufe des Aufwachsens und hängt vom jeweiligen gesellschaftlichen Kontext ab. Aber ist es ebenfalls möglich, Haltung zu vermitteln?

> Im Rahmen eines Weiterbildungsstudiums an der Ludwig-Maximilians-Universität München erhalten Berufsschullehrkräfte eine sonderpädagogische Zusatzqualifikation im Verlauf eines vierse-

mestrigen berufsbegleitenden Studiums mit einem Studientag pro Woche. Ausgangspunkt dieses Studienangebotes ist die Feststellung, dass es eine wachsende Zahl von Berufschulschüler:innen mit Lern- und Verhaltensschwierigkeiten gibt. Nach dem ersten Semester erfolgt eine erste Auswertung der Erfahrungen mit den Studieninhalten. Neben einem Fragebogen, den die Studierenden anonym ausfüllen können, wird eine offene Gesprächsrunde durchgeführt. Die Studierenden äußern ihre persönlichen Erfahrungen aus ihrem ersten Semester und machen Vorschläge für die weitere Zusammenarbeit. Ein Studierender, Berufsschullehrkraft im Lernbereich »Metall«, sagt in dieser ersten Runde: »Bisher empfand ich die Schüler:innen mit Lern- und Verhaltensschwierigkeiten als Problem. Jetzt finde ich sie interessant.«

Mit diesem Schritt von der Problembelastung hin zum Interesse hat sich die Haltung dieser Berufsschullehrkraft bereits geändert. Mit der Entstehung des Interesses an Schüler:innen mit Lern- und Verhaltensschwierigkeiten versucht die Berufsschullehrkraft, sich in die Schüler:innen hineinzuversetzen und nach dem Sinn der jeweiligen Lern- und Verhaltensschwierigkeit aus der Sicht der Schüler:innen zu fragen. Interesse am anderen zu haben, bedeutet Fragen zu stellen, etwas über den anderen erfahren zu wollen und seine Motive kennenlernen zu wollen. Insofern ist eine Möglichkeit der Vermittlung von Haltung offenbar das Gespräch über die eigenen Grundüberzeugungen im Sinne einer Bewusstmachung. Zugleich deutet sich in diesem Interesse bereits so etwas wie eine *inklusive Haltung* an, eine Haltung, die alle Menschen zunächst einmal so akzeptiert, wie sie sind. Um nun zu klären, was sich hinter der viel zitierten inklusiven Haltung verbirgt, möchte ich mich zunächst über den Gegensatz einer Antwort annähern. Welche Haltung manifestiert sich hinter Wünschen nach Ausgrenzung von Menschen mit Behinderung, hinter der Benachteiligung von Frauen und der Diskriminierung von Menschen mit Migrationshintergrund?

Aussonderung verhindern!

Die Gemeinsamkeit in der Benachteiligung von Menschen mit Behinderung, Frauen und Menschen mit Migrationshintergrund ist stets die Herabsetzung zu Menschen zweiter Klasse. Ihr Anderssein wird in den Vordergrund gestellt und genutzt, um ihnen die Möglichkeit der gleichberechtigten Teilhabe streitig zu machen. Es handelt sich dabei stets um einen Vorgang der Entmenschlichung, in dem sie zu Menschen zweiter Klassen herabgestuft werden. Ihnen wird das volle Mensch-Sein gleichsam aberkannt.

So werden Menschen mit Behinderung seit Jahrzehnten überwiegend unter dem Aspekt ihrer Defizite und dem, was sie nicht können, betrachtet. Auch die sonderpädagogische Diagnostik zur Feststellung einer Behinderung bzw. eines sonderpädagogischen Unterstützungsbedarfs hat sich lange Zeit darin erschöpft, die Schwächen von Schüler:innen aufzuzeigen. Die so entstandenen Defizitkataloge dienten dann der Rechtfertigung der Überweisung in eine Sonderschule bzw. eine Förderschule. Und diese Defizite waren mit der Prognose verbunden, dass sie nicht überwindbar seien. In der Hauptsache wurden dazu Intelligenztests herangezogen, deren Ergebnis in Form des Intelligenzquotienten (IQ) nahelegten, dass hier ein stabiles Persönlichkeitsmerkmal vorliegt. Schüler:innen mit IQ-Werten unter dem Durchschnittswert von 100 wurde so bescheinigt, dass sie über eine unterdurchschnittliche Intelligenz verfügen und dieser Umstand langfristig so bestehen bleibe. Inzwischen wissen wir zum Glück, dass Intelligenz veränderbar ist. Man kann Intelligenz mit entsprechenden Förderprogrammen weiterentwickeln. Und sie kann sogar weiter abnehmen, wenn eine entsprechende Förderung unterbleibt. Noch immer wird zudem Behinderung in der Öffentlichkeit mit Krankheit gleichgesetzt. Viele Menschen mit Behinderung sind jedoch kerngesund. Sie haben gelernt, mit ihren Beeinträchtigungen zu leben. Insofern heißt Behinderung nicht automatisch Leid. Es fällt Menschen mit Behinderung viel schwerer zu akzeptieren, dass sie ständig Ausgrenzungsprozessen ausgesetzt sind, mit Isolation zu kämpfen haben und zu einem Leben am Rande der Gesellschaft gedrängt werden. Das *Menschenbild*, das diesen Prozessen zugrunde liegt, ist also nach wie vor stark von der Betonung der Schwächen eines Menschen geprägt. Die mangelnden Fähigkeiten werden in den Vordergrund gestellt.

Ähnlich ergeht es bis heute Frauen. Noch immer geistert die Vorstellung durch die Öffentlichkeit, dass insbesondere Kleinkinder in den ersten Lebensjahren am besten bei der Mutter bleiben sollten. Möglicherweise ist dies der Grund, warum die Versorgung mit Plätzen in Kindertageseinrichtungen in Deutschland nach wie vor nicht bedarfsdeckend ist. Dabei wissen wir längst, dass die Bildungsangebote in Kindertageseinrichtungen bessere Chancen für spätere Bildungsverläufe liefern. Auch die Hausarbeit verläuft nach wie vor überwiegend zu Lasten von Frauen, weil sie hier angeblich über die besseren Fähigkeiten verfügen. Immer noch leisten Frauen pro Woche neun Stunden mehr unbezahlte Arbeit im Haushalt (wie Kochen, Putzen, Wäsche waschen) als Männer.[11] Man kann sich des Eindrucks nicht erwehren, dass hier immer noch Vorwände gesucht werden, um Frauen von beruflichen Karrieren fernzuhalten. Je höher man in der Hierarchie von beruflichen Stellungen schaut, umso dünner wird die Luft für Frauen. Berufe, die nah an ihrer häuslichen Tätigkeit liegen, stehen ihnen zwar offen, etwa als Telefonistin, Sekretärin, Erzieherin, Köchin usf.[12] Geht es jedoch um leitende Stellungen mit entsprechender Macht, treten rasch männliche Zweifel auf, ob Frauen denn überhaupt dazu in der Lage sind, eine solche Stellung auszufüllen. Und bislang reicht es häufig schon, wenn solche Zweifel bestehen. Offiziell gibt es einen Diskriminierungsschutz bei der Besetzung von Stellen in der öffentlichen Verwaltung, im Bildungsbereich oder in der freien Wirtschaft. Bei gleicher Qualifikation soll die Frau bevorzugt werden. Inoffiziell treten jedoch viele subtile Mechanismen auf, um Frauen erst gar nicht die engere Auswahl kommen zu lassen. Sie werden beispielsweise nicht zur Vorstellung eingeladen, um nicht in die Situation zu kommen, die bessere Qualifikation einer Frau anerkennen zu müssen. Letztlich steht dahinter die Angst der Männer, ihre Machtpositionen aufzugeben. Die Benachteiligung von Frauen enthält eine immer fragwürdiger werdende Vorstellung von Gerechtigkeit im Zugang zu gesellschaftlichen Positionen. Und sie verweist auf nach wie vor bestehende *Machtverhältnisse*, in der Männer gern weiter herrschen wollen, auch wenn das so niemand mehr öffentlich behauptet.

Menschen mit Migrationshintergrund erfahren ebenfalls täglich ihre Nichtzugehörigkeit. Seinerzeit ins Land gekommen als sog. »Gastarbeiter« haben wir die Erfahrung gemacht, dass Menschen kamen und ihre Familien mitbrachten. Nach teilweise entwürdigenden Einreiseprozeduren ließen sie sich hier nieder und leben mittlerweile in dritter oder vierter Generation hier. Sie tragen dazu bei, dass unser soziales Sicherungssystem funktioniert und der Fachkräftemangel bekämpft wird. Aber noch immer bleiben Menschen mit Migrationshintergrund unter sich. Sie leben vielfach ghettoisiert und haben kaum Kontakt zu anderen Kulturen. Vielmehr wird ihnen mehr oder weniger unverhohlen vermittelt, dass sie sich gefälligst an die herrschende Kultur anzupassen haben. Auch hier wird offiziell die Fahne der Integration hochgehalten. Inoffiziell gibt es Möglichkeiten und Wege, Menschen mit Migrationshintergrund von bestimmten Straßenzügen oder Vierteln einer Stadt fernzuhalten. Aus der dadurch entstehenden sozialen Distanz heraus erleben sie sich als Fremde, auch wenn sie schon Jahrzehnte hier sind. Offenbar soll diese *Fremdheit* in den Augen mancher Menschen sogar bestehen bleiben.

Anderssein – sei es als Mensch mit Behinderung, mit Migrationshintergrund oder als Frau – wird so als Grund für sozialen Ausschluss benutzt. Wir leben in einer Gesellschaft, in der Exklusion tatsächlich stattfindet. Allein die weiter steigenden Anteile von Armut zeigen, dass ganzen Bevölkerungsgruppen gesellschaftliche Mindeststandards vorenthalten werden. Das Fatale an diesen Ausgrenzungsprozessen ist insbesondere, dass sie sich selbst verstärken. Durch die soziale Distanz, die mit der Exklusion verbunden ist, kann das Anderssein nicht aufgehoben werden. Dazu wäre soziale Begegnung erforderlich. Genau diese wird jedoch verhindert. Auch in dieser Hinsicht gilt es, immer wieder an den Artikel 1 unseres Grundgesetzes zu erinnern: »Die Würde des Menschen ist unantastbar.« Jeder

Versuch, Menschen aufgrund ihrer Fähigkeiten, ihres Geschlechts oder ihrer sozialen und kulturellen Herkunft herabzuwürdigen, ist schon ein Verstoß gegen diesen obersten Grundsatz unserer Verfassung.

Inter-esse füreinander zeigen!

Wie aber können wir aus dieser Spirale der Exklusion aussteigen? Das Zauberwort heißt »Interesse« und bedeutet so viel wie »dazwischen sein« bzw. »dabei sein«. Und Interesse hat etwas mit Aufmerksamkeit für andere Menschen oder für eine Sache zu tun. Haben wir Interesse für einen Menschen entwickelt, so sind wir bereits aus unserer Isolation herausgetreten und einen Schritt auf den anderen zugegangen. Es stellen sich Fragen ein. Wir wollen herausfinden, wie das Gegenüber tickt, wie es so geworden ist, wie es sich uns jetzt präsentiert, was es bewegt, wie es uns sieht. Interesse steht so am Anfang der Entwicklung einer *Beziehung zum Anderen*. Und nur in der Beziehung, in der Begegnung mit dem anderen können wir Fremdheit, Unwissen und Vorurteile überwinden.

Interessen haben wir wiederum auch selbst, meist in Verbindung mit unseren Bedürfnissen. Damit kommt das zum Ausdruck, was uns im Leben wichtig ist, wofür wir brennen, was wir für Ziele im Leben anstreben. Im Idealfall können wir unsere Interessen ausleben. Und wir sind möglicherweise ungehalten, wenn uns dies verwehrt wird. Es kommt unter Umständen zu Interessenkollisionen zwischen den verschiedenen individuellen Bedürfnissen. Auf die Dauer dürfte es nicht zu einem gesunden Umgang mit sich selbst führen, wenn man die eigenen Interessen nicht kennt oder das Gefühl hat, die eigenen Interessen nicht wahren zu können. Und wer nicht auf sich selbst achtet, der gibt sich letztlich selbst auf. Interesse heißt demnach, dass wir eine *Beziehung zu uns selbst* eingehen und lernen, uns selbst wahrzunehmen, die eigenen Bedürfnisse nicht außer acht zu lassen.

Letztlich steht Interesse für unser gesamtes Verhältnis zur uns umgebenden Welt. In Zeiten von Klimawandel und immer bedrohlicheren Umweltkatastrophen tun wir sicher gut daran, uns für die Welt zu interessieren, in der wir leben, von der wir leben und deren Teil wir sind. Wir stehen nicht außerhalb der Natur, wir sind mittendrin. Wir atmen sie ein und essen sie auf. Wir sollten uns deshalb die Frage stellen, wie wir mit den Ressourcen des Planeten weiter umgehen wollen, wenn das Überleben der Menschheit auf diesem Planeten gesichert sein soll. Desinteresse an Natur und Umwelt wird für uns in zunehmendem Maße lebensgefährlich. Wir leben nach wie vor so, als hätten wir noch einen zweiten Planeten in der Hinterhand. Der Tag im Jahr, an dem die jährlich zur Verfügung stehenden Ressourcen verbraucht sind, rückt immer weiter nach vorn. Der *Earth Overshoot Day* liegt im Jahre 2024 bereits am 1. August. Mit dem Rest des Jahres fahren nicht mehr nur auf Reserve, wir geben praktisch die Ressourcen des nächsten Jahres schon jetzt aus.[13] Es scheint so, dass unsere *Beziehung zur Welt* nachhaltig gestört ist.

Interesse am anderen, an uns selbst und an der Welt, in der wir leben, steht also für den Modus des Mensch-Seins. Mensch-Sein heißt In-Beziehung-Sein. Das bedeutet, dass es sich hier nicht um fromme Wunschvorstellungen handelt. Vielmehr ist menschliches Leben ohne Interesse schlicht nicht denkbar, geschweige denn lebbar. Zugleich zeigt sich damit, dass der Mensch eben nicht nur ein bloß faktisches Wesen ist, das an die vorhandene Realität gefesselt ist, ohne diese verändern zu können. Mensch-Sein umfasst stets die Dimension des Sollens, unsere Vorstellung von einem guten Leben, unsere Normen und Wertvorstellungen. Wir selbst sind also die Verbindung zwischen Sein und Sollen. Und Interesse steht am Anfang dieser Verbindung.

> Interesse füreinander ist ein erstes Element für eine inklusive Haltung und zugleich ihre wichtigste Voraussetzung.

Aufmerksamkeit schenken!

Interesse an Anderen führt dazu, dass wir aufmerksam werden auf unser Gegenüber. Im Italienischen gibt es eine Reihe von Begriffen, die die unterschiedlichen Bedeutungen des deutschen Wortes »Aufmerksamkeit« bezeichnen. *Attenzione* bedeutet Aufmerksamkeit im Sinne von bewusster Wahrnehmung, möglicherweise einer gefährlichen Situation (Achtung! Vorsicht!). *Pensierino* und *presente* hingegen bezeichnen eine kleine Aufmerksamkeit im Sinne eines Geschenkes. *Cura* schließlich meint Aufmerksamkeit im Sinne einer Zuvorkommenheit, die wir anderen zukommen lassen. Es geht darum, dass wir Aufmerksamkeit erfahren, erleben, dass sich jemand für uns interessiert, sich uns zuwendet und die Botschaft aussendet: »Du bist mir wichtig« *(Aufmerksamkeit füreinander)*. Damit wird bereits in der Sprache die vielschichtige Bedeutung von Aufmerksamkeit nachvollziehbar. Selbstverständlich kann Aufmerksamkeit gestört sein, wenn wir etwas übersehen, überhören oder nicht bemerken. Im Störungsbild des »Aufmerksamkeits-Defizit-Syndroms« wird schließlich deutlich, dass es nicht immer gelingt, Aufmerksamkeit souverän zu steuern. Aufmerksamkeit kann sogar von außen gesteuert werden. Im Zeitalter des Internets gilt sie vielfach inzwischen als Währung. In den sozialen Medien herrscht ein regelrechtes Wettrennen um Aufmerksamkeit, die Werbeminuten garantiert mit einer nie dagewesenen Reichweite. Aufmerksamkeit kann also manipuliert werden – oder positiv gewendet: Sie ist veränderbar, d. h. wir können daran arbeiten, indem wir lernen, souverän mit unserer Aufmerksamkeit umzugehen und sie bewusst einzusetzen. Gerade über den Gegensatz zur Aufmerksamkeit, die Un-Aufmerksamkeit, zeigt sich so, dass aufmerksam zu sein bereits eine bestimmte Haltung enthält.

Aufmerksamkeit füreinander ist nun eine der wichtigsten Bestandteile einer inklusiven Haltung. Und es geht dabei nicht nur darum, die Anderen passiv wahrzunehmen. Vielmehr bedarf es einer aktiven, tätigen Aufmerksamkeit, die auf die Anderen zugeht, sich ihnen zuwendet. Indem wir andere Menschen aufmerksam betrachten, heben wir sie aus der Menge hervor. Sie sind nicht mehr anonym. Aufmerksamkeit im Sinne des italienischen *cura* enthält deshalb bereits eine Wertvorstellung. Wir haben schon eine Entscheidung getroffen, dass wir uns für andere interessieren. Der Bochumer Philosoph BERNHARD WALDENFELS[14] hat deshalb gezeigt, dass Aufmerksamkeit Ausdruck einer ethischen Haltung gegenüber der Welt, der eigenen Person und den Mitmenschen ist. Aufmerksamkeit beinhaltet nicht nur die Fähigkeit von Menschen, andere Personen, die Welt und sich selbst wahrzunehmen. Sie weist vielmehr auf den Aspekt der gegenseitigen *Achtung* vor anderen Menschen und der Welt hin. In inklusiven Momenten ist die Erfahrung möglich, dass alle sich geachtet fühlen. IRIS MURDOCH (1919–1999), eine britische Schriftstellerin und Philosophin, hat die Aufmerksamkeit im Anschluss an die französische Philosophin SIMON WEIL (1909–1943)[15] in den Mittelpunkt ihrer Überlegungen zu Ethik und Moral gestellt. Aufmerksamkeit enthält für sie »die Idee eines gerechten und liebenden Blicks«[16] auf andere Menschen, indem wir wirklich hinschauen und uns zum anderen hinwenden. JOHN BAILEY, IRIS MURDOCHS Ehemann, erzählt in seinem Buch »Elegie für Iris« von der Alzheimer-Krankheit seiner Frau und ihrem über 40-jährigen Zusammenleben, in dem sie beide einander diese besondere Form der Aufmerksamkeit geschenkt haben.[17] Das Buch ist mit KATE WINSLET und JUDI DENCH unter dem Titel »Iris« verfilmt worden.

Erst über eine solche Form der Aufmerksamkeit werden inklusive Erfahrungen möglich. Das sind Erfahrungen auf Gegenseitigkeit, Erfahrungen, die es ermöglichen, dass wir voneinander lernen. Der amerikanische Erziehungswissenschaftler und Philosoph JOHN DEWEY (1859–1952) sieht in der Erfahrung die Chance, dass wir als Menschen mit unserer Umwelt zu einer Einheit verschmelzen. In der aktiven Seite der Erfahrung wirken wir auf die Welt ein, um dann passiv mit den Folgen unserer Handlungen konfrontiert zu werden.[18] Es kommt also auf die Qualität dieser Erfahrungen an, wenn eine inklusive Haltung entstehen soll. In persönlicher Hinsicht ergibt sich eine qualitätsvolle Erfahrung, wenn alle Beteiligten ihre Eigenart einbringen können, unter Einbeziehung der eigenen Vorstellungen und der inneren Welt. Auf diese Weise werden Freiheit und Selbstbestimmung erfahrbar (*personaler Aspekt von Erfahrung*). Wenn zugleich die Anderen anwesend sind und wir uns selbst in unserem Gegenüber erkennen können, erhalten Erfahrungen in sozialer Hinsicht eine Qualität. Über diesen Weg erfahren wir Teilhabe (*sozialer Aspekt von Erfahrung*). Letztlich finden diese Erfahrungen stets an bestimmten Orten und zu bestimmten Zeiten statt. Wenn es uns als leiblichen Wesen gelingt, unsere Wahrnehmungs- und Bewegungsmöglichkeiten einzubringen, dann erhalten Erfahrungen eine räumlich-sinnliche Qualität. Unser Sehen, Hören, Riechen, Tasten, Schmecken und Bewegen wird bedeutsam – und nicht nur das Denken und Sprechen. Wir erleben uns als eingebettet in eine sozialräumliche Umwelt, was auf den *ökologischen Aspekt von Erfahrungen* hinweist. Ökologisch deshalb, weil wir mit unseren Erfahrungsmöglichkeiten nicht unabhängig von der uns umgebenden Umwelt existieren können.

> Eine inklusive Haltung erfordert eine tätige Aufmerksamkeit für uns selbst, unsere Mitmenschen und die Welt, in der wir und von der wir leben.

Auf Schatzsuche gehen!

Wir sind es gewohnt, andere Menschen kritisch zu betrachten. Abweichungen von eigenen Vorlieben und Gewohnheiten werden nicht selten skeptisch betrachtet. Demgegenüber unterbleibt es häufig, Mitmenschen, die etwas Außerordentliches insbesondere für andere geleistet haben, ein positives Feedback zu geben. Offenbar fällt es uns gar nicht leicht, einmal geballtes Lob von unseren Mitmenschen auszuhalten. Das ist eine beliebte Übung in Management-Schulungen, die nicht selten zu heftigen emotionalen Reaktionen führt. Dabei wünschen wir uns alle, dass wir in unseren spezifischen Fähigkeiten wahrgenommen werden. Auch gegenüber unseren Mitmenschen präsentieren wir uns am liebsten mit unseren Stärken und nicht mit unseren Schwächen. Wie wäre es also, wenn wir dies einmal hervorheben würden? Wir könnten auf Schatzsuche gehen, um die speziellen Kompetenzen unserer Mitmenschen kennenzulernen. Kompetenz bedeutet im Wortsinn so viel wie Sachverstand und Fähigkeit, aber ebenso Zuständigkeit (besonders im Bereich der Rechtsprechung). Kompetenzen werden in der Regel als Fähigkeiten zur Problemlösung betrachtet. Dazu zählt aber nicht nur die Fähigkeit zu denken, sondern ebenfalls soziale Fähigkeiten und die Motivation.[19] Unsere Widerstandsfähigkeit (Resilienz) hängt ebenfalls von unseren kommunikativen Fähigkeiten ab, von unserer Stressbewältigung und von der Art und Weise, wie wir auf andere Personen zugehen. Fähigkeiten können aber nicht nur als individuelles »Vermögen« gesehen werden, sondern beinhalten ebenso die Ressourcen zu ihrer Umsetzung (ökonomisches, soziales und kulturelles Kapital im Sinne von BOURDIEU). Schließlich beginnt sich ebenfalls in der Medizin ein Bewusstseinswandel abzuzeichnen, wenn nicht mehr nur die Krankheit in den Mittelpunkt des ärztlichen Interesses gestellt wird, sondern im Rahmen der Salutogenese vielmehr die Fähigkeit zur Erhaltung der Gesundheit gezielt unterstützt wird.[20]

Die feministische Philosophin MARTHA C. NUSSBAUM (2010, 218 ff.) hat Fähigkeiten in Kooperation mit dem Harvard-Ökonomen und Nobelpreisträger AMARTYA SEN [21]in den Mittelpunkt ihrer Überlegungen zu einer gerechten Gesellschaft gestellt (sog. Fähigkeiten-Ansatz bzw. *capability-approach*).[22] Die zentrale Idee ist dabei, dass eine Gesellschaft, die nach Gerechtigkeit gegenüber allen Menschen (auch Menschen mit Behinderungen) strebt, nicht umhin kann, von ihren Fähigkeiten auszugehen. Dahinter steht die Idee des Guten, wie sie in der Konzeption der Menschenwürde und in der Erklärung der Menschenrechte der Vereinten Nationen zum Ausdruck kommt. NUSSBAUM geht davon aus, dass eine Gesellschaft erst dann gerecht ist, wenn sie die Angewiesenheit des Menschen auf Unterstützung (z.B. auch bei Kindern, Unfallpatient:innen oder alten Menschen) anerkennt.

Menschen mit Behinderung und sozial benachteiligte Menschen werden hier also nicht aus der Idee der Gerechtigkeit ausgeschlossen. Das gilt selbstverständlich ebenso wenig für Frauen und Menschen mit Migrationshintergrund. Für ein menschenwürdiges Leben von Menschen mit Behinderungen und sozial Benachteiligten sollen bestimmte Fähigkeiten vorhanden sein, die als »Möglichkeiten des Tätigseins« bezeichnet werden.[23] Diese Fähigkeiten werden also nicht einfach vorausgesetzt, sondern durchaus unter dem Aspekt der *Befähigung* gesehen. Das bedeutet, dass der Erwerb von Fähigkeiten unterstützt werden sollte.

Für eine gute Lebensqualität und ein Leben in Würde ist es demnach unabdingbar,

... eine normale Lebensdauer haben zu können (*Leben*),
... gesund zu sein (*körperliche Gesundheit*),
... sich frei bewegen zu können (*körperliche Integrität*),
... seine Sinne und seine Fähigkeit zu denken nutzen zu können (*Sinne, Vorstellungskraft und Denken*),
... Beziehungen und Zuneigung erfahren zu können (*Gefühle*),
... selbst über ein gutes Leben für sich nachdenken zu können (*Praktische Vernunft*),
... ohne Demütigung mit anderen leben zu können (*Zugehörigkeit*),
... an der Welt Anteil nehmen zu können (*andere Spezies*),
... spielen zu können (*Spiel*),
... politische Entscheidungen mitbestimmen und über Eigentum verfügen zu können (*Kontrolle über die eigene Umwelt*).[24]

Der Begriff der Fähigkeit (im Original: *capability* = in der Lage sein, etw. zu tun) wird hier allerdings erweitert, indem er nicht mehr nur die individuellen Voraussetzungen, sondern ebenfalls die gesellschaftlichen Möglichkeiten für das Tätigsein jedes Einzelnen – auch der Menschen mit Behinderungen und Benachteiligten – umfasst. Es geht nicht nur darum, dass jeder Fähigkeiten hat, sondern darum, aus diesen Fähigkeiten etwas machen zu können, sie konkret für die eigene Lebensgestaltung nutzen zu können.

8 Vielfalt leben! *Inklusive Haltungen*

> Eine inklusive Haltung beinhaltet die Anerkennung der Fähigkeiten aller Menschen – unabhängig von Behinderung, Geschlecht oder sozialer und kultureller Herkunft.

Begegnung ermöglichen

»Seit ein Gespräch wir sind …«, so heißt es bei FRIEDRICH HÖLDERLIN (1770–1843) in seiner Hymne »Friedensfeier«.[25] Mensch-Sein heißt im Gespräch sein. Das ist mehr als eine Diskussion, in der es häufig nur um den Austausch von Meinungen geht. Aber ein Hineinversetzen in das Gegenüber findet nicht statt. Im Grunde handelt es sich bei Diskussionen nur um Monologe mit verteilten Rollen. In wirklichen Gesprächen geht es darum, zu einem gegenseitigen Verstehen vorzudringen. Dazu ist es erforderlich, die Perspektive des anderen zu übernehmen und sich so selbst neu zu betrachten. Gespräche können so stets zu Veränderungen des Selbst führen.

Der jüdische Philosoph MARTIN BUBER (1878–1965) hat dies in seinem dialogischen Prinzip zum Ausdruck gebracht. »Der Mensch wird am Du zum Ich«, so fasst er seine Auffassung von Gespräch zusammen.[26] Als Menschen können wir nur Person werden, wenn wir lernen, uns im Gegenüber zu spiegeln. Im Dialog üben wir, uns mit den Augen des anderen zu sehen, seine Perspektive zu übernehmen. Insofern steht die Begegnung im Mittelpunkt des menschlichen Zusammenlebens. Immer dann, wenn Begegnungen zwischen Menschen verhindert werden, wird im Grunde die Menschwerdung des Menschen behindert. Mensch-Sein heißt In- Beziehung-Sein. Deshalb sind Aussonderungs- und Benachteiligungsprozesse jedweder Art (sei es gegenüber Menschen mit Behinderung, Frauen oder aufgrund sozialer und kultureller Herkunft) eine Gefahr für die Entwicklung von Menschlichkeit. Ein humaner Umgang miteinander kann sich – trotz aller vorhandenen Unterschiede – nur im sozialen Kontakt zwischen Menschen entwickeln.

Es ist für mich immer wieder faszinierend zu sehen, dass es Menschen gibt, die ihre gesamte Energie aufwenden, damit sich nichts verändert. Ich bin jedoch davon überzeugt, dass Leben Veränderung heißt. Wir sind als Menschen nie fertig, sondern immer auf dem Weg zum Mensch-Sein. Dazu gehört eine Haltung, die das Leben nach vorn offen lebt. Genährt wird diese Haltung durch ein Interesse am Neuen, am Unvertrauten und ein Interesse an den Anderen. Basis dieser Haltung ist das Miteinander trotz und gerade wegen aller Unterschiede. Wir benötigen unser Gegenüber, dass sich von uns unterscheidet, um uns selbst zu erleben, kennenzulernen und weiterzuentwickeln. Dialog bedeutet dabei, ein wirkliches Gespräch zu führen. Das heißt, sich in das Gegenüber hineinzuversetzen, dessen Perspektive nachzuvollziehen und seine eigenen Perspektive auf die des anderen zu beziehen, um zu einem wirklichen Austausch zu kommen.

Insofern unterscheiden sich Dialog und Diskussion. Diskussionen können im Extremfall nur in der gegenseitigen Information über unterschiedliche Standpunkte bestehen, ohne dass dabei eine Beziehung auf Gegenseitigkeit entsteht. Zu besichtigen ist das nahezu allabendlich bei den bekannten Polit-Talkshows, die trotz noch so bemühter Moderation in Monologen mit verteilten Rollen verharren. So kommen allerdings keine Veränderungen zustande. Veränderung benötigt unmittelbare Begegnung, benötigt wirkliche Gespräche.

Eine erste Voraussetzung dafür ist, dass es überhaupt zu Begegnungen kommt. Dazu benötigen wir Orte und Räume, in denen wir uns ohne Zwang treffen können und in denen ein offener Dialog möglich ist. Sodann sollten wir darauf achten, dass wir einander aufmerksam zuhören und nicht aneinander vorbeireden. Auf diesem Weg wäre es möglich, *voneinander zu lernen*, wie ein »wohlwollender und achtsamer Umgang« miteinander aussieht.[27] Wenn wir es schaffen, die Perspektiven der Anderen in einem wirklichen Dialog nachzuvollziehen und Empathie sowie Mit-Gefühl zu zeigen, können wir versuchen, das Verbindende zwischen uns zu suchen und eine solidarische Beziehung zu leben. Dann werden aus Differenzen zwischen uns möglicherweise Stärken, die wir als gegenseitige Bereicherung oder Ergänzung erleben. Zu lernen wäre ebenfalls das solidarische Füreinander-Eintreten, wenn wir in Situationen geraten, in denen es zu rassistischen Ausgrenzungen oder Beleidigungen kommt. Es gehört Mut dazu, dann aufzustehen und sich nicht einverstanden zu erklären, anstatt ängstlich zu schweigen.

Der jüdische Psychologe und KZ-Überlebende VIKTOR E. FRANKL (1905–1997) geht ebenfalls davon aus, dass wir Menschen stets in Ko-Existenz mit anderen leben. In der Begegnung zwischen Menschen findet aber seiner Meinung nach noch ein weiterer Prozess steht. Eine wirkliche Begegnung ermöglicht es uns, gemeinsam mit anderen auf die »Suche nach dem Sinn« zu gehen. Indem wir uns in andere Menschen hineinversetzen, überschreiten wir uns selbst. Wenn das gelingt, ist es möglich, ein sinnerfülltes Dasein zu erreichen. Mensch-Sein heißt deshalb nach FRANKL, gemeinsam einen Sinn im Leben zu finden.[28]

> Eine inklusive Haltung beinhaltet die Fähigkeit, in der Begegnung mit anderen in einen Dialog einzutreten und dabei gemeinsam Sinn zu kreieren.

Sich befreunden können

Wenn wir Teilhabe realisieren wollen, so setzt dies ein gewisses Maß an gegenseitigem Wohlwollen voraus, wie es unter Freunden besteht. In einer Gesellschaft, die gegenwärtig offenbar immer weiter auseinanderdriftet und in der Hass und Hetze zunehmen, erscheint schon dies als »Utopia« (ursprünglich: eine Insel, auf der die ideale Gesellschaft realisiert worden ist). Zumindest hat THOMAS MORUS (1478–1535) das als Hintergrund für seinen Entwurf einer zukünftigen

Gesellschaft gewählt.[29] Der Philosoph ERNST BLOCH (1885–1977) spricht demgegenüber von konkreter Utopie und meint damit das Noch-Nicht, also das was noch nicht realisiert worden ist. Wir sind zwar in der Wirklichkeit verhaftet, aber gleichzeitig in der Lage, uns in die Zukunft hineinzudenken.[30] Gerade Menschen mit Behinderung klagen immer wieder über mangelnde Freundschaft zu anderen. Auch wird häufig in Frage gestellt, ob es Freundschaft zwischen Frauen und Männern geben kann. Und fragen wir uns selbst einmal ehrlich: Wie viele Freundschaften zu Menschen aus anderen Kulturen oder anderen Religionen pflegen wir wirklich? Es kann ebenfalls bezweifelt werden, ob die Zahl der *Follower* und *Likes* auf *Social-Media*-Kanälen mit Freundschaft gleichzusetzen ist. Es scheint an der Zeit zu sein, dass wir uns wieder auf das besinnen, was Freundschaft im Kern ausmacht.

Dabei sind Freundschaften den Menschen in Deutschland sogar wichtiger als Liebe, wie eine Umfrage des Allensbach-Institutes 2019 herausgefunden hat. Wer intensive Freundschaften pflegt, lebt sogar nachweislich länger. Die Zufriedenheit mit dem Leben steigt ebenfalls mit dem Vorhandensein von engen Freundschaften. Es kommt hier nicht so sehr auf die Quantität an, sondern vielmehr darauf, wie sehr man sich auf Freund:innen verlassen kann. Besonders bedeutsam sind schließlich lang anhaltende Freund:innen, die bereits in jungen Jahren entstanden sind und zu »Lebenszeugen«[31] werden.

Für den griechischen Philosophen ARISTOTELES war Freundschaft noch eine öffentliche Angelegenheit. Freundschaften sollten im Sinne einer Tugend seiner Meinung nach das Gemeinwesen (*polis*) zusammenhalten.[32] Deshalb unterscheidet er drei Arten von Freundschaft und – wie er ausdrücklich betont – drei Arten des »Liebens-werten«[33]: nützliche Freundschaften, lustvolle, auf Spaß ausgerichtete Freundschaften und Freundschaften, bei denen sich beide Gutes wünschen und sich als Gleiche begegnen. Freundschaft heißt hier, dass der Andere ein »zweites Ich«[34] ist. Letzteres hat viel mit Vertrauen zu tun und bringt Gemeinschaft und Teilhabe erst hervor. Der Unterschied in der Art der Freundschaft ergibt sich nicht so sehr aus dem, was

Freund:innen miteinander tun, sondern vielmehr aus den Gründen für ihr Miteinander.

Für MICHEL DE MONTAIGNE (1533–1592), den französischen Juristen und Philosophen, ist Freundschaft bereits mehr eine private Angelegenheit. Im Alter von 30 Jahren zieht er sich in den Turm des Schlosses Montaigne zurück, nachdem sein bester Freund, ÉTIENNE DE LA BONTË, gestorben ist. Rückblickend schreibt Montaigne in seinem Essay »Von der Freundschaft«, dass in der wahren Freundschaft eine Verschmelzung, ein Ineinander-Aufgehen zweier Menschen stattfindet, so dass sie »die Naht, die sie verbindet, nicht mehr finden«.[35] Gewiss wird Freundschaft hier idealisiert. Freundschaft kann verloren gehen und gemeinsame Wege können sich trennen. Nicht mit jedem Menschen kann man auf diese Weise befreundet sein. Gleichwohl wird hier eine Beziehung zwischen Menschen beschrieben, die geeignet ist, zum gegenseitigen Verstehen trotz aller individuellen Unterschiede beizutragen. Und dieses Verstehen ist stets ebenso ein Selbst-Verstehen.

Diese Art von Freundschaft beinhaltet immer die freie Wahl einer Beziehung – und zwar unter Gleichen, wie der Philosoph WILHELM SCHMID das in seiner Philosophie der Lebenskunst zum Ausdruck bringt.[36] Hier kommen also unser Wunsch nach Geselligkeit und unser Freiheitsdrang zusammen. Die echte Freundschaft ermöglicht beides, Individualität und Gemeinsamkeit zwischen Menschen. Und deshalb bringt die Fähigkeit, Freundschaften zu schließen, auch eine Haltung den Mitmenschen gegenüber zum Ausdruck. Im Gegensatz zur Liebesbeziehung bedeutet Freundschaft immer, eine Wechselbeziehung einzugehen.[37] Es ist eine Begegnung von Person zu Person, die dem Gegenüber stets sein Person-Sein zugesteht.[38] Freundschaft hilft uns eine eigene Person zu werden und uns als Mensch weiterzuentwickeln.[39] Voraussetzung dafür ist allerdings, dass wir mit uns selbst befreundet sind, wie schon ARISTOTELES wusste. Wir sollten die Sorge um uns selbst nicht vernachlässigen und in der Lage sein, uns selbst zu mögen.[40]

LUDWIG OTTO ROSER, ein italienischer Psychologe, hat vor dem Hintergrund seines langjährigen Einsatzes für die Nicht-Aussonderung von Menschen mit Behinderung Freundschaft als Sinnbild gelungener Inklusion beschrieben. Freundschaft entsteht dort, wo wir uns kennen. Erst dann kann so etwas wie Akzeptieren des Anderen gelingen und die Angst vor dem Fremden überwunden werden. Dabei geht es nicht nur um Toleranz im Sinne von Duldung. Freundschaft geht darüber hinaus und führt zur Anerkennung des anderen. Deshalb sollten seiner Meinung nach Kinder schon in Kinderkrippen und Kindergärten so viel wie möglich über Behinderung erfahren, indem sie Kontakt mit Kindern mit Behinderung haben. Sich befreunden miteinander ist dann nicht nur ein Ereignis, was wie ein Wunder über uns kommt, sondern das vielmehr aktiv angegangen werden muss.[41]

> Eine inklusive Haltung beinhaltet die Fähigkeit, sich mit anderen befreunden zu können.

Möglicherweise leben wir nicht mehr in einer Zeit, in der Freundschaften die Welt zusammenhalten, wie noch ARISTOTELES meinte. Aber bei einigen Menschen in unserer nächsten Umgebung sollte das doch gelingen können.[42] Letztlich deutet die Rede von der inklusiven Haltung darauf hin, wie wir unser Mensch-Sein verstehen. Inklusion wirkt sich also als Bewusstwerdungsprozess über das Menschenbild aus, dem wir nachstreben. Das ist die individuelle Seite der Inklusion. Der Prozess der Inklusion erfordert also auch eine Veränderung der einzelnen Person.

> *Provokation 8:* Inklusion fordert uns auf, mit Grenzen in uns und in unserem Umfeld kreativ umzugehen und sie als Aufgaben zu begreifen.

9 Denkverbote auflösen!
Inklusive Gesellschaft

N wie Netzwerk oder:

»Inklusion heißt, dass wir in Netzen denken und leben lernen.«

Manni ist ein junger Mann, der mit dem Down-Syndrom lebt – und zwar in vollen Zügen. Er begibt sich mit seinem Erzieher Julius auf das große Abenteuer, eine Reise mit Rucksack durch den Outback Australiens anzutreten. Acht Wochen zu zweit zu verbringen, stellt sich als große Herausforderung für die beiden heraus. Während Julius sich viele Ausflugsziele auf dem Weg vorgenommen hat, ist Manni durchaus sehr um sein eigenes Wohlbefinden bemüht. So kommt es in der »Pommes-Krise« fast zum Abbruch der Reise, als Julius Manni auf seine etwas einseitigen Ernährungsgewohnheiten hinweist und damit droht, Rücksprache mit den Eltern zu nehmen. Beim Ability-Festival mit der inklusiven Band »Rudely Interrupted« erweist sich Manni dann wieder als Feier-Biest und lässt es sich nicht nehmen, mit den Musiker:innen auf der Bühne abzurocken. Aber Manni kommt immer wieder an seine Grenzen. Am schönsten ist die Reise dann, wenn Manni mal wieder von allen unterschätzt wird und über seine Grenzen hinausgeht.[1]

Netzwerke sind die Voraussetzung für gelingende Inklusion. Eine inklusive Gesellschaft ist ohne eine gute Vernetzung wohl nicht denkbar. Gleichwohl ist unsere Vorstellung von einer inklusiven Gesellschaft nach wie vor nicht wirklich greifbar. »In was für einer

Gesellschaft wollen wir leben?«, so fragte die AKTION MENSCH vor einiger Zeit.[2] Aber was ist die Antwort? Vermutlich gibt es unendlich viele Antworten in einer modernen individualisierten Gesellschaft. Und zugleich stellt sich sofort die Frage, was und wie diese Gesellschaft bei all der Individualisierung zusammenhalten soll. Zweifellos gibt es in der gegenwärtigen Gesellschaft Tendenzen zur Exklusion. Insbesondere sozial benachteiligten Jugendlichen wird vielfach die Botschaft übermittelt, dass sie schlicht nicht gebraucht werden und von den gesellschaftlichen Ressourcen ausgeschlossen sind.[3] Damit steht nicht mehr so sehr die Frage im Raum, was oben und was unten ist, sondern vielmehr wer drinnen und wer draußen ist. Ausschluss und Einschluss, Exklusion und Inklusion stehen in modernen Gesellschaften in einem Wechselverhältnis zueinander. Überall gibt es soziale Ungleichheit, die Ausschluss bewirken kann. Die Frage ist schlicht, ob wir uns damit abfinden wollen und bei der fatalistischen Feststellung stehen bleiben, dass das nun einmal die harte Wirklichkeit ist. Was wäre die Alternative? Offensichtlich geht es darum, allen pessimistischen Gegenwartsdiagnosen zum Trotz den Gedanken zu wagen, dass es auch anders sein könnte. Möglicherweise müssen wir dazu ein wenig in die Zukunft schauen. Genau das soll hier nun geschehen. Werfen wir also einen Blick in die Zukunft einer inklusiven Gesellschaft. Das ist wie so häufig ein Blick zurück nach vorn.

Menschenrechte und Menschenpflichten

Als die Gattin des Präsidenten der USA, ELEANOR ROOSEVELT, im Jahre 1948 in Paris die 30 Artikel der »Allgemeinen Erklärung der Menschenrechte« verliest, ist damit zumindest das Ideal gemeinsamer rechtlicher Grundlagen für die Menschheit als Ganzes formuliert.[4] Unter dem Eindruck zweier Weltkriege und der unvorstellbaren Verbrechen des Holocaust wird damit zugleich ein moralischer Kompass für die Arbeit der Vereinten Nationen in den folgenden

Jahrzehnten geliefert. Artikel 2 enthält bereits ein Verbot der Diskriminierung aufgrund von Geschlecht und kultureller Herkunft. Aus dem Grundsatz der Würde des Menschen werden sowohl das Recht auf Gleichheit aller Menschen vor dem Gesetz als auch ihre Freiheitsrechte abgeleitet. Diese Rechte sollen insbesondere im Alltag der Menschen, in ihrer unmittelbaren Nachbarschaft gelten und erfahrbar sein.[5] Die Vorgeschichte der Menschenrechtserklärung zeigt, dass das Streben nach Religionsfreiheit einen wichtigen Impuls darstellte, um Menschenrechte förmlich festzulegen. Das meint der Soziologe HANS JOAS in seiner Suche nach ihren Ursprüngen. Die Entstehung der Menschenrechte ist letztlich religiösen Wurzeln in der jüdisch-christlichen Tradition zu verdanken.[6] Erst vor diesem ideengeschichtlichen Hintergrund wird es möglich, die Forderung aufzustellen, auch Neugeborene, Menschen mit Behinderung oder Demenzkranke unter den Schutz der Menschenwürde zu stellen.[7] Die Vorstellung von der Würde des Menschen beruht im Kern auf dem religiös bestimmten Glauben, dass das Leben eine Gabe ist, die wir uns nicht selbst gegeben haben.[8] Damit wird der Mensch als Person besonders herausgehoben, JOAS spricht sogar von »Sakralität« im Sinne von »Heiligkeit« der Person.

So ist es bereits in der ersten Menschenrechtserklärung weltweit, der *Virginia Declaration of Rights,* im Jahre 1776 nachzulesen.[9] Hier wird erstmalig zum Ausdruck gebracht, dass alle Menschen gleiche Rechte haben. Darauf beruht seinerzeit die *Bill of Rights* und die Unabhängigkeitserklärung der Vereinigten Staaten. Auch die Erklärung der Menschen- und Bürgerrechte durch die Nationalversammlung in der französischen Revolution von 1789 zielt auf Freiheit, Gleichheit und Brüderlichkeit (*Liberté, Egalité, Fraternité*) für alle Menschen.[10] Insbesondere sollte damit die Abschaffung von Folter und Sklaverei durchgesetzt werden.[11] Allerdings bezogen sich die Menschenrechte hier noch ausschließlich auf die männlichen Bürger, die Steuern zahlen. Dagegen artikuliert sich schon damals in Frankreich der Widerstand der Frauen (▶ Kap. 3). Die Sklaven in den Vereinigten Staaten kamen bekanntlich ebenfalls nicht in den Genuss der Menschenrechte, da sie nicht einmal als Menschen im vollen Sinne des Wortes angesehen worden sind (▶ Kap. 4).

Die Vereinten Nationen belassen es ebenfalls nicht bei der Erklärung der Menschenrechte, obwohl sie sich durchweg auf alle Menschen bezieht. 1989 lassen die Vereinten Nationen nach über 10-jähriger Beratung die »UN-Kinderrechtskonvention« folgen. Sie wollten damit zum Ausdruck bringen, dass die Rechte von Kindern weltweit in besonderer Weise geschützt werden müssen.[12] Kinder mit Behinderung werden hier erstmals aufgeführt, im Unterschied zur Menschenrechtserklärung. Artikel 23 enthält die Forderung nach einem menschenwürdigen Leben, nach Selbstständigkeit und aktiver Teilnahme auch für Kinder mit Behinderung. 2006 folgt die »UN-Behindertenrechtskonvention«, die von Deutschland im Jahre 2009 unterzeichnet wurde und seither hier völkerrechtlich verbindlich ist. Sie dient der Konkretisierung der Menschenrechte und der expliziten Einbeziehung von Menschen mit Behinderung in deren Gültigkeit. Begleitend zum Lebenslauf wird hier in 50 Artikeln und einem Fakultativprotokoll ein selbstbestimmtes Leben in vollständiger sozialer Teilhabe für Menschen mit Behinderung entworfen. Damit ist das neue gesellschaftspolitische Leitbild »Inklusion« ausgehend von Menschen mit Behinderung erstmals in geltendes Recht übersetzt worden. Das Berliner »Institut für Menschenrechte« ist als Monitoring-Stelle damit beauftragt, die Umsetzung der UN-Behindertenrechtskonvention in Deutschland zu überprüfen. Deutschland hat sich verpflichtet, alle fünf Jahre einen Staatenbericht zu erstellen, der den Stand der Inklusionsentwicklung in der Gesellschaft beschreibt. Hier zeigt sich 15 Jahre nach Inkrafttreten der UN-Behindertenrechtskonvention noch erheblicher Handlungsbedarf in allen gesellschaftlichen Bereichen.

Zugleich wird in den Aktivitäten der Vereinten Nationen deutlich, dass das wirkliche Leben der Menschheit zum Teil weit von den Idealen der Menschenrechtserklärung abweicht. Offenbar müssen Menschenrechte nicht nur kodifiziert, sondern auch gelebt werden. ALEIDA ASSMANN, eine Literaturwissenschaftlerin aus Konstanz, weist seit längerem darauf hin, dass Menschenrechte ohne Menschenpflichten leere Formeln bleiben.[13] 1997 veröffentlichen die Politiker HELMUT SCHMIDT, FRANZ VRANITZKY, SHIMON PERES und Vertreter:innen anderer Staaten die deutschsprachige Ausgabe der »Allgemeinen Erklärung der Menschenpflichten« in der Wochenzeitschrift DIE ZEIT. Diese Initiative geht zurück auf einen Entwurf des *Interaction Council* der Vereinten Nationen aus dem gleichen Jahr, die von dem damaligen UN-Generalsekretär, KOFI ANNAN, der Weltöffentlichkeit vorgestellt worden ist.[14] In 19 Artikeln wird die Verantwortung aller Menschen für die Gesellschaft, in der sie leben, beschrieben. Es geht ihnen darum, dass sich alle Menschen in Ergänzung zu staatlichen Institutionen und politischen Gremien aktiv an der Gestaltung des Gemeinwesens beteiligen. Dabei sollen fundamentale Prinzipien des humanen Umgangs miteinander zugrunde gelegt werden. Im Vordergrund steht die allbekannte »goldene Regel«: »Was Du nicht willst, das man Dir tu, das füg auch keinem anderen zu.« (Art. 4).

IMMANUEL KANT hat dies in seinem kategorischen Imperativ in eine allgemeingültige Formel überführt: »Handle so, dass die Maxime deines Willens, jederzeit zugleich als Prinzip einer allgemeinen Gesetzgebung gelten kann.«[15] Damit ist die Grundlage für ein gesellschaftliches Miteinander benannt, das von gegenseitigem Respekt und Achtung füreinander gekennzeichnet sein soll. In der »Erklärung der Menschenpflichten« wird nochmals hervorgehoben, dass Menschen trotz aller Unterschiede aufgrund von Geschlecht, ethnischer Herkunft, religiöser oder politischer Überzeugung usf. gleiche Rechte haben. In Artikel 10 wird insbesondere die Pflicht hervorgehoben, Menschen mit Behinderung neben Bedürftigen, Benachteiligten und Opfern von Diskriminierung Unterstützung zu gewähren.

Es schließt sich nun die Frage an, in welcher Gesellschaft dieses Zusammenspiel von Menschenrechten und Menschenpflichten gelingen kann. Offensichtlich bieten demokratische Gesellschaften für den Schutz der Menschenrechte die besten Voraussetzungen. Gerade weil die Menschenrechte universelle Geltung beanspruchen, sollen sie aber auch in Staaten gelten, die möglicherweise noch nicht oder nur eingeschränkt demokratisch strukturiert sind. Bereits die ersten Menschenrechtserklärungen fordern zugleich demokratische Strukturen zu ihrer Durchsetzung ein. Gewaltenteilung, Machtkontrolle und unabhängige Gerichte in Demokratien sind zugleich wichtige Grundlagen, um den Menschenrechten Geltung zu verschaffen.[16]

Da die Menschenrechte und Menschenpflichten, so wie sie von den Vereinten Nationen formuliert worden sind, letztlich auf die soziale Teilhabe aller Menschen zielen, zeichnen sie ebenfalls das Idealbild einer inklusiven Gesellschaft. Das ist die menschenrechtliche Grundlage der Inklusion.

> Eine inklusive Gesellschaft ist eine Gesellschaft, in der im Zusammenspiel von Menschenrechten und Menschenpflichten die selbstbestimmte soziale Teilhabe aller Menschen garantiert ist.

Freiheit und Gleichheit

»Inklusion braucht Demokratie«, so lautet das Motto des Beauftragten der Bundesregierung für die Belange von Menschen mit Behinderung, JÜRGEN DUSEL.[17] Auch im Bundesprogramm »Demokratie leben« steht die Inklusion im Mittelpunkt.[18] Eine demokratische Gesellschaft ist eine inklusive Gesellschaft. Was aber versetzt Demokratien in die Lage, soziale Teilhabe und ein selbstbestimmtes Leben zu ermöglichen? Das ist zunächst einmal eine Frage an die gesetzlichen Rahmenbedingungen.

Mit dem Inkrafttreten des Grundgesetzes für die Bundesrepublik Deutschland am 8. Mai 1949 und seiner Neufassung aufgrund der Wiedervereinigung der beiden deutschen Staaten im Jahre 1994 sind die Menschenrechte in unsere Verfassung aufgenommen und auf alle 16 Bundesländer ausgeweitet worden. Der Diskriminierungsschutz in Bezug auf Menschen mit Behinderung ist in Art. 3, Abs. (3) seither förmlich festgeschrieben. Ursprünglich als Provisorium und Übergang geplant, erweist sich das Grundgesetz im 75. Jahr seines Bestehens mittlerweile als Garant eines demokratischen Gemeinwesens. Es wird von vielen anderen Länder als Vorbild angesehen. Die Grundrechte, die in Abschnitt I in den Artikeln 1 bis 19 ausformuliert sind, stehen ähnlich wie die Erklärung der Menschenrechte im Spannungsverhältnis von Freiheit und Gleichheit.[19] Was zunächst als Widerspruch erscheint, erweist sich bei näherem Zusehen als zentraler Kern unserer demokratischen Gesellschaft. Oberster Grundsatz bleibt die Menschenwürde in Art. 1, d.h. alle Menschen haben gleiche Rechte und gleiche Freiheiten. Der Staat hat die Aufgabe, dies zu achten und zu schützen, wie es dort weiter heißt. Das ist eine klare Absage an Antisemitismus, Rassismus und Diskriminierung und schafft dem Prinzip des »Nie wieder!« als Tenor des Grundgesetzes konkreten Ausdruck.[20] Der Philosoph und Schriftsteller PETER BIERI hat versucht, die vielen Facetten menschlicher Würde einmal auszuleuchten. Die Bedeutung der Würde für den Menschen ist etwa durch den Holocaust nochmals bewusst geworden. Den Menschen jüdischen Glaubens ist bei den Transporten in die Konzentrationslager als erstes ihre Würde genommen worden. Wenn Frauen bis in die Gegenwart hinein die Gleichberechtigung verweigert wird, dann ist das ein Angriff auf ihre Würde. Menschen mit Behinderung, die von der Gesellschaft abgesondert werden, werden gezwungen, ein würdeloses Leben zu führen. Die Hilfsbedürftigkeit allein ist noch keine Einschränkung der Würde eines Menschen. Schließlich waren wir alle als kleine Kinder hilfsbedürftig und werden es als alte Menschen wahrscheinlich wieder sein. Erst eine bevormundende Hilfe, die die Selbstbestimmungsrechte der Hilfsbedürftigen nicht respektiert, führt zu Willkür und Demütigungen, die die Würde des Menschen nicht beachten.[21] Das ist der Grund, warum Menschen mit Behinderung so abwehrend auf Mitleid reagieren. Ohne echte Anteilnahme an dem Schicksal eines anderen Menschen bleibt das Mitleiden nur geheuchelt. Es reduziert Menschen auf ihr Leid und nimmt ihre Versuche, mit dem Leiden aktiv umzugehen, nicht wahr. Damit wird ihre Würde ebenfalls verletzt.[22] Letzliche bedeutet Menschenwürde stets, dass wir Menschen das Recht haben, die Geschichte unseres Lebens selbst erzählen und die Regie unseres Lebens selbst in der Hand zu haben. Freiheit- und Gleichheitsrechte des Grundgesetzes sind aus diesem obersten Grundsatz der Menschenwürde abgeleitet.

Zu den ältesten Bestandteilen von Verfassung zählen die *Gleichheitsrechte.* Dabei geht es nicht um Gleichmacherei von Menschen, wie in polemischer Weise nicht selten behauptet wird. Vielmehr garantieren Gleichheitsrechte die Gleichbehandlung von Bürger:innen. Gleichheit bedeutet also in diesem Fall nicht Identität, sondern durchaus Verschiedenheit. Wenn Bürger:innen vor dem Gesetz gleich sind, so wird damit zugleich ein Vergleich zwischen ihnen erforderlich. Frauen und Männer sind bereits in der ersten Verfassung des Grundgesetzes gleichberechtigt (Art. 3, Abs. 2). In Abs. (3) wird ein allgemeiner Diskriminierungsschutz bezogen auf Geschlecht, kulturelle Herkunft, Sprache, Heimat sowie religiöse und politische Anschauungen festgehalten. 1994 ist der Diskriminierungsschutz auf Menschen mit Behinderung ausgeweitet worden. Die Verletzung von Gleichheitsrechten wird in einem zweistufigen Verfahren durch das Bundesverfassungsgericht überprüft. Zunächst wird gefragt, ob mindestens zwei Personen in Bezug auf ein Merkmal gleich sind. Als zweites wird überprüft, ob eine Ungleichbehandlung durch staatliche Maßnahmen vorliegt. Dabei geht es vorrangig darum, staatliche Willkür zu vermeiden und zu fragen, ob ein sachlicher Grund für die Ungleichbehandlung vorliegt. Auf diese Weise garantiert das Grundgesetz die soziale Teilhabe aller Bürger:innen des Landes. Die Gleichheitsrechte des Grundgesetzes sind somit die Basis für den Aspekt der sozialen Teilhabe im Leitbild Inklusion.

Die *Freiheitsrechte* sichern den Handlungsspielraum der Staatsbürger:innen und garantieren ein selbstbestimmtes Leben. Dazu zählen das Recht auf körperliche Unversehrtheit, die Religionsfreiheit, die Meinungsfreiheit, die Versammlungs- und Vereinigungsfreiheit, die Pressefreiheit sowie die freie Wahl von Wohnung und Beruf. Menschen haben das Recht, verschieden zu sein. Das gilt für alle Menschen in gleicher Weise. Allerdings sind die Freiheitsrechte des einzelnen keineswegs absolut. Die Freiheit des einen endet immer da, wo die Freiheit des anderen beginnt. Die Freiheitsrechte sind also relativ. Sie dienen vorrangig dazu, dass staatliches Handeln den Bürger:innen gegenüber jeweils begründet werden muss. Wird eine Freiheitsrecht verletzt, kann eine dreistufige Prüfung durch das Bundesverfassungsgericht in Karlsruhe erfolgen.[23] Kurz zusammengefasst wird zunächst abgeklärt, ob ein Freiheitsrecht durch ein staatliches Verhalten betroffen ist, als nächstes ob dieses Freiheitsrecht tatsächlich eingeschränkt worden ist und schließlich ob diese Einschränkung gerechtfertigt ist. Letztlich geht es immer darum, die Verhältnismäßigkeit von staatlichen Eingriffen in das Leben von Bürger:innen zu prüfen. Freiheitsrechte weisen auf den Aspekt der Selbstbestimmung bezogen auf das Leitbild der Inklusion hin. Daraus folgt, dass soziale Teilhabe stets die Freiheit der Entscheidung einzelner Bürger:innen beinhalten muss, ob sie teilhaben wollen. Die Entscheidung von Menschen mit Behinderung nicht teilzuhaben, wenn beispielsweise Menschen mit Hörbeeinträchtigungen die Gemeinschaft der Gehörlosen bevorzugen, ist also grundgesetzlich garantiert. Immer dann, wenn dieses Freiheitsrecht nicht respektiert wird, entsteht ein Zwang zur Inklusion. Das Naziregime hat zwischen 1933 und 1945 gezeigt, welche Folgen es hat, wenn Menschen gezwungen werden, teilzuhaben. Inklusion als Zwang ist ein Merkmal totalitärer Gesellschaften und zutiefst undemokratisch. Inklusion kann unter Berücksichtigung der verfassungsmäßig verbrieften Freiheitsrechte immer nur ein Angebot an die Bürger:innen sein.

Auf den ersten Blick handelt es sich um einen Widerspruch zwischen Gleichheit und Verschiedenheit. Aber genau das ist das Geheimnis von Inklusion: Menschen sind stets alle gleich an Rechten und alle verschieden aufgrund ihrer Freiheit. Gleichheit und Verschiedenheit stehen deshalb in einem Spannungsverhältnis, das in demokratischen Gesellschaften nicht aufgelöst wird. Beide Pole des Spektrums bleiben aufeinander bezogen.

> Eine inklusive Gesellschaft steht im Spannungsverhältnis von Freiheits- und Gleichheitsrechten und ermöglicht so eine selbstbestimmte Form sozialer Teilhabe.

Teilhabe und Teilgabe

Die Rechtsgrundlagen unserer demokratischen Gesellschaft legen den Akzent auf die Demokratie als Staats- und Regierungsform. Demgegenüber steht die Vorstellung, dass die Demokratie eine Lebensform sein soll. Demokratie erschöpft sich in dieser Sichtweise nicht nur in einem Kreuz auf einem Wahlzettel und der Wahl von Repräsentanten für den Bundestag oder die Landesparlamente. Auch die demokratischen Institutionen garantieren noch kein demokratisches Zusammenleben. Dazu ist es erforderlich, dass Menschen eine bestimmte Art des sozialen Umgangs miteinander pflegen.

Der nordamerikanische Erziehungswissenschaftler und Philosoph JOHN DEWEY (1859–1952) hat dies einmal in einer Art politischem Glaubensbekenntnis zur Demokratie zusammengefasst.[24] Er geht davon aus, dass eine demokratische Gesellschaft eine kreative Gesellschaft sein sollte, die in der Lage ist, die jeweiligen Probleme und Aufgaben gemeinsam zu lösen. Das gelingt seiner Meinung nach dann am besten, wenn eine Erfahrung möglich wird, an der alle teilhaben und zu der alle etwas beitragen können. Diese gemeinsame Erfahrung, das Teilhaben und Beitragen, ist für DEWEY der Kern der Demokratie als Lebensform.[25] In der Regel wird die Forderung nach Inklusion mit der großzügigen Geste der Einbeziehung marginalisierter Gruppen verbunden. Immer wenn diese Einbeziehung gelingt, können wir jedoch die Erfahrung machen, dass sich unser aller Lebenssituation verändert. Menschen mit Behinderung zeigen beispielsweise, wie sie mit ihrer Beeinträchtigung umgehen und wie sie lernen, damit zu leben. Sie benötigen die Unterstützung der Gesellschaft. Aber sie haben gelernt damit selbstbewusst umzugehen, d. h. diese Hilfe souverän in Anspruch zu nehmen. In der Begegnung mit Menschen mit Behinderung kann niemand mehr die eigene Verletzlichkeit verdrängen. Menschen mit Behinderung tragen deshalb zur Veränderung unserer gemeinsamen Lebenssituation bei. Wir lernen gemeinsam, Schwierigkeiten zu meistern, Hilfe anderer zu akzeptieren, ohne dass diese mit einem Verlust unseres Selbstbewusstseins einhergeht. Wir lernen neue Perspektiven auf unsere gemeinsame Lebenssituation einzunehmen. Das ist der Beitrag, den Menschen mit Behinderung zu unserer gemeinsamen Lebenssituation leisten, ihr Wunsch nach Teilgabe. Die Erziehungswissenschaftlicherin MARIANNE GRONEMEYER hat auf die Bedeutung der Teilgabe für das gesellschaftliche Miteinander aufmerksam gemacht.[26] Teilhabe bedeutet Anteil an den gesellschaftlichen Ressourcen zu haben. In Deutschland ist das im Bundesteilhabegesetz (BTHG) rechtlich geregelt.[27] Teilgabe heißt, dass jeder seinen Beitrag zum Miteinander leisten kann. Das ist das eigentliche Potenzial einer demokratischen Gesellschaft. Wenn es gelingt, dieses Potenzial zu erschließen, können wir eine lernende Gesellschaft werden. Erst dadurch werden Prozesse der Inklusion möglich, indem wir uns auf offene und gemeinsame Lernprozesse einlassen. Machen wir uns darauf gefasst, dass die Begegnung der unterschiedlichen Menschen in inklusiven Zusammenhängen uns alle verändern wird. Dazu gehört dann auch die innere Bereitschaft, sich auf solche offenen Prozesse einzulassen, um die jeweiligen Probleme einer Gesellschaft gemeinsam lösen zu können. Und diese Prozesse sind begleitend zum Lebenslauf in allen Lebensphasen nötig, also schon in Kindertageseinrichtungen und Schulen als Vorbereitung auf ein Leben in einem gesellschaftlichen Miteinander. MARINA WEISBAND, Diplompsychologin und politische Aktivistin, will mit ihrem Programm »aula« beispielsweise dazu beitragen, dass demokratische Beteiligung in Schulen für Schüler:innen noch mehr erfahrbar wird. Über eine Online-Plattform können alle Schüler:innen Vorschläge zur Gestaltung ihrer Schule machen. Allerdings müssen sie für diese Vorschläge innerhalb der Schüler:innenschaft und bei Lehrkräften sowie der Schulleitung Mehrheiten organisieren. Hier ist demokratische Erfahrung nicht nur auf die Wahlen innerhalb der Schüler:innenmitverwaltung reduziert. Demokratie wird hier vielmehr praktiziert und mit konkreten Entscheidungsprozessen verbunden. Die entscheidende Voraussetzung für das Gelingen dieses Demokratie-Lernens ist die Erfahrung, etwas bewirken zu können. Selbstwirksamkeit ist so der Schlüssel zu einer lebendigen Demokratie.[28]

Gerade in diesem alltäglichen Kontext sind Demokratien aber auch immer gefährdet. Jenseits der verfassungsmäßigen Festschreibungen von demokratischen Institutionen wie Parlamenten und Wahlen in Verbindung mit Gewaltenteilung und repräsentativer Demokratie bedarf es einer Übereinkunft in der Gesellschaft. Diese korrespondiert weniger mit Rechtsansprüchen, sondern vielmehr mit Umgangsformen zwischen Menschen. Die amerikanischen Politikwissenschaftler STEVEN LEVITSKY und DANIEL ZIBLATT zeigen in ihrem Buch »Wie Demokratien sterben«, dass in den zunehmend polarisierten Gesellschaften der Gegenwart insbesondere die moralischen »Leitplanken« in Frage gestellt werden. Es handelt sich dabei um »informelle Regeln«, die nicht schriftlich fixiert sind. Gleichwohl sollen sich Menschen in Demokratien – auch wenn sie unterschiedlicher Auffassung sind oder gegensätzliche politische Meinungen vertreten – gegenseitig achten. Das beinhaltet ebenfalls eine gewisse Zurückhaltung den politischen Gegner:innen gegenüber, soweit sie auf dem Boden demokratischer Rechte argumentieren.[29] Gerade in der Gesellschaft der USA, für die die Autoren sprechen, und ebenso einigen anderen Ländern, in denen Populist:innen regieren, werden diese Verhaltensnormen immer wieder außer Kraft gesetzt. Das kann zu einer inneren Aushöhlung einer demokratischen Gesellschaft führen.

> Eine inklusive Gesellschaft erschließt durch die Prozesse der Teilhabe und der Teilgabe das kreative Potenzial der Menschen zur gemeinsamen Problemlösung und wird dadurch zu einer lernenden Gesellschaft.

Gemeinsinn und Eigensinn

»Eigensinn macht Spaß«, so lautet der Titel einer Textauswahl von HERMANN HESSE (1877–1962), in der seine Gedanken über das Spannungsverhältnis zwischen dem Einzelnen und der Gesellschaft zum Ausdruck kommen.[30] Eigensinn ist für ihn der Gegensatz zu Gehorsam. Wie bei HESSE nicht anders zu erwarten, legt er den Schwerpunkt auf den Einzelnen und die Entwicklung zu einer eigenständigen Persönlichkeit, die ein selbstbestimmtes Leben führt. Zweifellos pflegen wir alle gern unseren Eigensinn und suchen nach dem »Sinn des Eigenen«, wie HESSE sagt. Das ist sicher im Sinne der eigenen Persönlichkeitsentwicklung bis zu einem gewissen Grade verständlich und notwendig. Aber wenn jemand als sehr eigensinnig bezeichnet wird, so steckt darin der Vorwurf, dass er nur an sich selbst denkt ohne Rücksicht auf andere. In modernen Gesellschaften scheint uns zunehmend der Sinne für das Gemeinsame, der Gemeinsinn verloren zu gehen.

ALEIDA ASSMANN, Anglistin und Literaturwissenschaftlerin, und JAN ASSMANN, Ägyptologe und Historiker, haben sich in einem großangelegten Forschungsprojekt an der Universität Konstanz mit dem Gemeinsinn beschäftigt.[31] Sie bezeichnen ihn als »sechsten, sozialen Sinn« neben den Nahsinnen Schmecken, Riechen, Berühren und den Fernsinnen Sehen und Hören. Damit ist mehr gemeint als die Zusammenführung der anderen Sinne, wie noch ARISTOTELES dachte. Beim Gemeinsinn geht es vielmehr um eine Tugend, die das Engagement der Bürger:innen für ihre Gesellschaft umfasst. Sie stellen fest, dass in unserer Gesellschaft durch populistische und rechtsextreme Aktivitäten insbesondere der AfD ein veränderter Umgang im Miteinander um sich greift. Darin sehen sie eine Gefahr für den Fortbestand unserer Demokratie. Sie betonen deshalb, das, was die Menschen verbindet, wieder stärker in den Mittelpunkt der Gesellschaft zu rücken. Damit steht die Frage nach der politischen Kultur im Raum, die wir jenseits und flankierend zu den gesetzlichen Grundlagen unseres Zusammenlebens miteinander pflegen. Gemeinsinn und Gemeinwohl wird hier nochmals als unser aller alltägliche Aufgabe in einer demokratischen Gesellschaft betont. Gemeinwohl bezieht sich auf das Gemeinwesen als Ganzes (*res publica*). Gemeinsinn hingegen ist die Fähigkeit einzelner Bürger:innen, sich zum Wohle der Gemeinschaft einzusetzen (*sensus communis*).[32] Der Gemeinsinn stellt den gesellschaftlichen Zusammenhalt in den Mittelpunkt. Wenn Menschen Gemeinsinn haben, so werden sie nicht nur egoistisch an ihre eigenen Bedürfnisse und Interessen denken, sondern initiativ werden und andere Menschen aktiv einbeziehen. Gemeinsinn unterscheidet sich insofern von Solidarität, die auf das Gemeinwesen als Ganzes gerichtet ist und beruht auf Wechselseitigkeit. Brüderlichkeit ist hingegen auf ein gegenseitiges Wohlwollen und Mitgefühl ausgerichtet. Damit verweist Gemeinsinn auf ein anderes Menschenbild.[33] Nach wie vor grassiert die Vorstellung von Menschen, die ausschließlich auf ihren eigenen Vorteil aus sind und in Freund-Feind-Schemata denken. Das erleichtert die Abgrenzung gegenüber anderen und fördert letztlich Rassismus, Diskriminierung und Ausgrenzung. Solidarität bezieht sich dann nur auf diejenigen, die dazugehören, aber keineswegs auf alle Menschen. Gemeinsinn im Sinne von »Brüderlichkeit« (und »Schwesterlichkeit«, *fraternité*) bedeutet aber seit der französischen Revolution, dass alle Menschen in besonderer Weise miteinander verbunden sind. Daraus erst leitet sich die Pflicht ab, aufeinander zu achten und füreinander Verantwortung zu übernehmen – und zwar bezogen auf alle Menschen.

Ein besonderes Verdienst des Ehepaares Assmann ist es in diesem Zusammenhang, das Werk des Heidelberger Philosophen Karl Löwith (1897–1973) wieder in Erinnerung gerufen zu haben. In ähnlicher Weise wie es Martin Buber in seiner dialogischen Philosophie unternommen hat (▶ Kap. 8), stellt Löwith die Begegnung und das Miteinander zwischen Menschen in den Mittelpunkt seines Denkens.[34] Menschen sind als soziale Wesen stets mit anderen im einem *Miteinandersein* mehr oder weniger verbunden. Wir erkennen uns selbst durch den *Mitmenschen*. Wir leben nicht nur einfach in einer Umwelt, wir gestalten diese stets um zu einer *Mitwelt* mit anderen. Es handelt sich also bei Löwiths Werk um eine »Philosophie der Mitmenschlichkeit«.[35] Das bedeutet, dass wir Menschen als Einzelne gar nicht lebensfähig wären. Das heißt aber auch, dass wir alle eine Verantwortung füreinander haben. Und es hat zur Konsequenz, dass alle Menschen das Recht haben, *für sich selbst* zu sprechen. Ausschluss beginnt bereits dort, wo nur *über* Menschen gesprochen wird. Menschen mit Behinderung haben das in der Vergangenheit besonders leidvoll erfahren müssen. Und wir lernen erst seit kurzer Zeit zu akzeptieren und zu fördern, dass wir alle für uns selbst sprechen wollen. Mitmenschlichkeit wird so zu einem zentralen Bestimmungsstück einer inklusiven Gesellschaft. Schon der Begriff »Menschheit« ist inklusiv.[36]

> In einer demokratischen Gesellschaft gilt es deshalb, das Wir wieder stärker zu betonen, wie die freie Publizistin CAROLIN EMCKE in ihrem Essay »Gegen den Hass« deutlich macht.[37] Dazu zählen selbstverständlich unterschiedliche Auffassungen. Wir Menschen leben eben nicht im Singular, sondern stets im Plural. Es bedarf der Übernahme unterschiedlicher Perspektiven. Demokratie beinhaltet die Bereitschaft, sich auf Prozesse des Aushandelns einzulassen. Das ist sicher manchmal mühsam. Aber Menschen, die schon alles wissen oder immer im Recht sein wollen, sind selten bereit für neue Entwicklungen. Das Wir, so sagt EMCKE, enthält stets ein Potenzial für Veränderungen. Auch der amtierende Bundespräsident, FRANK-WALTER STEINMEIER, beschwört in seinem Appell »Wir« die Stärke, die aus dem gemeinsamen Handeln entsteht.[38] Das gilt es für eine inklusive Gesellschaft zu nutzen. Eine inklusive Gesellschaft verhilft Menschen dazu, ihre Verwiesenheit auf andere Menschen zu erfahren und so Mitmenschlichkeit leben zu können.

Politik der Inklusion

ROGER WILLEMSEN (1955–2016), Moderator, Regisseur und Autor, hat kurz vor seinem Tod einen Vortrag mit dem Titel »Wer wir waren« gehalten.[39] Daraus sollte ein Buch werden, das er bedauerlicherweise nicht mehr zu Ende bringen konnte. Er versucht in diesem Vortrag, aus der Zukunft auf die Vergangenheit zu schauen. Deshalb möchte ich hier zum Abschluss die Frage stellen, wie wir wohl einst in der Zukunft auf die Vergangenheit einer nicht-inklusiven Gesellschaft schauen werden. Wie also wird das mit der Inklusion aus der Zukunft betrachtet wohl gewesen sein?

Nun sind Prognosen bekanntlich immer schwierig, insbesondere wenn sie die Zukunft betreffen. Berühmt geworden ist der Ausspruch von Kaiser Wilhelm II., als er im Jahre 1904 das erste Mal in einem Automobil der Marke Mercedes Simplex saß: »Das Auto hat keine Zukunft. Ich setze auf das Pferd.«[40] Es ließen sich viele weitere solcher Zukunftsaussagen aufführen, die von genau dieser Zukunft völlig überrollt worden sind. Gleichwohl ist der Mensch offenbar das einzige Lebewesen auf diesem Planeten, das über so etwas wie Zukunftsfähigkeit verfügt. FLORENCE GAUB, Zukunftsforscherin, geht sogar so weit zu behaupten, dass wir ständig mit unseren Gedanken in der Zukunft unterwegs sind. Sie behauptet, dass Vergangenheit, Gegenwart und Zukunft zugleich in uns präsent sind. Wir können also unsere Zukunft gemeinsam gestalten. Technologien wie die Atomkraft wirken sich weit in die Zukunft hinein schädlich auf den Menschen aus. Plutonium hat eine Halbwertzeit von 24.110 Jahren, von den hunderttausenden Jahren Gefährdungen durch andere Spaltprodukte von Atomkraftwerken ganz zu schweigen. Und angesichts der von uns Menschen gemachten Klimakatastrophe tun wir gut daran, eine zukunftsorientierte Politik zu entwickeln. Und wer hätte vor 1989 gedacht, dass es möglich sein wird, den Eisernen Vorhang verschwinden zu lassen und die beiden deutschen Staaten wieder zu vereinigen! Politik sollte von daher stets einen Möglichkeitsraum eröffnen.

Wird es in der Zukunft so sein, dass Behinderungen aus unserem Leben verschwunden sind? Das Cochlear Implantat ermöglicht nichthörenden Menschen wieder zu hören. Ein Implantat für die Netzhaut bietet blinden Menschen bereits jetzt die Chance, zumindest wieder ein wenig zu sehen. Elektronische Gehhilfen und Prothesen schaffen die Voraussetzung dafür, dass Menschen mit gelähmten oder fehlenden Gliedmaßen wieder gehen oder sogar Sport treiben können, wie die Paralympics immer wieder eindrucksvoll beweisen. Es ist möglich, Trisomie 21 – auch bekannt als Down-Syndrom – mit einem Bluttest vor der Geburt zu erkennen und stellt Eltern damit vor schwierige Gewissenskonflikte, ob ein Kind nach dieser Diagnose zur Welt kommen soll oder nicht. Barrierefreiheit könnte durchaus als politisches Ziel für ein ganzes Land umgesetzt werden, so wie es in Italien und den skandinavischen Ländern bereits jetzt vielerorts gelungen ist. Die Aufhebung von Armut und sozialer Benachteiligung erscheint zwar ungleich komplizierter. Es gibt jedoch bereits Länder z. B. wie Dänemark, die mit einer konsequenten Armutspolitik die Armutsquote auf knapp über 10 % gedrückt haben.[41] Die skandinavischen Länder zeigen uns zugleich, dass ein Bildungssystem möglich ist, in dem die Auswirkungen von sozialer Benachteiligung aufgrund der Herkunftsfamilie von Kindern und Jugendliche sogar ausgeglichen wird. Müssen wir uns eine inklusive Gesellschaft also so vorstellen, dass Behinderungen aufgehoben werden?

Zweifellos ist es in Bezug auf die Gleichberechtigung von Frauen geboten, dass Frauen in gleicher Weise berufstätig sein können wie Männer, ebenfalls in verantwortlichen Leitungsfunktionen agieren und für die gleiche Arbeit gleichen Lohn erhalten. Möglicherweise gelingt es uns sogar, dass Männer sich verändern und auf Gewalt und sexuelle Übergriffe gegenüber Frauen verzichten lernen. Wenn wir uns die zunehmende Akzeptanz von schwulen und lesbischen Menschen in der Öffentlichkeit anschauen, mag es in der Zukunft eine gesellschaftliche Situation geben, in der niemand aufgrund seiner sexuellen Orientierung mehr diskriminiert wird. Vielleicht ist es sogar möglich, dass queere Menschen nicht mehr auf geschützte Räume angewiesen sind, um sich in Sicherheit verabreden zu können und nicht mehr öffentlich angefeindet oder Gewalt ausgesetzt zu sein. Heißt inklusive Gesellschaft also, dass die biologischen Unterschiede zwischen den Geschlechtern im biologischen Sinne keine Bedeutung mehr haben werden?

In einer globalisierten Welt rücken die Menschen aus unterschiedlichen ethnischen Herkünften enger zusammen. Flüchtlingsbewegungen aufgrund von Krieg, Hunger und wirtschaftlicher Not haben in den letzten Jahren in Europa deutlich zugenommen. Wird es in der Zukunft also so sein, dass wir gelernt haben, mit der multikulturellen Vielfalt zu leben? Werden die Grenzen zwischen den europäischen Staaten und zu anderen Ländern unbedeutend geworden sein? Wie heißt es in dem Lied »Imagine« von JOHN LENNON so schön: »Stell dir vor, es gibt keine Länder mehr, es ist gar nicht schwer, nichts wofür man töten oder sterben muss ...?«[42] Zumindest gibt es in Europa im Jahre 2025 seit immerhin 80 Jahren Frieden, ein Privileg für die hier lebenden Menschen, das immer wieder vergessen wird. Könnte es sein, dass wir kulturell voneinander lernen und sich unterschiedliche Kulturen gegenseitig bereichern werden? Ist es denkbar, dass es nicht mehr wichtig sein wird, woher wir kommen, welche Hautfarbe wir haben, sondern nur noch wer wir als Mitmenschen sind?

Eine solche nivellierte Gesellschaft, die hier in Bezug auf Fähigkeiten, Geschlecht und ethnische Herkunft als Szenario gezeichnet worden ist, wird es meiner Meinung nach niemals geben. Es wäre eine Gesellschaft ohne Differenz. Wo Freiheit, Gleichheit und Gemeinsinn in einer Gesellschaft praktiziert werden, wird es ganz im Gegenteil immer Unterschiede zwischen Menschen geben. Es existieren keine zwei Menschen mit den gleichen Fingerabdrücken oder der gleichen DNA. Diese Unterschiede sind der Reichtum einer Gesellschaft. Differenz ist schön, wie HADIJA HARUNA-OELKER berechtigterweise betont hat.[43] Differenz will gelebt und aktiv angenommen werden. Wir sollten uns an Unterschieden freuen und neugierig auf Unterschiede sein. Inklusive Politik hat deshalb nach meiner Auffassung die Aufgabe, möglichst viele inklusive Momente in Familien, Bildungseinrichtungen, im Beruf, in der Freizeit und in der Öffentlichkeit zu schaffen, damit die Begegnung von unterschiedlichen Menschen gelingen kann. Dabei geht es nicht einmal vorrangig um Gesetze und Rechte, die wahrgenommen bzw. eingeklagt werden können. Hier sind Weiterentwicklungen in Richtung auf gleiche Rechte weiterhin selbstverständlich unverzichtbar. Sie bilden gleichsam den Rahmen für die Möglichkeit, inklusive Momente zu erfahren. Es geht jedoch eher um die Menschenpflichten im alltäglichen Zusammenleben. Zu denken ist an den öffentlichen Raum einer politischen Kultur, die alle

Menschen gemeinsam gestalten und nicht nur die verantwortlichen Politiker:innen. Damit ist vor allem eine Bewegung von unten nach oben gemeint. Was können wir also gemeinsam für mehr inklusive Momente in unserem Miteinander-Leben tun? Wie können inklusive Momente nicht nur wahrgenommen und erkannt werden (▶ Kap. 1), sondern im Miteinander von Menschen gestaltet werden?

Im Vordergrund sollten dazu meiner Auffassung nach insbesondere inklusive Orte stehen. Das sind Orte der Begegnung und des Miteinanders. Diese Orte sollten unserem Bedürfnis nach Beziehung und Freundschaft Raum geben. Ich denke dabei an inklusive Cafés, öffentliche Plätze und Parks, die allen zugänglich sind. Sie sollten so gestaltet sein, dass das Gespräch zwischen unterschiedlichen Menschen angeregt wird. Wir müssen dazu lernen, wieder aufeinander zuzugehen. Hier könnten wir den freundlichen, nicht ausschließenden Blick lernen, der nur durch Kontakt entstehen kann. Wir werden dabei erleben, wie wir uns alle in der Begegnung verwandeln. Das sind Orte des Gemeinsinns, die zu gemeinsamen Aktivitäten für das Gemeinwohl bis hin zu bürgerschaftlichem Engagement einladen. Eine Zivilgesellschaft benötigt viele Begegnungsmöglichkeiten im öffentlichen Raum. Wir sollten uns diesen als aktive Bürger:innen im wörtlichen Sinne wieder aneignen und nicht nur dem Kommerz oder den offenbar unendlichen Platzbedürfnissen des Autoverkehrs überlassen. Die Begegnungsräume müssen zugänglich sein, d. h. barrierefrei in einem weiten Sinne also für Menschen mit Beeinträchtigungen in der Motorik ebenso erreichbar sein wie für Menschen mit Beeinträchtigungen der Sinne (Sehen und Hören).

Der Held der Geschichte »Ziemlich beste Freunde«, PHILIPPE POZZO DI BORGO, hat zu seinen Erfahrungen als Mensch mit Behinderung ein Interview mit der ZEIT-Journlistin ELISABETH VON THADDEN gegeben.[44] Darin hebt er noch einmal hervor, für wie bedeutsam er die Abhängigkeit der Menschen voneinander hält. Eine »solidarische Gesellschaft« ist seiner Meinung nach eine Gesellschaft, in der die Menschen sich die Angst vor ihrer eigenen Verletzlichkeit bewusst machen und ihr einen Platz in der Gesellschaft eingeräumt haben. Menschen mit Behinderung könnten »Wächter« einer solchen Entwicklung hin zu einer inklusiven Gesellschaft sein. Sie haben bereits gelernt, mit ihren eigenen Schwächen zu leben und wollen nicht darauf reduziert werden. Sie wissen schon, dass die Angewiesenheit auf den Mitmenschen das wichtigste Merkmal des menschlichen Miteinanders ist. In Verbindung mit dem Interview wird auf das Projekt »*Arche*« hingewiesen, eine Lebensgemeinschaft von Menschen mit und ohne Behinderung, in denen in Frankreich etwa 2.100 Menschen in 25 Vereinen und 31 Gemeinschaften leben. Der Verein »*Simon de Cyrène*« hat *maison partegées* (geteilte Häuser) eingerichtet, in denen ebenfalls Menschen mit und ohne Behinderung zusammenleben. Aus heutiger Sicht ist die inklusive Gesellschaft noch eine Utopie, wie die »Aktion Mensch« im Nachwort zum Interview mit Pozzo di Borgo schreibt. Aber sie wird immer konkreter.

Ich bekenne es hier gern: Ich bin Optimist, vielleicht nach 40 Jahren Engagement für Inklusion nicht mehr hemmungsloser Optimist, aber doch zuversichtlich. Was mich darin bestätigt hat, ist nicht zuletzt das Buch »Im Grunde gut« von Rutger Bregman. Er zeigt dort, dass Menschen und Menschenaffen vieles gemeinsam haben, nicht nur die genetische Ausstattung. Wir teilen 99 % unserer Gene mit Menschenaffen (und immerhin 60 % mit Bananen). Neugeborene Menschen unterscheiden sich in ihren Intelligenzleistungen kaum von Schimpansen und Orang-Utans. In einem Aspekt sind aber selbst die kleinen Menschenkinder den Menschenaffen schon weit voraus: im *social learning*, im Voneinander-Lernen. Bregman sagt, dass Menschen »supersoziale Lernmaschinen« sind. Und wer freundlich zu anderen ist, ist schlauer.[45] Kontakt ist das Wundermittel für mehr Zusammengehörigkeit, für Vertrauen und gegenseitige Hilfsbereitschaft. Das Überleben der Menschheit auf diesem Planeten war in der Vergangenheit stets an unsere herausragenden Fähigkeiten zur Kooperation gebunden. Warum sollte das in Zukunft anders sein? Das eröffnet uns den Möglichkeitsraum, den wir für die kreative Bewältigung unserer Gegenwartsprobleme als Menschheit benötigen. Eine inklusive Gesellschaft zu schaffen, heißt eine dieser Aufgaben. Also, gehen wir sie doch gemeinsam an!

9 Denkverbote auflösen! *Inklusive Gesellschaft*

> *Provokation 9:* Inklusion ist ein Prozess, der mit jedem Kind, das auf die Welt kommt, und jedem Menschen neu beginnt.

Epilog

Ich singe seit einiger Zeit in einem inklusiven Chor, in dem Menschen mit und ohne Behinderung wöchentlich zur Chorprobe zusammenkommen, gemeinsam Sommerfeste feiern, zu einem Chorwochenende in eine nahegelegene Bildungsstätte fahren und mehrmals Konzerte in kleinerem oder auch im größeren Rahmen und manchmal mit anderen Chören veranstalten. Wir erfreuen uns einfach an der Musik, die wir gemeinsam hervorbringen. Alle bringen ihre Fähigkeiten ein. Alle können den gemeinsamen Rhythmus eines Liedes spüren. Die Texte sind ausnahmslos auswendig gelernt. Die meisten singen die Melodie mit, wenn auch nicht immer. Einige erfreuen sich nur daran, mitten im Chor die Musik zu hören, die wir gemeinsam kreieren. Auch wenn mal ein Fehler beim Singen passiert, so gehen wir damit sehr entspannt um. Ich habe schnell gelernt, mich über die eigenen Fehler beim Singen nicht allzu sehr zu ärgern, weil ich auf das Verständnis meiner Mitsänger:innen zählen kann. Ich konnte mich so vom eigenen Perfektionsanspruch lösen und setze mich nun weniger unter Druck. Ich kann das gemeinsame Singen jetzt noch viel mehr genießen. Und es kommt immer wieder zu Szenen, in denen Inklusion unmittelbar erfahrbar wird.

Stephan, 32 Jahre, ein junger Mann mit Autismus-Spektrum-Störung, verpasst keine Chorprobe. Er spricht kaum, manchmal antwortet er mit »Ja!«, wenn man ihn begrüßt. In seiner Freizeit löst er gern Puzzles mit 1000 und mehr Teilen. Nur das Essen geht dem Chorgesang vor. »Er will jetzt nicht singen, er will jetzt essen!«, betont er beim Sommerfest, nachdem er sich am Buffet seinen Teller gefüllt hatte und auf dem Weg zu seinem Platz ist. Das war der erste vollständige Satz, den ich von Stephan gehört habe. Genau in diesem Moment sollte der Chor einen kleinen Auftritt haben. Aber dazu ließ er sich nicht mehr bewegen. Bei der Chorprobe benötigt Stephan die direkte Ansprache von Mitsänger:innen, damit er rhythmisch und musikalisch mitgehen kann. Ganz besonders gut gelingt das bei seinem Lieblingslied von Reinhard Mey »Über den Wolken«. Bei der Weihnachtsfeier des Chores bat ich ihn nach vorn, und wir sangen gemeinsam das Lied zur Gitarrenbegleitung. Alle Mitglieder des Chores waren erstaunt und bewegt, Stephan mitsingen zu hören und sich vor die Gruppe zu stellen zu sehen.

Nach vielen Jahren des Forschens und Schreibens über Inklusion habe ich jetzt das Gefühl, dass ich Inklusion leben kann. Als ich das in unserer Chorgemeinschaft einmal ansprach, schauten mich alle verwundert an, und ich spürte selbst am Klang meiner Worte, dass in dem Ausdruck »Inklusion leben« das Wort »Inklusion« eigentlich überflüssig geworden ist. Wir treffen uns immer wieder im Alltag, gehen zusammen einkaufen, trinken gemeinsam Kaffee, feiern Geburtstage oder sitzen im Sommer in der Eisdiele. In der Kleinstadt, in der ich jetzt seit kurzem lebe, gibt es eine große Nähe zwischen den Menschen, nicht nur in der Nachbarschaft, sondern ebenso in der Öffentlichkeit. Man trifft sich gern einfach einmal auf ein spontanes Gespräch, begrüßt sich, kennt die Sorgen und Nöte von vielen und teilt den Alltag.

Ich erlebe im Moment, dass wir in einem solchen alltäglichen Miteinander irgendwann auf das Wort »Inklusion« verzichten könnten, nämlich dann, wenn es selbstverständlich geworden ist, dass alle mittendrin und nicht nur dabei sind, wie das Motto unseres Chores heißt. Das Singen im Chor kann gleichsam als Metapher für gelebte Inklusion gelten: Alle bringen ihre individuelle Stimme und Musikalität ein und tragen in ihrer jeweiligen Stimmlage zum gemeinsamen Klang bei. Alle singen ihre eigene Lebensmelodie und bringen sich in das gemeinsame Konzert ein. So entsteht aus den vielen einzelnen Beiträgen ein gemeinsames Gefühl von Teilhabe. Teilhaben und Beitragen sind die beiden Aspekte von Inklusion. Wenn es uns gelingt, solche Erfahrungen hervorzubringen, dann wird Inklusion gelebt.

Epilog

Inklusion leben heißt, das Spannungsverhältnis zwischen unseren Wünschen und Träumen von einer inklusiven Gesellschaft auf der einen Seite und der Realität von Aussonderung und Diskriminierung auf der anderen Seite auszuhalten. Die Realität zu akzeptieren würde bedeuten, dass sich nichts mehr ändert und die Systeme so bleiben wie sind. Aber es geht nicht nur darum zu beschreiben, was ist, sondern ebenso nicht aus den Augen zu verlieren, was sein soll. Den idealen Zustand mit der Realität zu verwechseln hätte wiederum zur Folge, dass wir die realen Ausgangsbedingungen für inklusive Veränderungen ausblenden und einer »Rosa-Wölkchen-Inklusion« anhängen. Wenn wir Inklusion leben, dann überbrücken wir die Kluft zwischen dem Sein der tatsächlich schon vorhandenen inklusiven Momente und dem Sollen der konkreten Utopien einer inklusiven Gesellschaft, in der Unterschiede anerkannt und gefeiert werden. Einstweilen wird unser Alltag allerdings noch von diesem Spannungsverhältnis zwischen dem Sein und dem Sollen der Inklusion bestimmt sein. Und wir stehen vor der Herausforderung, dieses Spannungsverhältnis auszuhalten und kreativ zu gestalten, uns nicht damit abzufinden und vielmehr ständig auf Veränderung aus zu sein.

Auf einem Bus des italienischen Vereins »Casa del Sole« habe ich kürzlich im Urlaub den folgenden Satz entdeckt: »*La diversita è in ognuno di noi.*«[1] Die Vielfalt steckt in jedem von uns, so würde ich das übersetzen. »Vielfalt« bedeutet demnach nicht nur, dass es Unterschiede zwischen Menschen gibt, sondern Unterschiede, die wir in uns selbst wahrnehmen und leben. »In jedem« deutet auf die individuelle Vielfalt hin und dass jeder wichtig ist. »Von uns« heißt, dass es trotzdem eine Gemeinschaft und ein Wir gibt.

Danksagung

Wie bei allen Büchern, so ist auch das vorliegende Werk nicht ohne die Anregungen vieler lieber Menschen denkbar. Allen voran möchte ich Petra Weidner für die offenen und kritischen Rückmeldungen zum Text danken, das fortlaufende Gespräch zwischen uns und nicht zuletzt für die lebensrettenden Feinschmeckermenus meiner ganz persönlichen Sterneköchin. Daniela Heimlich danke ich für die Ermutigung, mich endlich mit der unabweisbaren Idee dieses Buches zu beschäftigen, vielleicht sogar, um mich davon endlich zu befreien. Dem inklusiven Chor »Mobilton« der Lebenshilfe Eberbach verdanke ich die Erfahrung, Inklusion wirklich erleben zu dürfen und nicht nur darüber nachzudenken, dazu zu forschen und darüber zu schreiben. Ich danke Hutch Brown für die tiefschürfenden Gespräche, seine Freundlichkeit, die gute Musik in seiner Kaffeerösterei »Zur Bohne« sowie für den wunderbaren Kaffee. Ich habe meinen inklusiven Ort bei ihm gefunden, wo sich Menschen begegnen, die sich bisher noch nicht kannten, über die Tische hinweg Gespräche stattfinden, Freundschaften geschlossen werden und gemeinsame Projekte aus der Taufe gehoben werden.

Eine ständige Inspiration verdanke ich darüber hinaus Ministerialrat a. D. Erich Weigl, der unser Gespräch auch nach dem Eintritt in den Ruhestand nicht abreißen ließ und der mich in vielen gemeinsamen Spaziergängen immer wieder herausfordert, meine Gedanken zum Thema »Inklusion« zu klären. Zwischen uns darf es mehr als eine Meinung geben.

Vielfältige Anregungen zu den einzelnen Aspekten der Inklusion habe ich den Gesprächen mit Wolf und Christiane sowie Nethané, Marc und Mino erhalten, die mir immer wieder zeigen, wie die nachfolgende Generation in unser gemeinsames Leben schaut und welche zukünftigen Möglichkeiten sich trotz aller bedrückenden Ereignisse wie Krieg, Pandemie und das Erstarken des Rechtsextremismus doch bieten. Von ihnen kann ich täglich lernen, dass zur Entwicklung einer inklusiven Gesellschaft eine Menge Zuversicht und Optimismus gehört.

Und *last but not least* bin ich meinem Lektor, DR. KLAUS-PETER BURKARTH vom Kohlhammer-Verlag, sehr verbunden dafür, dass er sich letztlich doch davon überzeugen ließ, ein weiteres Buch zum Thema »Inklusion« zu machen.

Anmerkungen

1 Teilhabe, Teilgabe, Teilsein *Inklusive Momente*

1 HENMO, OLA: Ungehindert. Die beeindruckende Geschichte des Torstein Lerhol. München, Basel: Reinhardt, 2019, S. 16.
2 VEREINTE NATIONEN: Die UN-Behindertenrechtskonvention. Übereinkommen über die Rechte von Menschen mit Behinderungen. Januar 2009 (URL: https://www.institut-fu er-menschenrechte.de/fileadmin/Redaktion/PDF/DB_Menschenrechtsschutz/CRPD/ CRPD_Konvention_und_Fakultativprotokoll.pdf, letzter Aufruf: 07.03.2024).
3 DEUTSCHES INSTITUT FÜR MENSCHENRECHTE: Parallelbericht an den UN-Ausschuss für die Rechte von Menschen mit Behinderungen zum 2. und 3. Staatenprüfverfahren Deutschlands. Juli 2023 (URL: https://www.institut-fuer-menschenrechte.de/publika tionen/detail/parallelbericht-an-den-un-ausschuss-fuer-die-rechte-von-menschen-mit-behinderungen-zum-23-staatenpruefverfahren-deutschlands, letzter Aufruf: 07.03.2024).
4 ANTOR, GEORG/BLEIDICK, ULRICH: Behindertenpädagogik als angewandte Ethik. Stuttgart: Kohlhammer, 2000, S. 60f., S. 129f.
5 DEUTSCHES INSTITUT FÜR MENSCHENRECHTE: Online-Handbuch Inklusion als Menschenrecht 2024 (URL: https://www.inklusion-als-menschenrecht.de/mittelalter/, letzter Aufruf: 07.03.2024).
6 BOYLE, T. CORAGHESSAN: Das wilde Kind. München: Hanser, 2010.
7 ELLGER-RÜTTGARDT, SIEGLIND: Geschichte der Sonderpädagogik. Eine Einführung. München, Basel: Reinhardt, 2008, S. 63, 69.
8 HEIMLICH, ULRICH: Inklusive Pädagogik. Eine Einführung. Stuttgart: Kohlhammer, 2019, S. 89.
9 EUROPEAN AGENCY FOR SPECIAL NEEDS EDUCATION: European Agency Statistics on Inclusive Education (URL: https://www.european-agency.org/activities/data (letzter Aufruf: 07.03.2024).

10 SAFRANSKI, RÜDIGER. Zeit. Was sie mit uns macht und was wir aus ihr machen. München: Hanser, 2015, S. 112.
11 HEIMLICH, ULRICH: Inklusive Momente im Bildungsprozess. In: Pädagogische Rundschau 71 (2017) 2, S. 171–185.
12 PLATTE, ANDREA/KRÖNIG, FRANZ: Inklusive Momente. Unwahrscheinlichen Bildungsproessen auf der Spur. Weinheim u. Basel: Beltz, 2017.
13 PRENGEL, ANNEDORE: Pädagogik der Vielfalt. Verschiedenheit, Gleichberechtigung in Interkultureller, Feministischer und Integrativer Pädagogik. Opladen: Leske+Budrich, 2. Auflage 1995, S. 49.
14 FROMM, ERICH: Haben oder Sein. Die seelischen Grundlagen einer neuen Gesellschaft. Stuttgart: Deutsche Verlagsanstalt, 1976 (engl. Originalausgabe: 1976), S. 110.

2 Be-hindern ver-hindern *Inklusive Situationen I*

1 FRANCIS, ALLEN: Normal. Gegen die Inflation psychiatrischer Diagnosen. Köln: DuMont Buchverlag, 2. Auflage 2017, S. 267.
2 LEDUC, AMANDA: Entstellt. Über Märchen, Behinderung und Teilhabe. Hamburg: Edition Nautilus, 2021.
3 GOFFMAN, ERVING: Stigma. Über Techniken der Bewältigung beschädigter Identität. Frankfurt a. M.: 1975 (amerikanische Originalausgabe: 1963).
4 PONTIGGIA, GUISEPPE: Zwei Leben. München: Hanser 2002 (italienische Originalausgabe: 2000).
5 Vgl. https://buehnenlichter.de/my-fair-lady/ letzter Aufruf: 13.03.2024.
6 OVID: Metamorphosen. Köln: Anaconda, 2010, S. 228 f.
7 CLOERKES, GÜNTER: Soziologie der Behinderten. Eine Einführung. Heidelberg: Edition Schindele, 1997, S. 120 f.
8 BREGMAN, RUTGER: Im Grunde gut. Eine neue Geschichte der Menschheit. Hamburg: Rowohlt, 8. Auflage 2022, S. 392.
9 STATISTISCHES BUNDESAMT: Pressemitteilung Nr. 259 vom 22. Juni 2022.
10 Vgl. https://www.visitnorway.de/reiseziele/ostnorwegen/oslo/osloer-opernhaus/ (letzter Aufruf: 06.03.2024).
11 BUNDESMINISTERIUM FÜR ARBEIT UND SOZIALES (BMAS): Behindertengleichstellungsgesetz (URL: https://www.bmas.de/DE/Service/Gesetze-und-Gesetzesvorhaben/gesetz-zur-gleichstellung-behinderter-menschen.html, letzter Aufruf: 12.03.2024).

Anmerkungen

12 Allgemeines Gleichbehandlungsgesetz (AGG) ((URL: https://www.antidiskriminie rungsstelle.de/SharedDocs/downloads/DE/publikationen/AGG/agg_gleichbehand lungsgesetz.pdf?__blob=publicationFile, letzter Aufruf: 15.10.2024).
13 Unabhängige Bundesbeauftragte für Antidiskriminierung: Jahresbericht 2023. Berlin, 2024 (URL: https://www.antidiskriminierungsstelle.de/SharedDocs/downloads/DE/publikationen/Jahresberichte/2023.html?nn=305458, letzter Aufruf: 15.10.2024).
14 Vgl. https://www.bmas.de/DE/Soziales/Teilhabe-und-Inklusion/Rehabilitation-und-Teilhabe/Persoenliches-Budget/persoenliches-budget.html (letzter Aufruf: 06.03.2024).
15 NIEDERSÄCHSISCHES MINISTERIUM FÜR SOZIALES, ARBEIT, GESUNDHEIT UND GLEICHSTELLUNG: Europäisches Jahr der Menschen mit Behinderung (URL: https://www.ms.niedersachsen.de/startseite/soziales_inklusion/inklusion_von_menschen_mit_behinderungen/-13004.html, letzter Aufruf: 03.07.2024).
16 AGUAYO-KRAUTHAUSEN, RAÚL: Wer Inklusion will, findet einen Weg. Wer sie nicht will, findet ausreden. Hamburg: Rowohlt, 2023.
17 INDEPENDENT LIVING STIFTUNG (URL: https://www.independentliving-stiftung.de, letzter Aufruf: 03.07.2024).
18 SEKRETARIAT DER STÄNDIGEN KULTUSMINISTERKONFERENZ DER LÄNDERIN DER BUNDESREPUBLIK DEUTSCHLAND: Empfehlungen zur sonderpädagogischen Förderung in den Schulen in der Bundesrepublik Deutschland. Bonn, 1994 (URL: https://www.kmk.org/fileadmin/veroeffentlichungen_beschluesse/1994/1994_05_06-Empfehlung-sonderpaed-Foerderung.pdf, letzter Aufruf: 12.03.2024).
19 KULTUSMINISTERKONFERENZ: Empfehlungen zur schulischen Bildung, Beratung und Unterstützung von Kindern und Jugendlichen im sonderpädagogischem Schwerpunkt LERNEN. Bonn, 2019 (URL: https://www.kmk.org/fileadmin/veroeffentlichungen_beschluesse/2019/2019_03_14-FS-Lernen.pdf, letzter Aufruf: 12.03.2024).
20 GÜMÜSAY, KÜBRA: Sprache und Sein. Berlin: Hanser, 3. Auflage 2020, S. 11.
21 BINDING, ALFRED/HOCHE, ALFRED: Über die Freigabe der Vernichtung lebensunwerten Lebens. :hansebooks, 2. Auflage 2018 (Originalausgabe: 1920).
22 PALMOWSKI, WINFRIED: Der Anstoß des Steins. Systemische Beratung im schulischen Kontext. Ein Einführungs- und Lehrbuch. Dortmund: borgmann, 2017.
23 PALACIO, RAQUEL J.: Wunder. München: Hanser, 2013.
24 DUPONT-MONOD, CLARA: Brüderchen. München: Piper, 3. Auflage 2023.
25 KITTAY, EVA F.: Die Suche nach einer bescheideneren Philosophie. Mentalen Beeinträchtigungen begegnen – herausfinden, was wichtig ist. Berlin, 2006 (URL: https://www.imew.de/de/imew-preis/imew-preis-2006/die-suche-nach-einer-bescheideneren-philosophie, letzter Aufruf: 12.03.2024).

3 Geschlecht selbst bestimmen? *Inklusive Situationen II*

1 TARGOWNIK, AMILI: Hat keine Flügel, kann aber fliegen. Meine Geschichte. München: Penguin, 2020, S. 209. In: FLUDER, MAX: Fliegen lernen. Süddeutsche Zeitung, 25. Mai 2020, Nr. 119, S. R4.

2 Vgl. https://www.destatis.de/DE/Presse/Pressemitteilungen/2023/01/PD23_036_621. html#:~:text=WIESBADEN%20-%20Frauen%20haben%20im%20Jahr,(24%2C36%20Eu ro), letzter Aufruf: 13.03.2024.

3 Vgl. https://www.destatis.de/DE/Themen/Arbeit/Arbeitsmarkt/Qualitaet-Arbeit/Di mension-1/frauen-fuehrungspositionen.html, letzter Aufruf: 13.03.2024.

4 Vgl. https://www.ndr.de/kultur/Femizide-in-Deutschland-Fallzahlen-gehen-2021-leicht-zurueck,femizid100.html, letzter Aufruf: 13.03.2024.

5 BUNDESMINISTERIUM FÜR FAMILIE, SENIOREN, FRAUEN UND JUGEND: Formen der Gewalt erkennen (URL: https://www.bmfsfj.de/bmfsfj/themen/gleichstellung/frauen-vor-gewalt-schuetzen/haeusliche-gewalt/formen-der-gewalt-erkennen-80642, letzter Aufruf: 14.03.2024).

6 WDR: Gisèle Pelicot gibt Vergewaltigungs-Opfern ein Gesicht (URL: https://www1.wdr.de/nachrichten/avignon-prozess-vergewaltigung-fragen-antworten-100.html, letzter Aufruf: 24.10.2024).

7 BUNDESMINISTERIUM FÜR FAMILIE, SENIOREN, FRAUEN UND JUGEND: Lebenssituation und Belastungen von Frauen mit Beeinträchtigungen und Behinderungen in Deuschland. Kurzfassung. Berlin, 3. Auflage 2014, S. 19 (URL: https://www.bmfsfj.de/bmfsfj/ser vice/publikationen/lebenssituation-und-belastungen-von-frauen-mit-beeintraechti gungen-und-behinderungen-in-deutschland-80576, letzter Aufruf, 13.03.2024).

8 EWINKEL, CAROLA/HERMES, GISELA u.a.: Geschlecht behindert, besonderes Merkmal Frau. Neu-Ulm: AG SPAK, 3. Auflage 2002, S. 91.

9 THIELE, ALEXANDER: Das Grundgesetz. Verständlich erklärt. Ditzingen: Reclam, 2023, S. 29, 48.

10 FARINA, MARLEN: Die Revolution in einem Wort. In: ZEITGeschichte: Die wehrhafte Demokratie. Hamburg: ZEITverlag, Nr. 2/2024, S. 46–47.

11 GLEICHAUF, INGEBORG: Wir wollen verstehen. Geschichte der Philosophinnen. München, dtv, 2021.

12 Vgl. https://de.wikipedia.org/wiki/Marie_Curie, letzter Aufruf: 20.03.2024.

13 STERNAGEL, SABINE (Projektleitung): Ab nach München! Künstlerinnen um 1900. München: Süddeutsche Zeitung Edition, 2014, S. 11.

14 VOSS, JULIA: Hilma af Klimt. Die Menschheit in Erstaunen versetzen. Biographie. Frankfurt a.M.: S. Fischer, 2020, S. 17.

15 MÜLLER-WESTERMANN, IRIS/HØGSBERG, MILENA (Ed.): Hilma af Klint. Malmö: Stiftelsen Hilma af Klints Verk; Moderne Museet, 2020.

Anmerkungen

16 Voss, Julia/Birnbaum, Daniel: Hilma af Klint und Wassily Kandinsky träumen von der Zukunft. Frankfurt a.M.: S. Fischer, 2024.
17 Beuys, Barbara: Paula Modersohn-Becker. Oder: Wenn die Kunst das Leben ist. München: Hanser, 2007, S. 285.
18 Delbée, Anne: Der Kuss. Kunst und Leben der Camille Claudel. München: Knaus, 5. Auflage 1985 (1989 mit Isabelle Adjani unter dem Titel »Camille Claudel« verfilmt).
19 Woolf, Virginia: Ein Zimmer für sich allein. München: Anaconda, 2021, S. 6 (engl. Originalausgabe: 1929).
20 Vgl. a.a.O., S. 91.
21 Schöler, Leonie: Beklaute Frauen. Denkerinnen, Forscherinnen, Pionierinnen: Die unsichtbaren Heldinnen der Geschichte. München: Pinguin, 2. Auflage 2024, S. 155 ff.
22 A.a.O., S. 128 ff.
23 A.a.O., S. 12.
24 Vgl. Woolf 2021, S. 50.
25 Friedrich-Ebert-Stiftung: Feminismus und die Geschichte der Frauenbewegung in Deutschland. (URL: https://www.fes.de/index.php?eID=dumpFile&t=f&f=60183&token=80c96c58915ad09320f9178ade6224a104098bdf, letzter Aufruf: 20.03.2024).
26 Karl, Michaela: Die Geschichte der Frauenbewegung. Ditzingen: Reclam, 2023, S. 67 ff.
27 A.a.O., S. 78.
28 Clark, Christopher: Frühling der Revolution. Europa 1848/49 und der Kampf für eine neue Welt. München: Deutsche Verlagsanstalt, 2023, S. 594.
29 Deutscher Bundestag: Heike Heubach hält erste Bundestagsrede in Gebärdensprache. (URL: https://www.bundestag.de/dokumente/textarchiv/2024/kw41-erste-rede-dgs-1023382, letzter Aufruf: 15.10.2024).
30 Beauvoir, Simone de: Das andere Geschlecht. Sitte und Sexus der Frau. Reinbek b. Hamburg: 26. Auflage 2023, S. 334 (frz. Originalausgabe: 1949).
31 Bakewell, Sarah: Das Café der Existentialisten. Freiheit, Sein & Aprikostencocktails. München: Beck, 2016, S. 238.
32 Kunst- und Ausstellungshalle der Bundesrepublik Deutschland: Simone de Beauvoir & Das andere Geschlecht. Köln: Verlag der Buchhandlung Walther und Franz König, 2022.
33 Schwarzer, Alice: Der kleine Unterschied und seine großen Folgen. Frankfurt a.M.: Fischer, 5. Auflage 2022 (Erstausgabe: 1975), S. 231 ff.
34 Wander, Maxie: »Guten Morgen, du Schöne«. Frauen in der DDR. Darmstadt u Neuwied: Luchterhand, 1978.
35 Karl 2023, S. 228 ff.
36 Butler, Judith, Das Unbehagen der Geschlechter. Frankfurt a.M.: Suhrkamp, 23. Auflage 2023, S. 10.
37 A.a.O., S. 28.
38 Vgl. Schöler a.a.O., S. 268.
39 A.a.O., S. 89.
40 Sontag, Susan: Über Frauen. Hrsg. v. David Rieff. München: Hanser, 2024, S. 13 (amerikan. Originalausgabe: 2023).
41 Sontag, Susan: 2024, S. 39.

42 SOLINT, REBECCA: Wenn Männer mir die Welt erklären. München: btb, 7. Auflage 2017, S. 12 f.
43 HANCOCK, ADRIENNE B./RUBIN, BENJAMIN A. (2014): Influence of Communication Partner's Gender on Language. In: Journal of Language and Social Psychology 34, 1 (URL: https://journals.sagepub.com/doi/10.1177/0261927X14533197, letzter Aufruf: 07.07.2024).

4 Unterschiede feiern! *Inklusive Situationen III*

1 Vgl. KORBMACHER, SUSANNE: Ghettokids. Immer da sein, wo's weh tut. München, Zürich: Piper, 2004, S. 27–32.
2 Der Zusatz »of colour« ist kein Hinweis auf die Hautfarbe im biologischen Sinne, sondern vielmehr eine Bezeichnung von Menschen mit Rassismuserfahrungen.
3 ZICK, ANDREAS/KÜPPER, BEATE/MOKROS, NICO (Hrsg.): Die distanzierte Mitte. Rechtsextreme und demokratiegefährdende Einstellungen in Deutschland 2022/23. Hrsg. f.d. Friedrich-Ebert-Stiftung v. Franziska Schröter. Bonn: J.H.W. Dietz Nachfolge, 2023 (URL: https://www.fes.de/index.php?eID=dumpFile&t=f&f=91776&token=3821fe2a05aff649791e9e7ebdb18eabdae3e0fd, letzter Aufruf: 17.07.2024).
4 FRIEDMAN, MICHEL: Judenhass. 7. Oktober 2023. Berlin/München: Berlin Verlag, 2. Auflage 2024, S. 10.
5 BUNDESZENTRALE FÜR POLITISCHE BILDUNG: Vertreibung und Deportation der Juden aus dem Deutschen Reich (URL: https://www.bpb.de/fsd/centropa/judenindeutschland1933_1939.php, letzter Aufruf: 11.07.2024).
6 GIORDANO, RALPH: Die zweite Schuld oder von der Last ein Deutscher zu sein. Köln: Kiepenheuer&Witsch, 2000 (Erstausgabe: 1987).
7 BUNDESMINISTERIUM DES INNEREN UND FÜR HEIMAT: Islam in Deutschland (URL: https://www.bmi.bund.de/DE/themen/heimat-integration/gesellschaftlicher-zusammenhalt/staat-und-religion/islam-in-deutschland/islam-in-deutschland-node.html#:~:text=Laut%20der%20Studie%20der%20Deutschen,Gesamtbevölkerung%20von%203%2C1%20Millionen., letzter Aufruf: 11.07.2024).
8 Unabhängige Bundesbeauftragte für Antidiskriminierung: Jahresbericht 2023. Berlin 2024 (URL: https://www.antidiskriminierungsstelle.de/SharedDocs/downloads/DE/publikationen/Jahresberichte/2023.html?nn=305458, letzter Aufruf: 15.10.2024).

Anmerkungen

9 SCHLOTT, RENÉ: »Wir schaffen das!« Vom Entstehen und Nachleben eines Topos. In: Aus Politik und Zeitgeschichte 2020 (URL: https://www.bpb.de/shop/zeitschriften/apuz/312826/wir-schaffen-das/, letzter Aufruf: 15.10.2024).
10 NEIMAN, SUSAN: Fremde sehen anders. Frankfurt a.M.: Suhrkamp, 2005, S. 33.
11 Wie z.B. SAŠA STANISIC mit seinem Bestseller »Herkunft« (München: Luchterhand, 2019), in dem er über seine eigene Herkunft erzählt und dabei zugleich demonstriert, dass er in der neuen Sprache eine Heimat gefunden hat.
12 FRIEDMAN, MICHEL: Fremd. Berlin/München: Berlin Verlag, 2. Auflage 2022.
13 FANON, FRANTZ: Die Verdammten dieser Erde. Mit einem Vorwort von Jean-Paul Sartre. Frankfurt a.M.: Suhrkamp, 20. Auflage 2024 (franz. Originalausgabe: 1961), S. 43.
14 DIANGELO, ROBIN: Wir müssen über Rassismus sprechen. Was es bedeutet, in unserer Gesellschaft weiß zu sein. Hamburg: Hoffmann und Campe, 2020 (amerikan. Originalausgabe: 2018), S. 29.
15 A.a.O., S. 26.
16 A.a.O., S. 29.
17 A.a.O., S. 61f.
18 BALDWIN, JAMES: Beale Street Blues. München: dtv, 2018 (amerikan. Originalausgabe: 1974).
19 PECK, RAOUL/BALDWIN, JAMES: I Am Not Your Negro. Dokumentarfilm. Edition Salzgeber, 2016.
20 AGUIGAH, RENÉ: James Baldwin. Der Zeuge. München: C.H. Beck, 2024, S. 81.
21 GORMAN, AMANDA: The Hill We Climb. Den Hügel hinauf. Zweisprachige Ausgabe. Hamburg: Hoffmann und Campe, 2021, S. 19.
22 KING, MARTIN LUTHER JR.: I Have A Dream. Rede beim Marsch auf Washington am 28.08.1963 (URL: https://www.bpb.de/kurz-knapp/hintergrund-aktuell/267010/martin-luther-kings-i-have-a-dream/, letzter Aufruf: 17.07.2024).
23 RADDATZ, FRITZ J.: Ich lebe eine Hoffnung wider besseres Wissen. In: DIE ZEIT, N° 24, 3. Juni 2023, S. 33.
24 GÜMÜSAY, KÜBRA: Sprache und Sein. München: Hanser, 3. Auflage 2020, S. 11.
25 KHIDER, ABBAS: Deutsch für alle. Das endgültige Lehrbuch. München: Hanser, 2019
26 PFISTER, RENÉ: Ein falsches Wort. Wie eine neue linke Ideologie aus Amerika unsere Meinungsfreiheit bedroht. München: DVA, 2022, S. 134.
27 MANDELKOW, MARIA: Nachbemerkung. Das N-Wort und seine Übersetzung. In: Baldwin, James: Nach der Flut das Feuer. München: dtv, 5. Auflage 2024 (amerikan. Originalausgabe: The Fire Next Time, 1963).
28 HARUNA-OELKER, HADIJA: Die Schönheit der Differenz. Miteinander anders denken. München: btb Verlag, 2022.
29 A.a.O., S. 295.

5 Willkommenskulturen schaffen! *Inklusive Institutionen*

1. GÜNTHER, ANNA: Die Traumschule von Thalmässing. In: Süddeutscher Zeitung, 2. Juni 2016 (URL: https://www.sueddeutsche.de/bayern/thalmaessing-die-traumschule-von-thalmaessing-1.3016787?reduced=true, letzter Aufruf: 23.07.2024).
2. VEREINTE NATIONEN (2009): Die UN-Behindertenrechtskonvention. Übereinkommen über die Rechte von Menschen mmit Behinderungen (URL: https://www.institut-fuer-menschenrechte.de/fileadmin/Redaktion/PDF/DB_Menschenrechtsschutz/CRPD/CRPD_Konvention_und_Fakultativprotokoll.pdf, letzter Aufruf: 05.08.2024).
3. DEUTSCHES INSTITUT FÜR MENSCHENRECHTE (Hrsg.): Parallelbericht an den UN-Ausschuss für die Rechte von Menschen mit Behinderungen zum 2./3. Staatenprüfverfahren. Berlin: Juli 2023 (URL: https://www.institut-fuer-menschenrechte.de/fileadmin/Redaktion/Publikationen/Parallelbericht/DIMR_Parallelbericht_an_UN-Ausschuss_fuer_die_Rechte_von_Menschen_mit_Behinderungen_2023.pdf, letzter Aufruf: 23.07.2024.
4. DEUTSCHES INSTITUT FÜR MENSCHENRECHTE: Leitlinien zur De-Institutionalisierung (auch in Notfällen). (URL: https://www.institut-fuer-menschenrechte.de/publikationen/detail/leitlinien-zur-deinstitutionalisierung-auch-in-notfaellen, letzter Aufruf: 15.10.2024).
5. HEIMLICH, ULRICH/RIESCH, MARIO/SCHUHMACHER, JÜRGEN: Sonderpädagogische Lehrkräfte in der Regelschule. Werkzeugkasten mit konkreten Hilfen und Materialien zur inklusiven Schulentwicklung. Hamburg: Persen, 2020, S. 8 ff.
6. WEIGL, ERICH: Grußwort Leben-Lernen-Lieben. In: WILFERT, KATHRIN/ECKERLEIN, TATJANA: Inklusion und Qualifikation. Reihe: Inklusion in Schule und Gesellschaft, Bd.14. Stuttgart: Kohlhammer, 2021, S. 8..
7. Landesförderzentrum Sehen Schleswig (URL: https://www.lfs-schleswig.de, letzter Aufruf: 15.10.2024)
8. Waldhofschule Templin (URL: https://www.waldhofschule.de, letzter Aufruf: 15.10.2024).
9. Jakob-Muth-Schule Nürnberg (URL: https://www.lhnbg.de/informieren/kinder-jugendliche/jakob-muth-schule, letzter Aufruf: 15.10.2024).
10. SPIEWAK, MARTIN: Unterricht versuchen wir zu vermeiden. In: DIE ZEIT N° 42 vom 2. Oktober 2024, S. 36.
11. MEAD, GEORGE H.: Geist, Identität und Gesellschaft. Aus der Sicht des Sozialbehaviorismus. Frankfurt a.M.: Suhrkamp, 1973 (amerikan. Originalausgabe: 1934), S. 308.
12. HEIMLICH, ULRICH: Inklusive Pädagogik. Eine Einführung. Stuttgart: Kohlhammer, 2019, S. 53 ff.
13. EL-MAFAALANI, ALADIN: Mythos Bildung. Die ungerechte Gesellschaft, ihr Bildungssystem und seine Zukunft. Köln: Kiepenheuer&Witsch, 2020, S. 13.
14. EL-MALAAFI 2020, S. 66.

Anmerkungen

15 FISCHER, ERHARD/HEIMLICH, ULRICH/KAHLERT, JOACHIM/LELGEMANN, REINHARD: Profilbildung inklusive Schule. Ein Leitfaden für die Praxis. (URL: https://www.edu.lmu.de/basis-in klusion/_assets/profilbildung-inklusive-schule.pdf, letzter Aufruf: 15.10.2024).

16 GRONEMEYER, MARIANNE: Die Macht der Bedürfnisse. Überfluss und Knappheit. Darmstadt: Wissenschaftliche Buchgesellschaft, 2. Auflage, 2009, S. 16.

17 BUDE, HEINZ: Die Ausgeschlossenen. Das Ende vom Traum der gerechten Gesellschaft. München: Hanser, 2008, S. 38 ff.

18 BECK, ULRICH: Risikogesellschaft. Auf dem Weg in eine andere Moderne. Frankfurt a. M.: Suhrkamp, 1986, S. 208 ff.

19 STERN, ELSBETH/NEUBAUER, ALJOSCHA: Intelligenz. Große Unterschiede und ihre Folgen. München: DVA, 2013, S. 183 f.

20 HEIMLICH, ULRICH/LUTZ, STEPHANIE/WILFERT DE ICAZA, KATHRIN: Ratgeber Förderdiagnostik. Feststellung des sonderpädagogischen Förderbedarfs im Förderschwerpunkt Lernen. Hamburg: Persen, 2013.

21 HEIMLICH, ULRICH: Das Spiel mit Gleichaltrigen in Kindertageseinrichtungen. Teilhabechancen für Kinder mit Behinderung. WiFF-Expertise Bd. 49. München: DJI, 2017 (URL: https://www.weiterbildungsinitiative.de/fileadmin/Redaktion/Publikationen/old_uploads/media/WEB_Exp_Heimlich.pdf, letzter Aufruf: 05.08.2024).

22 SPITZER, MANFRED: Lernen. Gehirnforschung und die Schule des Lebens. Heidelberg, Berlin: Spektrum Akadem.Verl. 2002.

23 HATTIE, JOHN A.C.: Visible Learning. A Synthesis of Over 800 Meta-Analyses Relating to Achievement. London, New York: Routledge/Sons, 2009.

24 MEYER, HILBERT: Was ist guter Unterricht? Berlin: Cornelsen, 2. Auflage 2004.

25 EHRHARDT, KIRSTEN: Henri. Ein kleiner Junge verändert die Welt. München: Heyne, 2015.

26 BENKMANN, RAINER: Entwicklungspädagogik und Kooperation. Sozial-konstruktivistische Perspektiven der Förderung von Kindern mit gravierenden Lernschwierigkeiten in der allgemeinen Schule. Weinheim: Deutscher Studienverlag, 1998, S. 145 ff.

27 WEIDNER, MARGIT: Kooperatives Lernen im Unterricht. Ein Arbeitsbuch. Seelze-Velber: Kallmeyersche Verlagsbuchhandlung, 2003.

28 PICABIEA, FRANCIS: Der Kopf ist rund, damit das Denken die Richtung wechseln kann. Hamburg: Edition Nautilus, Neuauflage 2011 (franz. Originalausgabe: 1953).

29 KAHLERT, JOACHIM/HEIMLICH, ULRICH: Inklusionsdidaktische Netze – Konturen eines Unterrichts für alle (dargestellt am Beispiel des Sachunterrichts). In: HEIMLICH, ULRICH/KAHLERT, JOACHIM (Hrsg.): Inklusion in Schule und Unterricht. Wege zur Bildung für alle. Stuttgart: Kohlhammer, 2. Auflage 2014, S 153–190.

30 HEIMLICH, ULRICH/UEFFING, CLAUDIA M.: Leitfaden für inklusive Kindertageseinrichtungen. Bestandsaufnahme und Entwicklung. WiFF-Expertise, Bd. 51. München: DJI, 2018 (URL: https://www.weiterbildungsinitiative.de/publikationen/detail/leitfaden-fuer-inklusive-kindertageseinrichtungen, letzter Aufruf: 06.08.2024).

31 HEIMLICH, ULRICH/KAHLERT, JOACHIM/LELGEMANN, REINHARD/FISCHER, ERHARD (Hrsg.): Inklusives Schulsystem. Analysen, Befunde, Empfehlungen zum bayerischen Weg. Bad Heilbrunn: Klinkhardt, 2016.

32 WILFERT, KATHRIN/ECKERLEIN, TATJANA (Hrsg.): Inklusion und Qualifikation. Festschrift zur Emeritierung von Ulrich Heimlich. Reihe: Inklusion in Schule und Gesellschaft, Bd. 14. Hrsg. v. Erhard Fischer, Ulrich Heimlich, Joachim Kahlert, Reinhard Lelgemann. Stuttgart: Kohlhammer, 2021, S. 13.

33 HEIMLICH, ULRICH/WILFERT, KATHRIN/OSTERTAG, CHRISTINA/GEBHARDT, MARKUS: Qualitätsskala zur inklusiven Schulentwicklung (QU!S®) – eine Arbeitshilfe auf dem Weg zur inklusiven Schule. Bad Heilbrunn: Klinkhardt, 2018.

34 BEAUFTRAGTER DER BUNDESREGIERUNG FÜR DIE BELANGE VON MENSCHEN MIT BEHINDERUNG: Barrierefreiheit – von Beginn an (URL: https://www.behindertenbeauftragter.de/DE/AS/schwerpunkte/barrierefreiheit/barrierefreiheit-node.html, letzter Aufruf: 06.08.2024).

35 MIHAJLOVIC, CHRISTOPHER: Zwischen PISA und Inklusion: Die Rolle des sonderpädagogischen Fördersystems in Finnland. In: Zeitschrift für Inklusion-online.net. 18 (2018) 1 (URL: https://www.inklusion-online.net/index.php/inklusion-online/article/view/412, letzter Aufruf: 06.08.2024).

36 ELSCHENBROICH, DONATA: Weltwissen der Siebenjährigen. Wie Kinder die Welt entdecken können. München: Goldmann, 2002.

37 HEIMLICH, ULRICH/MÜLLER, URSULA/PFEIL, PATRICIA/EINSIEDLER, MARION/ROLAND, REGINA/WITTKO, MICHAEL: Inklusive Regionen. Das Beispiel Kempten. Bad Heilbrunn: Klinkhardt, 2022.

Kapitel 6: Kleine Netze knüpfen! – Inklusive Regionen

6 Kleine Netze knüpfen! *Inklusive Regionen*

1 SCHRÖDER-JÜRSS, AMONTE/RAINER, ANDY: Alle für einen. In: Süddeutsche Zeitung Magazin, Nr. 2, 15. Januar 2021, S. 8–15.

2 FÜSSEL, HANS-PETER/KRETSCHMANN, RUDOLF: Gemeinsamer Unterricht für behinderter und nichtbehindete Kinder. Gutachten im Auftrag der Max-Träger-Stiftung. Witterschlick/Bonn: Verlag Marg. Wehle, 1993, S. 49.

3 SENNETT, RICHARD: Zusammenarbeit. Was unsere Gesellschaft zusammenhält. Berlin: Hanser, 2012, S. 17.

4 HEIMLICH, ULRICH/MÜLLER, URSULA/PFEIL, PATRICIA/EINSIEDLER, MARION/ROLAND, REGINA/WITTKO, MICHAEL: Inklusive Regionen. Das Beispiel Kempten. Bad Heilbrunn: Klinkhardt, 2022.

5 SENNETT 2012, S. 177.

Anmerkungen

6 RAITHELHUBER, EBERHARD: Netzwerk. IN: HORN, KLAUS-PETER/KEMNITZ, HEIDEMARIE/MAROTZKI, WINFRIED/SANDFUCHS, UWE (Hrsg.): Klinkhardt Lexikon Erziehungswissenschaft, Bd. 2, Gruppenpuzzle-Pflegewissenschaft. Bad Heilbrunn: Klinkhardt, 2012, S. 431.
7 SIMMEL, GEORG: Soziologie. Untersuchungen über die Formen der Vergesellschaftung. Gesamtausgabe, Bd. 11. Frankfurt a.M.: Suhrkamp, 1992, S. 464.
8 CAPRA, FRITJOF: Lebensnetz. Ein neues Verständnis der lebendigen Welt. Bern, München, Wien: Scherz, 1996, S. 101.
9 BRONFENBRENNER, URIE: Die Ökologie der menschlichen Entwicklung. Natürliche und geplante Experimente. Frankfurt a.M.: Fischer, 1989, S. 200f. (amerikan. Originalausgabe: 1979).
10 TIPPELT, RUDOLF/KASTEN, CHRISTOPH/DOBISCHAT, ROLF/FEDERIGHI, PAOLO/FELLER, ANDREAS: Regionale Netzwerke zur Förderung des lebenslangen Lernens – Lernende Regionen. In: Fatke, Reinhardt/Merkens, Hans (Hrsg.): Bildung über die Lebenszeit. Schriftenreihe der DGfE. Wiesbaden: VS Verlag für Sozialwissenschaften 2006, S. 279–290.
11 SCHUMACHER, ERNST F.: Small is beautiful. Die Rückkehr zum menschlichen Maß. München: oekom Verlag, 2019 (engl. Originalausgabe: 1973), S. 167.
12 KEUPP, HEINER/AHBE, THOMAS/GMÜR, WOLFGANG/HÖFER, RENATE/MICHERLICH, BEATE/KRAUS, WOLFGANG/STRAUS, FLORIAN: Identitätskonstruktionen. Das Patchwork der Identitäten in der Spätmoderne. Reinbek b. Hamburg: Rohwohlt, 1999, S. 43.
13 LÖW, MARTINA: Raumsoziologie. Frankfurt a.M.: Suhrkamp, 10. Aufl. 2019, S. 112.
14 KOBELT NEUHAUS, DANIELA/REFLE, GÜNTER: Inklusive Vernetzung von Kindertageseinrichtungen und Sozialraum. Wiff-Expertisen, Bd. 37. München: DJI, 2013 (URL: https://www.weiterbildungsinitiative.de/fileadmin/Redaktion/Publikationen/Exp_37_Kobelt_Neuhaus_Refle.pdf, letzter Aufruf: 12.08.2024), S. 12f.
15 HINTE, WOLFGANG: Sozialraumorientierung – ein Fachkonzept für die Behindertenhilfe. In: behinderte menschen 42 (2019) 1, S. 29–35
16 HEIMLICH, ULRICH u.a. 2022, S. 186ff.
17 HEIMLICH, ULRICH u.a. 2022, S. 72f.

7 Kreative Gesellschaft mitgestalten! Inklusive Kulturen

1 SALOMON, ANDREW: Weit vom Stamm. Wenn Kinder ganz anders als ihre Eltern sind. Frankfurt a.M.: S. Fischer, 2013, S. 54.
2 LAPPER, ALLISON: Ich nehme mein Leben selbst in die Hand. Autobiografie einer Optimistin. München: Blanvalet, 2008.

3 KORBMACHER, SUSANNE: Ghettokids. Immer da sein, wo's weh tut. München: Piper, 2004, S. 312.
4 MALDOOM, ROYSTON: Tanz um Dein Leben. Meine Arbeit, meine Geschichte. Frankfurt a.M.: S. Fischer, 2. Auflage 2010, S. 142 ff.
5 GRUBE, THOMAS/SÁNCHEZ LANSCH, ENRIQUE: Rhythm is it! You can change your life in a dance class. Dokumentation. Deutschland, DVD, 100 Min., 2004.
6 KARDOS, ANNA: Und sie musizieren doch: Wie Musiker trotz Behinderung Karriere machen. In: Neue Züricher Zeitung v. 19.02.2024 (URL: https://www.nzz.ch/feuilleton/und-sie-musizieren-doch-ld.1814763, letzter Aufruf: 30.09.2024).
7 GLENNIE, EVELYN (URL: https://www.evelyn.co.uk, letzter Aufruf: 30.09.2024).
8 QUASTHOFF, THOMAS: Die Stimme. Autobiografie. Berlin: List, 2006, S. 121.
9 RADFORD, MICHAEL: Petrucciani, Michel. Leben gegen die Zeit. DVD, ca. 99 Min., 2012.
10 FISCHER-TAUBERT, HILDTRUD/GRUBER, ENZO: Manchmal verleihe ich mir Flügel. Die Tänzerin Caroline Rhomberg. DVD, 2010 (URL: https://search.worldcat.org/de/title/Manchmal-verleihe-ich-mir-Flugel-:-die-Tanzerin-Caroline-Rhomberg/oclc/754069195, letzter Aufruf: 02.10.2024).
11 SAMMLUNG WÜRTH: Fähigkeiten! Kunst von besonderen Menschen. Ausstellungskatalog. Künzelsau, 2023.
12 STAUB, SAMANTHA: Joseph Beuys: Jeder Mensch ist ein Künstler. Deutschlandfunk 2016 (URL: https://modernperformanceart.wordpress.com/essays/joseph-beuys-jeder-mensch-ist-ein-kuenstler/, letzter Aufruf: 03.10.2024).
13 PRINZHORN: HANS: Bildnerei der Geisteskranken. Ein Beitrag zur Psychologie und Psychopathologie der Gestaltung. Berlin: Verlag von Julius Springer, 1922.
14 BEYME, INGRID VON/RÖSKE, THOMAS (Hrsg.): Einführung in die Sammlung Prinzhorn. Heidelberg: Sammlung Prinzhorn, 2020, S. 7.
15 A.a.O., S. 13.
16 AUGUSTINUM STIFTUNG MÜNCHEN (Hrsg.): euward 6. Art in disability. München, 2014, S. 19.
17 A.a.O., S. 15.
18 SCHMIDT, RAINER: Lieber Arm ab als arm dran. Grenzen haben – erfüllt leben. Gütersloh: Gütersloher Verlagshaus, 2009.
19 HUBBE, PHIL: Der Stuhl des Manitou. Behinderte Cartoons. Oldenburg: Lappan, 2004.
20 TOLEDANO, ERIC/NAKACHE, OLIVIER: Ziemlich beste Freunde. DVD, ca. 108 Min., 2012.
21 Ich verdanke den französischen Originaltext meinem ehemaligen Kollegen JOACHIM KAHLERT.
22 SOLARO, VICTOR ARTUS: Was ist schon normal? Frankreich, 99 Min., 2024.
23 HEINER, STEFAN/GRUBER, ENZO (Hrsg.): Bildstörungen. Kranke und Behinderte im Spielfilm. Frankfurt a.M.: Mabuse Verlag, 2003.
24 VAUDLET, WERNER (Hrsg.): Das große Nashornbuch. München: dtv, 2001.

Anmerkungen

8 Vielfalt leben! *Inklusive Haltungen*

1. SCHMITZ, BARBARA: Was ist ein lebenswertes Leben? Philosophische und biographische Zugänge. Ditzingen: Philipp Reclam, 2022, S. 14.
2. Ebd.
3. BINDING, KARL/HOCHE, ALFRED: Die Freigabe der Vernichtung unwerten Lebens. Ihr Maß und ihre Form. Leipzig: Meiner, 1920.
4. HERZOG, DAGMAR: Eugenische Phantasien. Eine deutsche Geschichte. Berlin: Suhrkamp, 2024, S. 127.
5. AKTION MENSCH: Inklusion hat die AfD nicht auf der Agenda (URL: https://www.aktionmensch.de/inklusion/wahlen/bundestagswahl/analyse-der-wahlprogramme/afd-analyse, letzter Aufruf: 10.09.2024).
6. KIYAK, MELY: Haltung. Ein Essay gegen das Lautsein. Berlin: Duden, 2018, S. 49 ff.
7. ARISTOTELES: Nikomachische Ethik. Stuttgart: Reclam, 1987, S. 45.
8. A.a.O., S. 57 f.
9. BOURDIEU, PIERRE: Die feinen Unterschiede. Kritik der gesellschaftlichen Urteilskaft. Frankfurt a.M.: Suhrkamp, 26. Auflage 2018, S. 278 ff. (franz. Originalausgabe: 1979)
10. ELIAS, NORBERT: Über den Prozeß der Zivilisation. Soziogenetische und psychogenetische Untersuchungen. Erster Band: Wandlungen des Verhaltens in den weltlichen Oberschichten des Abendlandes. Frankfurt a.M.: Suhrkamp, 20. Auflage 1997. Zweiter Band: Wandlungen der Gesellschaft, Entwurf zu einer Theorie der Zivilisation. Frankfurt a.M.: Suhrkamp, 8. Auflage 1982.
11. STATISTISCHES BUNDESAMT: Pressemitteilung Nr. 073 vom 28. März 2024 (URL: https://www.destatis.de/DE/Presse/Pressemitteilungen/2024/02/PD24_073_63991.html#:~:text=WIESBADEN%20-%20Frauen%20in%20Deutschland%20haben,alt%3A%2043%2C8%20%25), letzter Aufruf: 23.09.2024).
12. SONTAG, SUSAN: Über Frauen. München: Hanser, 2024, S. 13.
13. WORLD WILD FUND FOR NATURE (WWF): Earth Overshoot Day (URL: https://www.wwf.de/earth-overshoot-day#, letzter Aufruf: 08.09.2024).
14. WALDENFELS, BERNHARD: Phänomenologie der Aufmerksamkeit. Frankfurt a.M.: Suhrkamp, 2004, S. 263 f.
15. WEIL, SIMON: Aufmerksamkeit für das Alltägliche. Ausgewählte Texte zu Fragen der Zeit. Hrsg. v. Otto Betz. München: Kösel, 3. Auflage 1994, S. 63 f.
16. MURDOCH, IRIS: Die Souveränität des Guten. Frankfurt a.M.: Suhrkamp, 2023 (engl. Originalausgabe: 1971), S. 50.
17. BAYLEY, JOHN: Elegie für Iris. München: dtv, 2002.
18. DEWEY, JOHN: Demokratie und Erziehung. Eine Einleitung in die philosophische Pädagogik. Weinheim u. Basel: Beltz 1993 (amerikan. Originalausgabe: 1916), S. 186.
19. WEINERT, FRANZ E. (2002): Vergleichende Leistungsmessung in Schulen – eine umstrittene Selbstverständlichkeit. In: WEINERT, FRANZ E. (Hrsg.): Leistungsmessungen in Schulen. Weinheim u. Basel: Beltz, 2002, S. 17–31.

20 ANTONOVSKY, AARON: Salutogenese. Zur Entmystifizierung der Gesundheit. Tübingen: dgvt-Verlag, 1997.
21 SEN, AMARTYA: Gleichheit? Welche Gleichheit? Ditzingen: Reclam, 2020, S. 48 f.
22 NUSSBAUM, MARTHA: Die Grenzen der Gerechtigkeit. Behinderung, Nationalität und Spezieszugehörigkeit. Berlin: Suhrkamp, 2010, S. 218 ff.
23 NUSSBAUM, MARTHA C., a.a.O., S. 110 f.; SEN, AMARTYA: a.a.O., S. 47
24 Vgl. NUSSBAUM 2010, S. 112.
25 HÖLDERLIN, FRIEDRICH: Friedensfeier. In: HÖLDERLIN, FRIEDRICH: Sämtliche Werke und Briefe, Band I. München, Wien: Hanser, 1992, S. 364.
26 BUBER, MARTIN: Ich und Du. Heidelberg: Lambert Schneider, 13. Auflage 1997, S. 37.
27 HARUNA-OELKER 2022, S. 307.
28 FRANKL, VIKTOR E.: Der Mensch vor der Frage nach dem Sinn. München: Piper, 27. Auflage 2015, S. 36.
29 MORUS, THOMAS: Utopia. Frankfurt a.M., Olten und Wien: Büchergilde Gutenberg, 1986.
30 BLOCH, ERNST: Das Prinzip Hoffnung. Kap. 1–32. Frankfurt a.M.: Suhrkamp, 1985, S. 235.
31 PRÜFER, TILLMANN: Freunde, es reicht! Wer viele Freunde hat, wird bewundert. Aber genügen nicht vielleicht auch zwei Freunde fürs Leben? In: Zeit Magazin N° 24 v. 29.05.2024, S. 27.
32 ARISTOTELES, a.a.O., S. 213.
33 ARISTOTELES, a.a.O., S. 216.
34 ARISTOTELES, a.a.O., S. 252.
35 MONTAIGNE, MICHEL DE: Von der Freundschaft. München: C.H.Beck, dtv, 2005, S. 13.
36 SCHMID, WILHELM: Vom Glück der Freundschaft. Berlin: Insel, 2014, S. 9.
37 SCHMID, W., a.a.O., S. 20.
38 SCHMID, W., a.a.O., S. 29.
39 NEHAMAS, ALEXANDER: Über Freundschaft. München: dtv, 2017, S. 173.
40 SCHMID, WILHELM: Selbstfreundschaft. Wie das Leben leichter wird. Berlin: Insel, 2018, S. 11.
41 ROSER, LUDWIG OTTO: Zur Utopie der Freundschaft. In: SCHÖLER, JUTTA (Hrsg.): Normalität für Kinder mit Behinderungen: Integration. Texte und Wirkungen von Ludwig Otto Roser. Berlin: Luchterhand, 1998, S. 189.
42 NEHAMAS, a.a.O., S. 226.

Anmerkungen

9 Denkverbote auflösen! *Inklusive Gesellschaft*

1 WERNER, JULIUS: Manni sucht das Weite. Mit Down-Syndrom durch Down Under. Hrsg. im Selbstverlag, 2. Auflage 2022 (Kontakt: Julius-justus.werner@gmx.de) (Vorwort: SANDRA MAISCHBERGER, Zusatzmaterial: 5teilige Dokumentation der Reise auf ARTE, Kurzfassung in der ZDF-Mediathek: https://www.zdf.de/gesellschaft/volle-kanne/manuel-down-under-102.html, letzter Aufruf: 19.07.2024).
2 AKTION MENSCH: In was für einer Gesellschaft wollen wir leben? (URL: https://www.aktion-mensch.de/ueber-uns/chronik#:~:text=Die%20Aktion%20Mensch%20startet%20die,die%20Zukunft%20der%20Gesellschaft%20einzuschalten., letzter Aufruf: 09.10.2024).
3 BUDE, HEINZ: Die Ausgeschlossenen. Das Ende vom Traum einer gerechten Gesellschaft. München: Hanser, 2008, S. 13.
4 GENERALVERSAMMLUNG DER VEREINTEN NATIONEN: Allgemeine Erklärung der Menschenrechte. Verkündet am 10. Dezember 1948. Frankfurt a.M., Wien und Zürich: Büchergilde Gutenberg, 2020.
5 BÖHNE-DI LEO, SABINE: Die Erfindung der Bundesrepublik. Wie unser Grundgesetzt entstand. Köln: Kiepenheuer & Witsch, 2024, S. 95.
6 JOAS, HANS: Die Sakralität der Person. Eine neue Genealogie der Menschenrechte. Frankfurt a.M.: Suhrkamp, 2011, S. 47.
7 JOAS, a.a.O., S. 62.
8 JOAS, A.A.O., S. 249.
9 MASON, GEORGE: Virginia Declaration of Rights (URL: https://www.verfassungen.net/us/va/grundrechteerklaerung76.htm, letzter Aufruf: 09.10.2024).
10 FRANZÖSISCHE NATIONALVERSAMMLUNG: Erklärung der Menschen- und Bürgerrechte. 1789 (URL: https://www.conseil-constitutionnel.fr/de/erklaerung-der-menschen-und-buergerrechte-vom-26-august-1789, letzter Aufruf: 09.10.2024).
11 ASSMANN, ALEIDA: Menschenrechte und Menschenpflichten. Schlüsselbegriffe für eine humane Gesellschaft. Wien: Picus, 2018, S. 64f.
12 VEREINTE NATIONEN: UN-Konvention über die Rechte des Kindes (URL: https://www.unicef.de/informieren/ueber-uns/fuer-kinderrechte/un-kinderrechtskonvention, letzter Aufruf: 08.10.2024).
13 ASSMANN, ALEIDA: Menschenrechte und Menschenpflichten. Schlüsselbegriffe für eine humane Gesellschaft. Wien: Picus, 2018, S. 80.
14 GOODHILL, JANE: Menschenpflichten, eine (Liebes) Erklärung in 19 Artikeln. Frankfurt a.M., Wien und Zürich: Büchergilde Gutenberg, 2011.
15 KANT, IMMANUEL: Kritik der praktischen Vernunft. Stuttgart: Reclam, 2002. (Erstausgabe:1878), S. 53

16 BÖCKENFÖRDE, ERNST-WILHELM: Ist Demokratie eine notwendige Forderung der Menschenrechte? In: GOSEPATH, STEFAN/LOHMANN, GEORG: Philosophie der Menschenrechte. Frankfurt a.M.: Suhrkamp, 1998, S. 233–243.
17 BEAUFTRAGTER DER BUNDESREGIERUNG FÜR DIE BELANGE VON MENSCHEN MIT BEHINDERUNG: Demokratie braucht Inklusion (URL: https://www.behindertenbeauftragter.de/DE/AS/der-beauftragte/gesetzliche-aufgabe/gesetzliche-aufgabe-node.html#doc27850body Text3, letzter Aufruf: 10.10.2024).
18 BUNDESMINISTERIUM FÜR FAMILIE, FRAUEN, SENIOREN UND JUGEND: Projekt »Demokratie leben« (URL: https://www.demokratie-leben.de/projekte-expertise/projekte-finden-1/projektdetails/lets-do-it-demokratie-braucht-inklusion-576, letzter Aufruf: 10.10.2024).
19 THIELE, ALEXANDER: Das Grundgesetz. Verständlich erklärt. Ditzingen: Reclam, 2023, S. 66 ff.
20 THIELE, a.a.O., S. 96 f.
21 BIERI, PETER: Eine Art zu leben. Über die Vielfalt menschlicher Würde. München: Hanser, 2013, S. 55 f.
22 BIERI, a.a.O., S. 150.
23 THIELE, a.a.O., S. 70 ff.
24 DEWEY, JOHN: Schöpferische Demokratie als Aufgabe unserer Zeit. In: Bildung und Erziehung 1 (1948) 2, S. 1–6
25 DEWEY, JOHN: Demokratie und Erziehung. Eine Einleitung in die philosophische Pädagogik. Weinheim u. Basel: Beltz, 1993 (Erstausgabe: 1916), S. 121.
26 GRONEMEYER, MARIANNE: Die Macht der Bedürfnisse. Überfluss und Knappheit. Darmstadt, Wissenschaftliche Buchgesellschaft, 2. Auflage 2009, S. 79.
27 Bundesteilhabegesetz (BTHG) (URL: https://www.bfarm.de/SharedDocs/Downloads/DE/Kodiersysteme/BTHG.pdf?__blob=publicationFile, letzter Aufruf: 15.10.2024).
28 WEISBAND, MARINA: Die neue Schule der Demokratie. Wilder denken, wirksam handeln. Frankfurt a.M.: S. Fischer, 2024, S. 21.
29 LEVITSKY, STEVEN/ZIBLATT, DANIEL: Wie Demokratien sterben. München: Deutsche Verlagsanstalt, 4. Auflage 2018, S. 120.
30 HESSE, HERMANN: Eigensinn macht Spaß. Individuation und Anpassung. Frankfurt a.M.: Suhrkamp, 1986, S. 88 ff.
31 ASSMANN, ALEIDA/ASSMANN, JAN: Gemeinsinn. Der sechste, soziale Sinn. München: Beck, 2024, S. 9.
32 ASSMANN/ASSMANN, a.a.O., S. 19.
33 ILLOUZ, EVA: Undemokratische Emotionen. Berlin: Suhrkamp, 2023, S. 223.
34 LÖWITH, KARL: Das Individuum in der Rolle des Mitmenschen. Darmstadt: Wissenschaftliche Buchgesellschaft, 2. Auflage 1969 (Erstausgabe: 1928), S. 28 f.
35 ASSMANN/ASSMANN, a.a.O., S. 95.
36 ASSMANN/ASSMANN, a.a.O., S. 103.
37 EMCKE, CAROLIN: Gegen den Hass. Frankfurt a.M.: S. Fischer, 2016, S. 171.
38 STEINMEIER, FRANK-WALTER: Wir. Berlin: Suhrkamp, 2024, S. 116.
39 WILLEMSEN, ROGER: Wer wir waren. Frankfurt a.M.: S. Fischer, 2016, S. 24.
40 WILLEMSEN, a.a.O., S. 14.

Anmerkungen

41 Armutsgefährdungsquoten 2023 (URL: https://www.sozialpolitik-aktuell.de/files/sozialpolitik-aktuell/_Politikfelder/Europa-Internationales/Datensammlung/PDF-Dateien/abbX24.pdf, letzter Aufruf: 15.10.2024).
42 LENNON, JOHN: Imagine (URL: https://www.songtexte.com/songtext/john-lennon/imagine-7bde0e90.html, letzter Aufruf: 15.10.2024).
43 HARUNA-OELKER, HADIJA: Die Schönheit der Differenz. Miteinander anders denken. München: btb, 2022.
44 POZZO DI BORGO, PHILIPPE/VANIER, JEAN/DE CHERISEY, LAURENT: Ziemlich verletzlich, ziemlich stark. Wege zu einer solidarischen Gesellschaft. Berlin: Hanser, 2012, S. 33.
45 BREGMAN, RUTGER: Im Grunde gut. Eine neue Geschichte der Menschheit. Hamburg: Rowohlt, 8. Auflage 2022, S. 90.

Epilog

1 (URL: https://www.casadelsole.org/file/Associazione_Casa_del_Sole_Onlus_presentazione.pdf, letzter Aufruf: 15.10.2024).

Personenregister

A

Adjani, Isabelle 48
Aguayo-Krauthausen, Raúl 37
Annan, Kofi 154
Arendt, Hanna 47
Aristoteles 18, 47, 131, 147–149, 162
Aspasia 47
Assmann, Aleida 153, 162
Assmann, Jan 162
Ataman, Ferda 36
Austen, Jane 49

B

Bailey, John 140
Baldwin, James 68, 70, 73
Bäumer, Achim 80
Beauvoir, Simone de 47, 52, 57
Becker, Lydia 50
Berger, Senta 54
Beuys, Joseph 121
Biden, Joe 70
Binding, Karl 39, 129
Bloch, Ernst 147
Bontë, Étienne de la 148
Bourdieu, Pierre 132, 142
Boyle, T.C. 18
Brecht, Bertolt 49
Bregman, Rutger 169
Bronfenbrenner, Urie 110
Brontë, Charlotte 49
Buber, Martin 144, 163
Butler, Judith 57

C

Camus, Albert 52
Capra, Fritjof 110
Claudel, Camille 48
Claudel, Paul 48
Cluzet, François 125
Crenshaw, Kimberlé 58
Curie, Marie (geb. Skłodowska) 47
Curie, Pierre 47

D

Daiber, Hans 101
Dench, Judi 140
Dewey, John 159
DiAngelo, Robin 66
Diotima 47
Dubuffet, Jean 122
Dupont-Monod, Clara 41

Personenregister

E

Elias, Norbert 132
Eliot, George 49
Emcke, Carolin 164
Evans, Medger 69

F

Fanon, Frantz 66
Floyd, George 68, 73
Francis, Allen 29
Frankl, Viktor E. 146
Franklin, Rosalind 49
Friedman, Michel 63
Frisch, Max 65
Fromm, Erich 27

G

Garner, Eric 68
Gaub, Florence 165
Gleichauf, Ingeborg 46
Glennie, Evelyn 119
Gorman, Amanda 70
Gouges, Olympe de 50
Gronemeyer, Marianne 83, 160
Gümüsay, Kübra 70, 71

H

Haruna-Oelker, Hadija 74, 75, 167
Hatty, John 87
Hauptmann, Elisabeth 49
Hesse, Hermann 161
Hildegard von Bingen 47
Hoche, Alfred 39, 129
Hölderlin, Friedrich 144

Hubbe, Phil 124
Hypatia 47

J

Jaenicke, Florian 29
Joas, Hans 152
Juchacz, Marie 51

K

Kandinsky, Wassily 48
Kant, Immanuel 154
Kennedy, Robert 69
Khider, Abbas 72
King Jr., Martin Luther 69, 70, 72
Kittay, Eva F. 42
Kiyak, Mely 131
Klint, Hilma af 48
Korbmacher, Susanne 62, 117
Kroton, Theano von 47

L

Lapper, Allison 116
Leduc, Amanda 31
Lennon, John 167
Lerhol, Torstein 15
Levitsky, Steven 161
Löwith, Karl 163

M

Malcolm X 69
Maldoom, Royston 118
Mandela, Nelson 66
Mandelkow, Maria 73

Mead, George H.   82
Mecherlein, Klaus   123
Miller, Ferdinand von   47
Modersohn-Becker, Paula   48
Mondrian, Piet   48
Montaigne, Michel de   148
Morus, Thomas   146
Murdoch, Iris   140
Musil, Robert   61

N

Nadig, Friederike   46
Nussbaum, Martha C.   142

O

Obama, Barack Hussein   70
Otto-Peters, Luise   51
Ovid   33

P

Palacio, Raquel J.   40
Pankhurst, Christabel   51
Pankhurst, Emmeline   51
Pélicolt, Gisèle   45
Peres, Shimon   154
Periktione   47
Petrucciani, Michel   120
Pfister, René   72
Phintys   47
Pizan, Christine de   50
Platon   17
Pontiggia, Guiseppe   32
Pozzo di Borgo, Philippe   125, 126, 168

Prinzhorn, Hans   122
Pythagoras   47

Q

Quasthoff, Thomas   119
Quinn, Marc   116

R

Rattle, Simon   118
Rhomberg, Caroline   120
Roberts, Julia   41
Rodin, Auguste   48
Roosevelt, Eleanor   151
Roser, Ludwig-Otto   148
Rüger, Sigrid   54

S

Sand, George   49
Sander, Helke   54
Sartre, Jean-Paul   53
Schmid, Wilhelm   148
Schmidt, Helmut   154
Schmidt, Rainer   124
Schmitz, Barbara   129
Schneider, Romy   54
Schöler, Leonie   49
Schumacher, Ernst F.   112
Schwarzer, Alice   54
Selge, Edgar   123
Sen, Amartya   142
Sennett, Richard   107
Shannon, Bill   115
Shaw, Georg Bernard   33
Shor, David   72
Siebert, Elisabeth   46

Simmel, Georg   110
Solaro, Victor Artus   126
Solint, Rebecca   60
Stein, Edith   47
Steinmeier, Frank-Walter   164
Strawinsky, Igor   118
Sy, Omar   125

T

Targownik, Amili   44
Thadden, Elisabeth von   168

V

Vranitzky, Franz   154

W

Wander, Maxie   55
Weber, Helene   46
Weil, Simon   140
Weisband, Marina   160
Weizsäcker, Richard von   29
Wessel, Helene   46
Willemsen, Roger   120, 164
Wilson, Owen   41
Winslet, Kate   140
Wollstonecraft, Mary   47, 50
Woolf, Virginia   48, 61
Würth, Carmen   121
Würth, Reinhold   121

Z

Ziblatt, Daniel   161

Literaturverzeichnis

AGUAYO-KRAUTHAUSEN, RAÚL (2023): Wer Inklusion will, findet einen Weg. Wer sie nicht will, findet ausreden. Hamburg: Rowohlt.

AGUIGAH, RENÉ (2024): James Baldwin. Der Zeuge. München: C.H. Beck.

ANTONOVSKY, AARON (1997): Salutogenese. Zur Entmystifizierung der Gesundheit. Tübingen: dgvt-Verlag.

ANTOR, GEORG/BLEIDICK, ULRICH (2000): Behindertenpädagogik als angewandte Ethik. Stuttgart: Kohlhammer.

ARISTOTELES (1987): Nikomachische Ethik. Stuttgart: Reclam.

ASSMANN, ALEIDA (2018): Menschenrechte und Menschenpflichten. Schlüsselbegriffe für eine humane Gesellschaft. Wien: Picus.

ASSMANN, ALEIDA/ASSMANN, JAN (2024): Gemeinsinn. Der sechste, soziale Sinn. München: Beck.

AUGUSTINUM STIFTUNG MÜNCHEN (Hrsg.) (2014): euward 6. Art in disability. München.

BAKEWELL, SARAH (2016): Das Café der Existentialisten. Freiheit, Sein & Aprikostencocktails. München: Beck.

BALDWIN, JAMES (2018): Beale Street Blues. München: dtv (amerikan. Originalausgabe: 1974).

BAYLEY, JOHN (2002): Elegie für Iris. München: dtv.

BEAUVOIR, SIMONE DE (2023): Das andere Geschlecht. Sitte und Sexus der Frau. Reinbek b. Hamburg: 26. Auflage.

BECK, ULRICH (1986): Risikogesellschaft. Auf dem Weg in eine andere Moderne. Frankfurt a.M.: Suhrkamp.

BENKMANN, RAINER (1998): Entwicklungspädagogik und Kooperation. Sozial-konstruktivistische Perspektiven der Förderung von Kindern mit gravierenden Lernschwierigkeiten in der allgemeinen Schule. Weinheim: Deutscher Studienverlag.

BEUYS, BARBARA (2007): Paula Modersohn-Becker. Oder: Wenn die Kunst das Leben ist. München: Hanser.

BEYME, INGRID VON/RÖSKE, THOMAS (Hrsg.) (2020): Einführung in die Sammlung Prinzhorn. Heidelberg: Sammlung Prinzhorn.

BIERI, PETER (2013): Eine Art zu leben. Über die Vielfalt menschlicher Würde. München: Hanser.

BINDING, KARL/HOCHE, ALFRED (1920): Die Freigabe der Vernichtung unwerten Lebens. Ihr Maß und ihre Form. Leipzig: Meiner.

Literaturverzeichnis

BLOCH, ERNST (1985): Das Prinzip Hoffnung. Kap. 1–32. Frankfurt a.M.: Suhrkamp.

BÖCKENFÖRDE, ERNST-WILHELM (1998): Ist Demokratie eine notwendige Forderung der Menschenrechte? In: GOSEPATH, STEFAN/LOHMANN, GEORG: Philosophie der Menschenrechte. Frankfurt a.M.: Suhrkamp, S. 233–243.

BÖHNE-DI LEO, SABINE (2024): Die Erfindung der Bundesrepublik. Wie unser Grundgesetzt entstand. Köln: Kiepenheuer&Witsch.

BOURDIEU, PIERRE (2018): Die feinen Unterschiede. Kritik der gesellschaftlichen Urteilskaft. Frankfurt a.M.: Suhrkamp, 26. Auflage.

BOYLE, T. CORAGHESSAN (2010): Das wilde Kind. München: Hanser.

BREGMAN, RUTGER (2022): Im Grunde gut. Eine neue Geschichte der Menschheit. Hamburg: Rowohlt, 8. Auflage.

BRONFENBRENNER, URIE (1989): Die Ökologie der menschlichen Entwicklung. Natürliche und geplante Experimente. Frankfurt a.M.: Fischer, S. 200f. (amerikan. Originalausgabe: 1979).

BUDE, HEINZ (2008): Die Ausgeschlossenen. Das Ende vom Traum der gerechten Gesellschaft. München: Hanser.

BUTLER, JUDITH (2023), Das Unbehagen der Geschlechter. Frankfurt a.M.: Suhrkamp, 23. Auflage.

CAPRA, FRITJOF (1996): Lebensnetz. Ein neues Verständnis der lebendigen Welt. Bern, München, Wien: Scherz.

CLARK, CHRISTOPHER (2023): Frühling der Revolution. Europa 1848/49 und der Kampf für eine neue Welt. München: Deutsche Verlagsanstalt.

CLOERKES, GÜNTER (1997): Soziologie der Behinderten. Eine Einführung. Heidelberg: Edition Schindele.

DELBÉE, ANNE (1985): Der Kuss. Kunst und Leben der Camille Claudel. München: Knaus, 5. Auflage (1989 mit Isabelle Adjani unter dem Titel »Camille Claudel« verfilmt).

DEWEY, JOHN (1948): Schöpferische Demokratie als Aufgabe unserer Zeit. In: Bildung und Erziehung 1, 2, S. 1–6.

DEWEY, JOHN (1993): Demokratie und Erziehung. Eine Einleitung in die philosophische Pädagogik. Weinheim u. Basel: Beltz (Erstausgabe: 1916).

DIANGELO, ROBIN (2020): Wir müssen über Rassismus sprechen. Was es bedeutet, in unserer Gesellschaft weiß zu sein. Hamburg: Hoffmann und Campe (amerikan. Originalausgabe: 2018).

ELIAS, NORBERT (1982/1997): Über den Prozeß der Zivilisation. Soziogenetische und psychogenetische Untersuchungen. Erster Band: Wandlungen des Verhaltens in den weltlichen Oberschichten des Abendlandes. Frankfurt a.M.: Suhrkamp, 20. Auflage 1997. Zweiter Band: Wandlungen der Gesellschaft, Entwurf zu einer Theorie der Zivilisation. Frankfurt a.M.: Suhrkamp, 8. Auflage 1982.

ELLGER-RÜTTGARDT, SIEGLIND (2008): Geschichte der Sonderpädagogik. Eine Einführung. München, Basel: Reinhardt.

EL-MAFAALANI, ALADIN (2020): Mythos Bildung. Die ungerechte Gesellschaft, ihr Bildungssystem und seine Zukunft. Köln: Kiepenheuer & Witsch.

ELSCHENBROICH, DONATA (2002): Weltwissen der Siebenjährigen. Wie Kinder die Welt entdecken können. München: Goldmann.

EMCKE, CAROLIN (2016: Gegen den Hass. Frankfurt a.M.: S. Fischer.

EWINKEL, CAROLA/HERMES, GISELA u.a. (2002): Geschlecht behindert, besonderes Merkmal Frau. Neu-Ulm: AG SPAK, 3. Auflage.

FANON, FRANTZ (2024): Die Verdammten dieser Erde. Mit einem Vorwort von Jean-Paul Sartre. Frankfurt a.M.: Suhrkamp, 20. Auflage (franz. Originalausgabe: 1961).

FARINA, MARLEN (2024): Die Revolution in einem Wort. In: ZEITGeschichte: Die wehrhafte Demokratie. Hamburg: ZEITverlag, Nr. 2, S. 46–47.

FRANCIS, ALLEN (2017): Normal. Gegen die Inflation psychiatrischer Diagnosen. Köln: DuMont Buchverlag, 2. Auflage.

FRANKL, VIKTOR E. (2015): Der Mensch vor der Frage nach dem Sinn. München: Piper, 27. Auflage.

FRIEDMAN, MICHEL (2022): Fremd. Berlin/München: Berlin Verlag, 2. Auflage.

FRIEDMAN, MICHEL (2024): Judenhass. 7. Oktober 2023. Berlin/München: Berlin Verlag, 2. Auflage.

FROMM, ERICH (1976): Haben oder Sein. Die seelischen Grundlagen einer neuen Gesellschaft. Stuttgart: Deutsche Verlagsanstalt (engl. Originalausgabe: 1976).

FÜSSEL, HANS-PETER/KRETSCHMANN, RUDOLF (1993): Gemeinsamer Unterricht für behinderter und nichtbehinderte Kinder. Gutachten im Auftrag der Max-Träger-Stiftung. Witterschlick/Bonn: Verlag Marg. Wehle.

GENERALVERSAMMLUNG DER VEREINTEN NATIONEN (2020): Allgemeine Erklärung der Menschenrechte. Verkündet am 10. Dezember 1948. Frankfurt a.M., Wien und Zürich: Büchergilde Gutenberg.

GIORDANO, RALPH (2000): Die zweite Schuld oder von der Last ein Deutscher zu sein. Köln: Kiepenheuer & Witsch (Erstausgabe: 1987).

GLEICHAUF, INGEBORG (2021): Wir wollen verstehen. Geschichte der Philosophinnen. München, dtv.

GOFFMAN, ERVING (1975): Stigma. Über Techniken der Bewältigung beschädigter Identität. Frankfurt a.M.: Suhrkamp (amerikanische Originalausgabe: 1963).

GOODHILL, JANE (2011): Menschenpflichten, eine (Liebes) Erklärung in 19 Artikeln. Frankfurt a.M., Wien und Zürich: Büchergilde Gutenberg.

GORMAN, AMANDA (2021): The Hill We Climb. Den Hügel hinauf. Zweisprachige Ausgabe. Hamburg: Hoffmann und Campe.

Literaturverzeichnis

GRONEMEYER, MARIANNE (2009): Die Macht der Bedürfnisse. Überfluss und Knappheit. Darmstadt: Wissenschaftliche Buchgesellschaft, 2. Auflage.

GÜMÜSAY, KÜBRA (2020): Sprache und Sein. München: Hanser, 3. Auflage.

HARUNA-OELKER, HADIJA (2022): Die Schönheit der Differenz. Miteinander anders denken. München: btb Verlag.

HATTIE, JOHN A.C. (2009): Visible Learning. A Synthesis of Over 800 Meta-Analyses Relating to Achievement. London, New York: Routledge/Sons.

HEIMLICH, ULRICH/LUTZ, STEPHANIE/WILFERT DE ICAZA, KATHRIN (2013): Ratgeber Förderdiagnostik. Feststellung des sonderpädagogischen Förderbedarfs im Förderschwerpunkt Lernen. Hamburg: Persen.

HEIMLICH, ULRICH/KAHLERT, JOACHIM/LELGEMANN, REINHARD/FISCHER, ERHARD (Hrsg.) (2016): Inklusives Schulsystem. Analysen, Befunde, Empfehlungen zum bayerischen Weg. Bad Heilbrunn: Klinkhardt.

HEIMLICH, ULRICH (2017): Inklusive Momente im Bildungsprozess. In: Pädagogische Rundschau 71, 2, S. 171–185.

HEIMLICH, ULRICH/WILFERT, KATHRIN/OSTERTAG, CHRISTINA/GEBHARDT, MARKUS (2018): Qualitätsskala zur inklusiven Schulentwicklung (QU!S®) – eine Arbeitshilfe auf dem Weg zur inklusiven Schule. Bad Heilbrunn: Klinkhardt.

HEIMLICH, ULRICH (2019): Inklusive Pädagogik. Eine Einführung. Stuttgart: Kohlhammer.

HEIMLICH, ULRICH/RIESCH, MARIO/SCHUHMACHER, JÜRGEN (2020): Sonderpädagogische Lehrkräfte in der Regelschule. Werkzeugkasten mit konkreten Hilfen und Materialien zur inklusiven Schulentwicklung. Hamburg: Persen.

HEIMLICH, ULRICH/MÜLLER, URSULA/PFEIL, PATRICIA/EINSIEDLER, MARION/ROLAND, REGINA/WITTKO, MICHAEL (2022): Inklusive Regionen. Das Beispiel Kempten. Bad Heilbrunn: Klinkhardt.

HEINER, STEFAN/GRUBER, ENZO (Hrsg.) (2003): Bildstörungen. Kranke und Behinderte im Spielfilm. Frankfurt a.M.: Mabuse Verlag.

HENMO, OLA (2019): Ungehindert. Die beeindruckende Geschichte des Torsten Lerhol. München, Basel: Reinhardt.

HESSE, HERMANN (1986): Eigensinn macht Spaß. Individuation und Anpassung. Frankfurt a.M.: Suhrkamp.

HINTE, WOLFGANG (2019): Sozialraumorientierung – ein Fachkonzept für die Behindertenhilfe. In: behinderte menschen 42, 1, S. 29–35.

HÖLDERLIN, FRIEDRICH (1992): Friedensfeier. In: HÖLDERLIN, FRIEDRICH: Sämtliche Werke und Briefe, Band I. München, Wien: Hanser, S. 364.

HUBBE, PHIL (2004): Der Stuhl des Manitou. Behinderte Cartoons. Oldenburg: Lappan.

ILLOUZ, EVA (2023): Undemokratische Emotionen. Berlin: Suhrkamp.

JAENICKE, FLORIAN (2020): Wer bist Du? Unser Leben mit Friedrich. Berlin: aufbau.
JOAS, HANS (2011): Die Sakralität der Person. Eine neue Genealogie der Menschenrechte. Frankfurt a. M.: Suhrkamp.
KAHLERT, JOACHIM/HEIMLICH, ULRICH (2014): Inklusionsdidaktische Netze – Konturen eines Unterrichts für alle (dargestellt am Beispiel des Sachunterrichts). In: HEIMLICH, ULRICH/KAHLERT, JOACHIM (Hrsg.): Inklusion in Schule und Unterricht. Wege zur Bildung für alle. Stuttgart: Kohlhammer, 2. Auflage, S 153–190.
KANT, IMMANUEL (2002): Kritik der praktischen Vernunft. Stuttgart: Reclam (Erstausgabe:1878).
KARL, MICHAELA (2023): Die Geschichte der Frauenbewegung. Ditzingen: Reclam.
KEUPP, HEINER U. A. (1999): Identitätskonstruktionen. Das Patchwork der Identitäten in der Spätmoderne. Reinbek b. Hamburg: Rohwohlt.
KHIDER, ABBAS (2019): Deutsch für alle. Das endgültige Lehrbuch. München: Hanser.
KIYAK, MELY (2018): Haltung. Ein Essay gegen das Lautsein. Berlin: Duden.
KORBMACHER, SUSANNE (2004): Ghettokids. Immer da sein, wo's weh tut. München, Zürich: Piper.
KUNST- UND AUSSTELLUNGSHALLE DER BUNDESREPUBLIK DEUTSCHLAND (2022): Simone de Beauvoir & Das andere Geschlecht. Köln: Verlag der Buchhandlung Walther und Franz König.
LAPPER, ALLISON (2008): Ich nehme mein Leben selbst in die Hand. Autobiografie einer Optimistin. München: Blanvalet.
LEDUC, AMANDA (2021): Entstellt. Über Märchen, Behinderung und Teilhabe. Hamburg: Edition Nautilus.
LEVITSKY, STEVEN/ZIBLATT, DANIEL (2018): Wie Demokratien sterben. München: Deutsche Verlagsanstalt, 4. Auflage.
LÖW, MARTINA (2019): Raumsoziologie. Frankfurt a. M.: Suhrkamp, 10. Aufl.
MALDOOM, ROYSTON (2010): Tanz um Dein Leben. Meine Arbeit, meine Geschichte. Frankfurt a. M.: S. Fischer, 2. Auflage.
MANDELKOW, MARIA (2024): Nachbemerkung. Das N-Wort und seine Übersetzung. In: Baldwin, James: Nach der Flut das Feuer. München: dtv, 5. Auflage (amerikan. Originalausgabe: The Fire Next Time, 1963).
MEAD, GEORGE H. (1973): Geist, Identität und Gesellschaft. Aus der Sicht des Sozialbehaviorismus. Frankfurt a. M.: Suhrkamp (amerikan. Originalausgabe: 1934).
MEYER, HILBERT (2004): Was ist guter Unterricht? Berlin: Cornelsen, 2. Auflage.
MONTAIGNE, MICHEL DE (2005): Von der Freundschaft. München: C.H.Beck, dtv.
MORUS, THOMAS (1986): Utopia. Frankfurt a. M., Olten und Wien: Büchergilde Gutenberg.

MÜLLER-WESTERMANN, IRIS/HØGSBERG, MILENA (Ed.) (2020): Hilma af Klint. Malmö: Stiftelsen Hilma af Klints Verk; Moderne Museet.

MURDOCH, IRIS (2023): Die Souveränität des Guten. Frankfurt a. M.: Suhrkamp (engl. Originalausgabe: 1971).

NEHAMAS, ALEXANDER (2017): Über Freundschaft. München: dtv.

NEIMAN, SUSAN (2005): Fremde sehen anders. Frankfurt a. M.: Suhrkamp.

NUSSBAUM, MARTHA (2010): Die Grenzen der Gerechtigkeit. Behinderung, Nationalität und Spezieszugehörigkeit. Berlin: Suhrkamp.

OVID (2010): Metamorphosen. Köln: Anaconda.

PALACIO, RAQUEL J. (2013): Wunder. München: Hanser.

PFISTER, RENÉ (2022): Ein falsches Wort. Wie eine neue linke Ideologie aus Amerika unsere Meinungsfreiheit bedroht. München: DVA.

PICABIA, FRANCIS (2011): Der Kopf ist rund, damit das Denken die Richtung wechseln kann. Hamburg: Edition Nautilus, Neuauflage (franz. Originalausgabe: 1953).

PLATTE, ANDREA/KRÖNIG, FRANZ (2017): Inklusive Momente. Unwahrscheinlichen Bildungsproessen auf der Spur. Weinheim u. Basel: Beltz.

PONTIGGIA, GUISEPPE (2000): Zwei Leben. München: Hanser 2000 (italienische Originalausgabe: 2000).

POZZO DI BORGO, PHILIPPE/VANIER, JEAN/DE CHERISEY, LAURENT (2012): Ziemlich verletzlich, ziemlich stark. Wege zu einer solidarischen Gesellschaft. Berlin: Hanser.

PRÜFER, TILLMANN (2024): Freunde, es reicht! Wer viele Freunde hat, wird bewundert. Aber genügen nicht vielleicht auch zwei Freunde fürs Leben? In: Zeit Magazin N° 24 v. 29.05.2024, S. 27.

PRENGEL, ANNEDORE (1995): Pädagogik der Vielfalt. Verschiedenheit, Gleichberechtigung in Interkultureller, Feministischer und Integrativer Pädagogik. Opladen: Leske+Budrich, 2. Auflage.

PRINZHORN: HANS (1922): Bildnerei der Geisteskranken. Ein Beitrag zur Psychologie und Psychopathologie der Gestaltung. Berlin: Verlag von Julius Springer.

QUASTHOFF, THOMAS (2006): Die Stimme. Autobiografie. Berlin: List.

RADDATZ, FRITZ J. (2023): Ich lebe eine Hoffnung wider besseres Wissen. In: DIE ZEIT, N° 24, 3. Juni 2023, S. 33.

RAITHELHUBER, EBERHARD (2012): Netzwerk. IN: HORN, KLAUS-PETER/KEMNITZ, HEIDEMARIE/MAROTZKI, WINFRIED/SANDFUCHS, UWE (Hrsg.): Klinkhardt Lexikon Erziehungswissenschaft, Bd. 2, Gruppenpuzzle-Pflegewissenschaft. Bad Heilbrunn: Klinkhardt, S. 431.

ROSER, LUDWIG OTTO (1998): Zur Utopie der Freundschaft. In: SCHÖLER, JUTTA (Hrsg.): Normalität für Kinder mit Behinderungen: Integration. Texte und Wirkungen von Ludwig Otto Roser. Berlin: Luchterhand, S. 183–193.

SAFRANSKI, RÜDIGER (2015): Zeit. Was sie mit uns macht und was wir aus ihr machen. München: Hanser.

SALOMON, ANDREW (2013): Weit vom Stamm. Wenn Kinder ganz anders als ihre Eltern sind. Frankfurt a.M.: S. Fischer.

SAMMLUNG WÜRTH (2023): fähigkeiten! Kunst von besonderen Menschen. Ausstellungskatalog. Künzelsau.

SCHMID, WILHELM (2014): Vom Glück der Freundschaft. Berlin: Insel.

SCHMIDT, RAINER (2009): Lieber Arm ab als arm dran. Grenzen haben – erfüllt leben. Gütersloh: Gütersloher Verlagshaus.

SCHRÖDER-JÜRSS, AMONTE/RAINER, ANDY (2021): Alle für einen. In: Süddeutsche Zeitung Magazin, Nr. 2, 15. Januar 2021, S. 8–15.

SCHWARZER, ALICE (2022): Der kleine Unterschied und seine großen Folgen. Frankfurt a.M.: Fischer, 5. Auflage (Erstausgabe: 1975)

SEN, AMARTYA (2020): Gleichheit? Welche Gleichheit? Ditzingen: Reclam.

SENNETT, RICHARD (2012): Zusammenarbeit. Was unsere Gesellschaft zusammenhält. Berlin: Hanser.

SIMMEL, GEORG (1992): Soziologie. Untersuchungen über die Formen der Vergesellschaftung. Gesamtausgabe, Bd. 11. Frankfurt a.M.: Suhrkamp.

SONTAG, SUSAN (2024): Über Frauen. München: Hanser.

SPITZER, MANFRED (2002): Lernen. Gehirnforschung und die Schule des Lebens. Heidelberg, Berlin: Spektrum Akadem.Verl.

STANISIC, SAŠA (2019): Herkunft. München: Luchterhand.

STERN, ELSBETH/NEUBAUER, ALJOSCHA (2013): Intelligenz. Große Unterschiede und ihre Folgen. München: DVA.

TARGOWNIK, AMILI (2020): Hat keine Flügel, kann aber fliegen. Meine Geschichte. München: Penguin.

TIPPELT,RUDOLF/KASTEN, CHRISTOPH/DOBISCHAT, ROLF/FEDERIGHI, PAOLO/FELLER, ANDREAS (2006): Regionale Netzwerke zur Förderung des lebenslangen Lernens – Lernende Regionen. In: Fatke, Reinhardt/Merkens, Hans (Hrsg.): Bildung über die Lebenszeit. Schriftenreihe der DGfE. Wiesbaden: VS Verlag für Sozialwissenschaften, S. 279–290.

THIELE, ALEXANDER (2023): Das Grundgesetz. Verständlich erklärt. Ditzingen: Reclam.

SCHMITZ, BARBARA (2022): Was ist ein lebenswertes Leben? Philosophische und biographische Zugänge. Ditzingen: Philipp Reclam.

SCHÖLER, LEONIE (2024): Beklaute Frauen. Denkerinnen, Forscherinnen, Pionierinnen: Die unsichtbaren Heldinnen der Geschichte. München: Pinguin, 2. Auflage.

Literaturverzeichnis

Schumacher, Ernst F. (2019): Small is beautiful. Die Rückkehr zum menschlichen Maß. München: oekom Verlag (engl. Originalausgabe: 1973).

Solnit, Rebecca (2017): Wenn Männer mir die Welt erklären. München: btb, 7. Auflage.

Sontag, Susan (2024): Über Frauen. Hrsg. v. David Rieff. München: Hanser (amerikan. Originalausgabe: 2023).

Sternagel, Sabine (Projektleitung) (2014): Ab nach München! Künstlerinnen um 1900. München: Süddeutsche Zeitung Edition.

Vaudlet, Werner (Hrsg.) (2001): Das große Nashornbuch. München: dtv.

Voss, Julia (2020): Hilma af Klimt. Die Menschheit in Erstaunen versetzen. Biographie. Frankfurt a.M.: S. Fischer.

Voss, Julia/Birnbaum, Daniel (2024): Hilma af Klint und Wassily Kandinsky träumen von der Zukunft. Frankfurt a.M.: S. Fischer.

Waldenfels, Bernhard (2004): Phänomenologie der Aufmerksamkeit. Frankfurt a.M.: Suhrkamp.

Wander, Maxie: »Guten Morgen, du Schöne«. Frauen in der DDR. Darmstadt u Neuwied: Luchterhand, 1978.

Weidner, Margit (2003): Kooperatives Lernen im Unterricht. Ein Arbeitsbuch. Seelze-Velber: Kallmeyersche Verlagsbuchhandlung.

Weigl, Erich (2021): Grußwort Leben-Lernen-Lieben. In: Wilfert, Kathrin/Eckerlein, Tatjana: Inklusion und Qualifikation. Reihe: Inklusion in Schule und Gesellschaft, Bd.14. Stuttgart: Kohlhammer, S. 7–9.

Weil, Simon (1994): Aufmerksamkeit für das Alltägliche. Ausgewählte Texte zu Fragen der Zeit. Hrsg. v. Otto Betz. München: Kösel, 3. Auflage.

Weinert, Franz E. (2002): Vergleichende Leistungsmessung in Schulen – eine umstrittene Selbstverständlichkeit. In: Weinert, Franz E. (Hrsg.): Leistungsmessungen in Schulen. Weinheim u. Basel: Beltz, S. 17–31.

Weisband, Marina (2024): Die neue Schule der Demokratie. Wilder denken, wirksam handeln. Frankfurt a.M.: S. Fischer.

Werner, Julius (2022): Manni sucht das Weite. Mit Down-Syndrom durch Down Under. Hrsg. im Selbstverlag, 2. Auflage.

Wilfert, Kathrin/Eckerlein, Tatjana (Hrsg.) (2021): Inklusion und Qualifikation. Festschrift zur Emeritierung von Ulrich Heimlich. Reihe: Inklusion in Schule und Gesellschaft, Bd. 14. Hrsg. v. Erhard Fischer/Ulrich Heimlich/Joachim Kahlert/Reinhard Lelgemann. Stuttgart: Kohlhammer.

Willemsen, Roger (2016): Wer wir waren. Frankfurt a.M.: S. Fischer.